I0127133

Джон Коулман

ИЕРАРХИЯ ЗАГОВОРЩИКОВ
ИСТОРИЯ КОМИТЕТА 300

Джон Колман

Джон Коулман - британский писатель и бывший сотрудник Секретной разведывательной службы. Коулман подготовил различные аналитические материалы о Римском клубе, Фонде Джорджио Чини, Forbes Global 2000, Межрелигиозном коллоквиуме мира, Тавистокском институте, Черном дворянстве и других организациях, близких к теме Нового мирового порядка.

ИЕРАРХИЯ ЗАГОВОРЩИКОВ
ИСТОРИЯ КОМИТЕТА 300

THE CONSPIRATORS HIERARCHY
THE COMMITTEE OF 300

Переведено с английского и опубликовано компанией
Omnia Veritas Limited

www.omnia-veritas.com

ПРЕДИСЛОВИЕ

Во время моей карьеры профессионального офицера разведки у меня было много возможностей получить доступ к совершенно секретным документам, но во время моей службы в качестве полевого офицера по политологии в Анголе, Западная Африка, я получил доступ к серии совершенно секретных секретных документов, которые были необычайно откровенными. То, что я увидел, наполнило меня гневом и негодованием и направило меня на путь, с которого я не свернул, а именно: выяснить, какая сила контролирует и направляет британское и американское правительства.

Я был хорошо осведомлен обо всех хорошо известных тайных обществах, таких как Королевский институт международных отношений (RIIA), Совет по международным отношениям (CFR), Бильдерберги, Трехсторонняя комиссия, сионисты, масонство, большевизм, росикрусианство и все ответвления этих тайных обществ. Будучи офицером разведки, а еще раньше молодым студентом Британского музея в Лондоне, я познакомился со всеми этими обществами, а также с рядом других, которые, как мне казалось, были знакомы американцам. Но когда я приехал в США в 1969 году, я обнаружил, что такие названия, как Орден Святого Иоанна Иерусалимского, Римский клуб, Немецкий фонд Маршалла, Фонд Чини, Круглый стол, фабианисты, Венецианское черное дворянство, Общество Мон Пелерина, Клубы адского пламени и многие другие здесь либо совершенно неизвестны, либо их истинные функции в лучшем случае лишь слабо изучены, если вообще изучены.

В 1969-1970 годах я попытался исправить эту ситуацию в серии монографий и записей. К моему удивлению, вскоре я обнаружил множество людей, готовых цитировать эти имена, как будто они знали их на протяжении всей своей писательской карьеры, но которые, не имея ни малейшего представления о предметах, о которых идет речь, не желали раскрывать источник своей новоприобретенной информации. Я утешал себя тем, что подражание - это самая искренняя форма лести.

Я продолжал свои расследования, продолжая сталкиваться с серьезными рисками, нападениями на меня и мою жену, финансовыми потерями, постоянными преследованиями, угрозами и клеветой - все это было частью тщательно разработанной и срежиссированной программы по моей дискредитации, осуществляемой правительственными агентами и информаторами, внедренными в так называемые христианские правые, "движение за идентичность" и правые "патриотические" группы. Эти агенты действовали и продолжают действовать под прикрытием открытой, сильной и бесстрашной оппозиции иудаизму, их главному врагу, как они хотели бы нас убедить. Эти агенты-информаторы направляются и контролируются группой гомосексуалистов, которые пользуются большим уважением и авторитетом среди политических и религиозных консерваторов по всей территории США.

Их программа клеветы, лжи и ненависти, дезинформации о моих работах, даже приписывание их другим писателям, продолжается, но это не принесло желаемого результата. Я буду продолжать свою работу до тех пор, пока окончательно не сорву маску со всего тайного параллельного правительства, которое управляет Британией и США.

Доктор Джон Коулман, ноябрь 1991 года.

Обзор и некоторые конкретные случаи

Конечно, многие из нас знают, что люди, которые управляют нашим правительством, не являются теми, кто *действительно* контролирует политические и экономические вопросы, внутренние и внешние. Это заставило многих из нас искать правду в альтернативной прессе, у тех авторов информационных бюллетеней, которые, как и я, исследовали, но не всегда находили, причины, по которым США так серьезно больны. Предписание "ищите и найдете" не всегда относилось к этой группе. Мы обнаружили, что люди в основном движутся в каком-то темном тумане, не заботясь и не интересуясь, куда движется их страна, будучи твердо уверенными, что она всегда будет рядом с ними. Именно таким образом манипулируют реакцией самой большой группы людей, и их отношение играет прямо на руку тайному правительству.

Мы часто слышим, что "они" делают то-то, то-то и то-то. "Им" буквально сходит с рук убийство. "Они" повышают налоги, посылают наших сыновей и дочерей умирать в войнах, которые не приносят пользы нашей стране. "Они" кажутся нам недосягаемыми, вне поля нашего зрения, разочаровывающими и туманными, когда уместно действовать против них. Никто, похоже, не может четко определить, кто "они". Такая ситуация сохраняется на протяжении десятилетий. В ходе этой книги мы определим этих загадочных "они", а затем исправление ситуации будет зависеть от людей.

30 апреля 1981 года я написал монографию, в которой раскрыл существование Римского клуба, определив его как подрывную организацию Комитета 300. Этот сайт стал первым упоминанием об этих двух организациях в США. Я предупредил читателей, чтобы они не обманывались, считая статью надуманной, и провел параллель между моей статьей и предупреждением, сделанным правительством Баварии, когда в его руки попали секретные планы иллюминатов. Подробнее о Римском клубе и роли

Комитета 300 в американских делах позже.

Многие из предсказаний, сделанных в той статье 1981 года, с тех пор сбылись, например, неизвестный Фелипе Гонсалес стал премьер-министром Испании, а Миттеран вернулся к власти во Франции; падение Жискара д'Эстана и Гельмута Шмидта; возвращение к власти шведского аристократа и члена Комитета 300 Улофа Пальме (который с тех пор был загадочно убит); разворот президентства Рейгана; уничтожение нашей сталелитейной, автомобильной и жилищной промышленности в соответствии с целью Комитета 300 - постиндустриальный нулевой рост.

Важность Пальме заключается в том, что Римский клуб использовал его для предоставления Советскому Союзу технологий, включенных в список запрещенных на таможне США, а также в том, что Пальме использовал глобальную коммуникационную сеть, чтобы привлечь внимание к фальшивому кризису с иранскими заложниками, курсируя между Вашингтоном и Тегераном в попытке подорвать суверенную целостность Соединенных Штатов и поместить фальшивый кризис в контекст учреждения Комитета 300, Всемирного суда в Гааге, Голландия.

Этот открытый заговор против Бога и человека, включающий порабощение большинства людей, оставшихся на этой земле, после того как с ними покончат войны, чума и массовые убийства, не совсем хорошо скрывается. В разведывательном сообществе учат, что лучший способ спрятать что-то - это разместить это на виду. Например, когда Германия хотела скрыть свой новый истребитель Messerschmitt в 1938 году, самолет был выставлен на Парижском авиасалоне. В то время как секретные агенты и шпионы собирали информацию в полых стволах деревьев или за кирпичами стен, информация, которую они искали, была у всех на виду.

Высокопоставленное секретное параллельное правительство действует не из промозглых подвалов и секретных подземных камер. Она действует у всех на виду - в Белом доме, в Конгрессе, на Даунинг-стрит, 10 и в здании парламента. Это похоже на те странные, якобы страшные фильмы про "монстров", где монстр появляется с искаженными чертами лица, длинными волосами и еще более длинными зубами, рычит и ходит вокруг. Это отвлекающий маневр, настоящие монстры носят деловые костюмы (и галстуки) и ездят на работу на Капитолийский холм на лимузинах.

Эти люди у всех на виду. Эти люди являются слугами единого мирового правительства - нового мирового порядка. Как и насильник, который останавливается, чтобы предложить своей жертве дружескую прогулку, он не выдает себя за монстра, которым является. Если бы он это сделал, его жертва убежала бы с криками страха. То же самое относится и к правительству на всех уровнях. Президент Буш не выглядит преданным слугой теневого параллельного правительства, но не заблуждайтесь, он - чудовище наравне с теми, кого изображают в фильмах ужасов.

Остановитесь на мгновение и подумайте о том, как президент Буш отдал приказ о жестокой расправе над 150 000 иракских военнослужащих в колонне военных машин с белыми флагами, которые возвращались в Ирак в соответствии с правилами Женевской конвенции о разъединении и согласованном выводе войск. Представьте себе ужас иракских войск, когда, несмотря на то, что они размахивали своими белыми флагами, их сбили американские самолеты. На другом участке фронта 12 000 иракских солдат были заживо погребены в занятых ими окопах. Разве это не чудовищно в истинном смысле этого слова? Откуда президент Буш получил приказ действовать таким чудовищным образом? Он получил их от Королевского института международных отношений (RIIA), который получил свой мандат от Комитета 300, также известного как "олимпийцы".

Как мы увидим, даже "олимпийцы" не отрицают этого. Они часто устраивают шоу, сравнимое с Парижским авиасалоном, даже когда любители конспирологии тратят свое время на тщетные поиски не в том месте и не в том направлении. Обратите внимание, как королева, Елизавета II, проходит на церемонию открытия британского парламента. Там, на виду у всех, находится глава Комитета 300. Вы когда-нибудь присутствовали на церемонии приведения к присяге президента США? Там, на виду, находится еще один член Комитета 300. Проблема заключается в восприятии.

Кто эти заговорщики, которые служат всемогущему Комитету 300? Наиболее информированные граждане знают, что существует заговор и что он носит различные названия, такие как иллюминаты, масонство, Круглый стол или группа Мильнера. Для них CFR и Трилатераль представляют большую часть того, что им не нравится во внутренней и внешней политике. Некоторые даже знают, что Круглый стол имеет большое влияние на дела США через британского посла в Вашингтоне. Проблема в том, что очень трудно получить конкретную информацию о предательской деятельности членов невидимого правительства скрытой руки.

Я цитирую глубокое высказывание пророка Осии (4:6), которое можно найти в христианской Библии:

> "Мой народ *уничтожен* из-за недостатка знаний".

Некоторые, возможно, уже слышали мою презентацию о скандале с иностранной помощью, в которой я назвал несколько организаций-заговорщиков, которых очень много. Их конечная цель - свержение Конституции США и слияние этой страны, избранной Богом как ЕГО страна, с безбожным правительством "единого мира в новом мировом порядке", которое вернет мир к условиям, гораздо худшим, чем те, которые существовали во времена Темных веков.

Давайте поговорим о конкретных случаях, о попытке коммунизации и деиндустриализации Италии. Давным-давно Комитет 300 постановил, что будет меньший - гораздо меньший - и лучший мир, то есть *их* представление о том, что такое лучший мир. Мириады "бесполезных едоков", потребляющих ограниченные природные ресурсы, подлежали выбраковке (уничтожению). Промышленный прогресс способствует росту населения. Поэтому заповедь умножать и покорять землю, описанная в Бытие, должна была быть отменена.

Это нападение на христианство, медленный, но верный распад промышленных национальных государств, уничтожение сотен миллионов людей, обозначенных Комитетом 300 как "избыточное население", и устранение любого лидера, который осмелится противостоять глобальному планированию Комитета для достижения вышеуказанных целей.

Двумя первыми целями Комитета стали Италия и Пакистан. Покойный Альдо Моро, премьер-министр Италии, был одним из лидеров, выступавших против "нулевого роста" и сокращения численности населения своей страны, чем вызвал гнев Римского клуба, которому "олимпийцы" поручили проводить свою политику в этой области. В суде Рима 10 ноября 1982 года близкий друг Моро дал показания, что бывшему премьер-министру угрожал агент Королевского института международных отношений (RIIA), также член Комитета 300, когда он еще был госсекретарем США. Метеоритный взлет человека, которого свидетель назвал Киссинджером, будет рассмотрен ниже.

Напомним, что премьер-министр Моро был похищен "Красными бригадами" в 1978 году, а затем зверски расстрелян. Именно во время суда над членами "Красной бригады" несколько из них дали показания о том, что знали о причастности высокопоставленных чиновников США к заговору с целью убийства Моро. Когда он угрожал Моро, Киссинджер явно не следовал внешней политике США, а действовал по инструкциям, полученным от Римского клуба, внешнеполитического подразделения Комитета 300. Свидетелем, который произнес эту сенсацию в открытом суде, был близкий соратник Моро, Горрадо Герцони.

Его взрывные показания были показаны по итальянскому телевидению и радио 10 ноября 1982 года и опубликованы в нескольких итальянских газетах, но эта жизненно важная информация была замалчиваться в Соединенных Штатах. Известные бастионы свободы и права знать, *Washington Post* и *New York Times*, не сочли нужным напечатать ни строчки из показаний Герцони.

Новость не была подхвачена ни информационными агентствами, ни телеканалами. Неужели тот факт, что итальянец Альдо Моро, ведущий политик на протяжении десятилетий, был похищен средь бела дня весной 1978 года, а все его телохранители были хладнокровно убиты, не считался новостью, хотя Киссинджера обвиняли в соучастии в этих преступлениях? Или молчание было связано с участием Киссинджера?

В своем разоблачении этого чудовищного преступления, сделанном в 1982 году, я показал, что Альдо Моро, верный член Христианско-демократической партии, был убит убийцами, контролируемыми масонством P2 (см. книгу Дэвида Яллопа "*Во имя Бога*"), чтобы привести Италию в соответствие с приказом Римского клуба о деиндустриализации страны и резком сокращении ее населения. Планы Моро по стабилизации Италии за счет полной занятости, промышленного и политического мира усилили бы католическую оппозицию коммунизму и сделали бы дестабилизацию Ближнего Востока - первостепенную цель - еще более трудной.

Из вышесказанного становится ясно, насколько заговорщики планируют все заранее. Они не мыслят категориями пятилетнего плана. Чтобы понять последствия убийства Альдо Моро, необходимо вернуться к высказываниям Вайсхаупта о ранней католической церкви. Смерть Моро устранила препятствия для планов по дестабилизации Италии и, как мы теперь знаем, позволила реализовать планы заговорщиков на Ближнем Востоке в войне в Персидском заливе 14 лет спустя.

Италия была выбрана в качестве тестового объекта Комитетом 300. Италия важна для планов заговорщиков, потому что это самая близкая к Ближнему Востоку европейская страна, связанная с экономикой и политикой Ближнего Востока. Здесь также находится католическая церковь, которую Вейсхаупт приказал уничтожить, и место жительства некоторых из самых могущественных олигархических семей Европы из бывшей черной знати. Если бы Италия была ослаблена смертью Моро, это имело бы последствия на Ближнем Востоке, которые ослабили бы влияние США в регионе. Италия важна и по другой причине: она является воротами для наркотиков, поступающих в Европу из Ирана и Ливана, и мы вернемся к этому вопросу в свое время.

Различные группы объединились под именем социализма, чтобы привести к падению нескольких итальянских правительств с момента создания Римского клуба в 1968 году. К ним относятся Черная аристократия Венеции и Генуи, масонство P2 и Красные бригады, преследующие одни и те *же* цели. Следователи полиции Рима, работающие над делом "Красных бригад/Альдо Моро", раскрыли имена нескольких высокопоставленных итальянских семей, тесно сотрудничавших с этой террористической группой. Полиция также обнаружила доказательства того, что по крайней мере в десятке случаев эти влиятельные и известные семьи позволили использовать свои дома и/или недвижимость в качестве убежища для ячеек "Красной бригады".

Американская "аристократия" вносила свой вклад в разрушение Итальянской Республики, заметный вклад внес Ричард Гарднер, даже когда он официально был послом президента Картера в Риме. В то время Гарднер действовал под непосредственным контролем Беттино Кракси, ведущего члена Римского клуба и ключевого человека в НАТО. Кракси был в первых рядах заговорщиков, пытавшихся уничтожить Итальянскую республику. Как мы увидим, Кракси почти удалось разрушить Италию, и, будучи лидером иерархии заговорщиков, он сумел провести развод и аборты через итальянский парламент, что привело к самым глубоким и разрушительным религиозным и социальным изменениям, когда-либо поражавшим католическую церковь и, следовательно, мораль итальянского народа.

После избрания президента Рональда Рейгана в декабре 1980 года в Вашингтоне состоялась крупная встреча под эгидой Римского клуба и Социалистического интернационала. Обе организации несут прямую ответственность перед Комитетом 300. Основной повесткой дня была выработка путей нейтрализации президентства Рейгана. Был принят групповой план, и, благодаря ретроспективе, совершенно ясно, что план, которому заговорщики согласились следовать, был успешным.

Для того чтобы получить представление о масштабах и всепроникающем характере этого заговора, сейчас уместно перечислить цели, поставленные Комитетом 300 для завоевания и контроля над миром. Известно по крайней мере 40 "филиалов" Комитета 300, и мы перечислим их все, с описанием их функций. Изучив это, становится легко понять, как центральный заговорщический орган способен действовать столь успешно и почему ни одна власть на Земле не может противостоять их нападкам на самые основы цивилизованного, прогрессивного мира, основанного на свободе личности, особенно в том виде, в котором она провозглашена в Конституции Соединенных Штатов.

Благодаря показаниям Гуэрцони под присягой Италия и Европа, но не США, узнали, что за смертью Альдо Моро стоял Киссинджер. Этот трагический случай демонстрирует способность Комитета 300 навязывать свою волю *любому* правительству без исключения. Со своей позиции члена самого могущественного тайного общества в мире - и я не говорю о масонстве - Киссинджер не только запугивал Моро, но и выполнял свои угрозы "устранить" Моро, если тот не откажется от своего плана принести экономический и промышленный прогресс в Италию. В июне и июле 1982 года жена Альдо Моро дала показания в открытом суде, что убийство ее мужа было результатом серьезных угроз его жизни со стороны, как она выразилась, "высокопоставленного американского политического деятеля". Госпожа Элеонора Моро повторила точную фразу, якобы использованную Киссинджером в показаниях Герцони под присягой: "Либо вы прекратите свою политическую линию, либо дорого заплатите". Судья перезвонил Герцони и спросил, может ли он опознать человека, о котором говорила г-жа Моро. Гуэрцони ответил, что это был Генри Киссинджер, как он и предполагал ранее.

Далее Гуэрцони объяснил суду, что Киссинджер высказывал свои угрозы в гостиничном номере Моро во время официального визита итальянских лидеров в США. Моро, который в то время был премьер-министром и министром иностранных дел Италии, входящей в НАТО, был человеком высокопоставленным, который никогда не должен был подвергаться давлению и угрозам в стиле мафии. Моро в его американском визите сопровождал президент Италии в его официальном качестве. Киссинджер был тогда и остается важным агентом на службе (британского) Королевского института международных отношений, членом Римского клуба и (американского) Совета по международным отношениям.

Роль Киссинджера в дестабилизации Соединенных Штатов посредством трех войн - на Ближнем Востоке, в Корее и Вьетнаме - хорошо известна, как и его роль в войне в Персидском заливе, в которой американские военные действовали как наемники Комитета 300, чтобы вернуть Кувейт под свой контроль и в то же время показать пример Ираку, чтобы у других малых государств не было соблазна взять свою судьбу в свои руки.

Киссинджер также угрожал покойному Али Бхутто, президенту суверенного государства Пакистан. Преступление" Бхутто заключалось в том, что он поддержал идею создания ядерного оружия для своей страны. Будучи мусульманским государством, Пакистан чувствовал угрозу от продолжающейся агрессии Израиля на Ближнем Востоке. Бхутто была убита в 1979 году по приговору суда представителем Совета по международным отношениям в стране генералом Зия-уль-Хаком.

Планируя прийти к власти, уль-Хак подстрекал разъяренную толпу поджечь посольство США в Исламабаде в явной попытке показать CFR, что он его человек, получить больше иностранной помощи и, как выяснилось позже, убить Ричарда Хелмса. Несколько лет спустя Уль Хак поплатился жизнью за свое вмешательство в войну, бушевавшую в Афганистане. Его самолет C-130 Hercules вскоре после взлета был поражен взрывом ELF (электрического низкочастотного излучения), в результате чего самолет завис на земле.

Римский клуб, действуя по приказу Комитета 300 по устранению генерала уль-Хака, без колебаний пожертвовал жизнями нескольких человек.

На борту самолета находились американские военнослужащие, в том числе группа из Разведывательного управления армии США во главе с бригадным генералом Гербером Уассомом. Турецкая разведка предупредила генерала уль-Хака, чтобы он не путешествовал на самолете, так как он был мишенью для бомбардировки в воздухе. Учитывая это, Уль Хак взял с собой американскую команду в качестве "страхового полиса", как он сказал своим советникам из внутреннего круга. В своей книге "*Террор в небе", вышедшей в* 1989 году, я рассказал о случившемся следующее:

> "Незадолго до того, как самолет C-130 авиакомпании "Уль Хак" взлетел с пакистанской военной базы, возле ангара, в котором находился C-130, был замечен подозрительный грузовик. Диспетчерская вышка оповестила охрану базы, но к тому времени, когда были приняты меры, C-130 уже взлетел, а грузовик исчез. Через несколько минут самолет начал петлять, пока не врезался в землю и не взорвался в огненном шаре. Нет никакого объяснения такому поведению C-130, самолета с удивительно надежными характеристиками, и совместная пакистано-американская комиссия по расследованию не обнаружила ни ошибки пилота, ни механической или структурной неисправности. Looping-the-loop - признанный фирменный знак самолета, сбитого огнем E.L.F.".

Запад знает, что Советский Союз смог разработать передовые высокочастотные устройства благодаря работе советских ученых, работавших в отделе интенсивного релятивистского электронного пучка Курчатовского института атомной энергии. Двумя его специалистами были Ю.А. Винограов и А.А. Рухадзе. Оба ученых работали в Физическом институте имени Ледедева, который специализируется на электронных и рентгеновских лазерах.

После получения этой информации я обратился за

подтверждением в другие источники и обнаружил, что в Англии в журнале *International Journal of Electronics* были опубликованы документы, которые, казалось, подтверждали предоставленную мне информацию о методе, выбранном для сбития самолета С-130 генерала уль-Хака.

Более того, эту информацию подтвердили два моих источника в разведке. Я получил некоторую полезную информацию из советской научной работы по этим вопросам, опубликованной в Англии под названием "Советская радиоэлектроника и системы связи". У меня не было никаких сомнений в том, что на генерала уль-Хака было совершено покушение. Грузовик, замеченный возле ангара С-130, несомненно, перевозил мобильное устройство КНЧ того типа, которым располагали советские вооруженные силы.

Согласно письменному свидетельству Бхутто, которого тайно вывезли из страны, когда он находился в тюрьме, Киссинджер жестоко угрожал ему:

> "Я покажу вам ужасный пример, если вы продолжите свою политику государственного строительства.

Бхутто навлекла на себя гнев Киссинджера и Римского клуба, призвав к реализации программы ядерной энергетики для превращения Пакистана в современное индустриальное государство, что, по мнению Комитета 300, прямо противоречило распоряжениям Киссинджера правительству Пакистана. То, что делал Киссинджер, угрожая Бхутто, было не официальной политикой США, а политикой современных иллюминатов.

Важно понять, почему ядерную энергетику так ненавидят во всем мире и почему фальшивое движение "защитников окружающей среды", созданное и финансово поддерживаемое Римским клубом, призвано вести войну против ядерной энергетики. Благодаря ядерной энергии, производящей дешевое и обильное электричество, страны третьего мира постепенно станут независимыми от внешней помощи США и начнут отстаивать свой суверенитет. Атомная энергия - это ключ к выходу стран третьего мира из их отсталого состояния, состояния, которое Комитет 300 приказал поддерживать.

Меньшая иностранная помощь означает меньший контроль ЕС над природными ресурсами страны.

Именно эта идея о том, что развивающиеся страны должны взять свою судьбу в свои руки, была предана анафеме Римским клубом и его лидерами в Комитете 300. Мы видели, как противодействие ядерной энергетике в США успешно использовалось для блокирования промышленного развития в соответствии с планами Клуба "постиндустриального нулевого роста".

Зависимость от внешней помощи США фактически держит иностранные государства в зависимости от Совета по международным отношениям (США). Население стран-реципиентов получает очень мало денег, которые обычно оседают в карманах государственных лидеров, позволяющих МВФ жестоко расхищать природные сырьевые ресурсы страны. Мугабе из Зимбабве, бывшей Родезии, является хорошим примером того, как сырьевые ресурсы, в данном случае высококачественная хромовая руда, контролируются с помощью иностранной помощи. LONRHO, гигантский конгломерат, управляемый Ангусом Огилви, старшим членом Комитета 300, от имени своей кузины, королевы Елизаветы II, теперь имеет полный контроль над этим ценным ресурсом, в то время как народ страны все глубже погружается в бедность и нищету, несмотря на более чем 300 миллионов долларов помощи от США. Сейчас LONRHO обладает монополией на родезийский хром и взимает любую цену, тогда как при правительстве Смита это было запрещено. Разумный уровень цен поддерживался в течение 25 лет до прихода к власти режима Мугабе. Если во время 14-летнего правления Яна Смита были проблемы, то после его ухода безработица выросла в четыре раза, а Зимбабве находится в состоянии перманентного хаоса и банкротства. Мугабе получил достаточно иностранной помощи от США (в районе 300 миллионов долларов в год), чтобы позволить себе построить три отеля на французской Ривьере, в Сен-Жан-Кап-Ферра и Монте-Карло, в то время как его граждане борются с болезнями, безработицей и недоеданием, не говоря уже о железной диктатуре, которая не допускает никаких жалоб. Сравните это с правительством Смита, которое никогда не просило и не получало ни цента помощи от Соединенных Штатов. Таким образом, очевидно, что иностранная помощь является мощным средством контроля над такими странами, как Зимбабве, да и над всеми африканскими странами.

Он также держит американских граждан в состоянии невольного рабства и, следовательно, снижает их способность противостоять правительству каким-либо значимым образом. Дэвид Рокфеллер знал, что он делал, когда в 1946 году был подписан его законопроект о внешней помощи. С тех пор он стал одним из самых ненавистных законов после того, как общественность узнала, что он собой представляет: управляемый правительством рэкет, оплачиваемый нами, народом.

Как заговорщикам удастся сохранить свою власть над миром и, в частности, над США и Великобританией? Одним из наиболее часто задаваемых вопросов является:

> "Как может один субъект знать, что происходит в любое время, и как осуществляется контроль? ".

В этой книге мы попытаемся ответить на эти и другие вопросы. Единственный способ понять реальность успеха заговора - это упомянуть и обсудить тайные общества, подставные организации, правительственные агентства, банки, страховые компании, международные корпорации, нефтяную промышленность и сотни тысяч организаций и фондов, чьи руководители являются членами Комитета 300 - УЛЬТИМАТНОГО контрольного органа, который управляет *миром и* делает это уже не менее ста лет.

Поскольку уже существуют десятки книг о Совете по международным отношениям (США) и Трехсторонней комиссии, мы перейдем непосредственно к Римскому клубу и Германскому фонду Маршалла. Когда я представлял эти организации в США, мало кто слышал о них, если вообще слышал. Моя первая книга "*Римский клуб"*, опубликованная в 1983 году, почти не привлекла внимания. Многие обыватели думали, что Римский клуб имеет отношение к католической церкви, а Германский фонд Маршалла - к плану Маршала.

Именно *поэтому* Комитет выбрал *эти имена*, чтобы *запутать* и отвлечь от происходящего. Не то чтобы правительство США не знало, но поскольку оно было частью заговора, оно помогало скрывать информацию, вместо того чтобы позволить правде стать известной. Через несколько лет после выхода моей книги несколько писателей увидели в ней богатство ранее неиспользованной информации и начали писать и говорить о ней так, как будто они всегда об этом знали.

Им открылось, что Римский клуб и его финансисты под названием Германский фонд Маршалла - это два высокоорганизованных заговорщических органа, действующих под прикрытием Организации Североатлантического договора (НАТО), и что большинство руководителей Римского клуба были выходцами из НАТО. Римский клуб сформулировал всю политику, на которую претендовало НАТО, и благодаря деятельности лорда Каррингтона, члена Комитета 300, добился разделения НАТО на две политические фракции в соответствии с традиционной двухпартийностью левых и правых.

Римский клуб - одна из важнейших властных групп Европейского союза и его бывшего военного альянса. Римский клуб остается одним из важнейших внешнеполитических подразделений Комитета 300, другим является Бильдерберг. Она была сформирована в 1968 году из основных членов первоначальной группы Моргентау на основе телефонного призыва покойного Ауреллио Печчеи к новой и срочной работе по ускорению планов создания единого мирового правительства - сейчас это называется Новый мировой порядок, хотя я предпочитаю старое название. Это, безусловно, лучшее описание работы, чем Новый мировой порядок, который несколько запутан, поскольку до этого было несколько "новых мировых порядков", но не было Единого мирового правительства.

Призыв Печчеи был услышан самыми подрывными "планировщиками будущего" из США, Франции, Швеции, Великобритании, Швейцарии и Японии, которых только можно было собрать. В период 1968-1972 годов Римский клуб стал сплоченным объединением новых ученых, глобалистов, планировщиков будущего и интернационалистов всех мастей. Как сказал один из делегатов, "мы стали разноцветным плащом Иосифа". *Человеческие качества*" Печчеи легли в основу доктрины, принятой политическим крылом НАТО.

Следующий текст взят из книги доктора Печчеи:

> "Впервые с начала первого тысячелетия в христианстве огромные массы людей действительно находятся в напряженном ожидании скорого прихода чего-то неизвестного, что может полностью изменить их коллективную судьбу... Человек не знает, как быть по-настоящему современным человеком... Человек придумал историю о злом драконе, но если и существовал злой дракон, то это сам человек... Перед нами человеческий парадокс: человек попал в ловушку своих необыкновенных

способностей и достижений, словно в зыбучие пески - чем больше он использует свою силу, тем больше она ему нужна.

"Мы не устаем повторять, как глупо приравнивать нынешнее глубокое патологическое состояние и дезадаптацию всей человеческой системы к какому-либо циклическому кризису или преходящим обстоятельствам. С тех пор как человек открыл ящик Пандоры новых технологий, он страдает от неконтролируемого распространения человечества, мании роста, энергетических кризисов, фактической или потенциальной нехватки ресурсов, деградации окружающей среды, ядерного безумия и множества сопутствующих недугов".

Эта программа идентична той, которую гораздо позже приняло лже-"экологическое" движение, возникшее на базе того же Римского клуба, чтобы замедлить и обратить вспять промышленное развитие.

В широком смысле, предполагаемая контрпрограмма Римского клуба охватывала изобретение и распространение идей "постиндустриализации" в США, а также распространение контркультурных движений, таких как наркотики, рок, секс, гедонизм, сатанизм, колдовство и "экологизм". Тавистокский институт, Стэнфордский исследовательский институт и Институт социальных отношений, фактически весь спектр организаций, занимающихся прикладными социально-психиатрическими исследованиями, имели делегатов в правлении Римского клуба или выступали в качестве советников и играли ведущую роль в попытке НАТО принять "Аквариумный заговор".

Название Новый мировой порядок рассматривается как следствие войны в Персидском заливе 1991 года, в то время как Единое мировое правительство признается многовековой историей. Новый мировой порядок *не* нов, он существует и развивается в той или иной форме уже *очень* долгое время (Иеремия 11:9. Иезекииль 22:25. Откровение 12:7-9.), но его рассматривают как развитие будущего, что *не* так; Новый мировой порядок уходит корнями в прошлое и продолжается в настоящем. Вот почему я сказал выше, что термин "Единое мировое правительство" является или должен быть предпочтительнее любого другого. Ауреллио Печчеи однажды сказал своему близкому другу Александру Хейгу, что чувствует себя "реинкарнированным Адамом Вейсхауптом". Печчеи обладал во многом блестящей способностью Вайсхаупта организовывать и контролировать современных иллюминатов, и это проявилось в том, что Печчеи контролировал НАТО и формулировал его политику в глобальном масштабе.

Г-н Печчеи возглавлял экономический совет Атлантического института в течение трех десятилетий, когда он был генеральным директором Fiat Motor Company Джованни Аньелли. Аньелли, который происходит из древнего одноименного черного итальянского дворянского рода, является одним из самых видных членов Комитета 300 в Атлантическом институте.

Она играла ведущую роль в проектах развития в Советском Союзе. Римский клуб - это заговорщическая подставная организация, союз между англо-американскими финансистами и бывшими семьями черной знати Европы, особенно так называемой "аристократией" Лондона, Венеции и Генуи. Ключом к их успешному контролю над миром является их способность создавать и управлять дикими экономическими спадами и, в конечном итоге, депрессиями. Комитет 300 рассматривает социальные конвульсии в глобальном масштабе, за которыми следуют депрессии, как подготовительный метод для более масштабных грядущих событий, поскольку их основной метод управления массами людей по всему миру позволит им стать бенефициарами их "благосостояния" в будущем.

Похоже, что комитет основывает многие свои важные решения о человечестве на философии польского аристократа Феликса Дзержинского, который считал, что человечество немного превосходит скот. Близкий друг офицера британской разведки Сиднея Рейли (Рейли фактически был контролером Дзержинского в годы становления большевистской революции), он часто доверял Рейли во время попойки. Дзержинский, конечно же, был тем зверем, который управлял аппаратом красного террора. Однажды он сказал Рейли, когда они вдвоем выпивали, что

> "Мужчина не имеет значения. Посмотрите, что происходит, когда вы морите его голодом. Чтобы остаться в живых, он начинает есть своих мертвых товарищей. Человек заинтересован *только в собственном* выживании. Это все, что имеет значение. Вся эта история со Спинозой - чепуха".

Римский клуб имеет собственное частное разведывательное

агентство, а также "заимствует" у Интерпола Дэвида Рокфеллера. Все разведывательные службы США тесно сотрудничают с ней, так же как КГБ и Моссад. Единственное ведомство, которое осталось вне зоны его влияния, - восточногерманская разведывательная служба STASI. Римский клуб также имеет свои собственные высокоорганизованные политические и экономические агентства. Именно они посоветовали президенту Рейгану нанять Пола Волкера, еще одного ключевого члена Комитета 300.

Волкер остался председателем Совета Федеральной резервной системы, несмотря на обещание кандидата Рейгана снять его с должности после избрания. Римский клуб, сыграв ключевую роль в Кубинском ракетном кризисе, пытался продать свою программу "кризисного управления" (предшественницу FEMA) президенту Кеннеди. Несколько ученых из Тавистока обратились к президенту, чтобы объяснить, что это значит, но президент отверг их совет. В том же году, когда Кеннеди был убит, Тависток снова был в Вашингтоне, чтобы поговорить с НАСА. На этот раз обсуждения прошли успешно. Тависток получил контракт от НАСА на оценку влияния будущей космической программы на американское общественное мнение.

Контракт был заключен со Стэнфордским исследовательским институтом и корпорацией Rand. Большая часть материалов, подготовленных Тавистоком в этих двух учреждениях, никогда не увидела свет и остается запечатанной по сей день. Несколько надзорных комитетов и подкомитетов Сената, в которые я обратился за информацией, сказали, что "никогда не слышали об этом" и понятия не имеют, где я могу найти то, что ищу. Такова власть и престиж Комитета 300.

В 1966 году мои коллеги по разведке посоветовали мне обратиться к доктору Анатолю Раппапорту, который написал трактат, которым должна была заинтересоваться администрация. Это был документ, призванный остановить космическую программу НАСА, которая, по словам Раппапорта, изжила свою полезность. Раппапорт был очень рад дать мне копию своего документа, в котором, не вдаваясь в подробности, говорилось, что космическая программа НАСА должна быть свёрнута. В НАСА слишком много ученых, которые плохо влияют на Америку, потому что они всегда готовы читать лекции в школах и университетах о том, как работает ракета - от конструкции до двигательной установки. По мнению Раппапорта, это приведет к появлению поколения взрослых людей, которые решат стать учеными-космонавтами, но окажутся "лишними", поскольку к 2000 году их услуги никому не понадобятся.

Не успел доклад Раппапорта о НАСА быть представлен НАТО Римским клубом, как Комитет 300 потребовал принятия мер. Должностными лицами Римского клуба НАТО, которым было поручено принять срочные меры против НАСА, были Харланд Кливленд, Джозеф Слейтер, Клейборн К. Пелл, Уолтер Дж. Леви, Джордж МакГи, Уильям Уоттс, Роберт Страуш-Хупе (посол США в НАТО) и Дональд Леш. В мае 1967 года Комитет по науке и технике Североатлантической ассамблеи и Научно-исследовательский институт внешней политики организовали встречу. Она называлась "Конференция по трансатлантическому дисбалансу и сотрудничеству" и проходила во дворцовом поместье королевы Елизаветы в Довиле, Франция.

Основной целью и замыслом Довильской конференции было остановить технологический и промышленный прогресс США. На конференции были изданы две книги, одна из которых упоминается здесь - "*Технотронная эра* Бжезинского". Другая была написана председателем конференции Ауреллио Печчеи под названием "*Впереди пропасть*". Печчеи в основном согласился с Бжезинским, но добавил, что в будущем мире, не регулируемом глобальным правительством, будет хаос. В этой связи Печчеи настаивал на том, что Советскому Союзу должно быть предложено "сближение с НАТО", которое завершится равноправным партнерством в рамках нового мирового порядка с Соединенными Штатами. Эти две страны отвечали за будущее "глобальное управление и планирование кризисов". Первый "контракт на глобальное планирование" Римского клуба был заключен с Массачусетским технологическим институтом (MIT), одним из ведущих исследовательских институтов Комитета 300. Джей Форрестор и Деннис Медоуз были назначены ответственными за проект.

Каково было содержание их отчета? Она не отличалась принципиально от того, что проповедовали Мальтус и фон Хайек, а именно от старого вопроса о нехватке природных ресурсов. Отчет Форрестора-Мидоуза был полным мошенничеством. В нем не было сказано, что доказанный изобретательский гений человека, по всей вероятности, обойдет "дефицит". Термоядерная энергия, смертельный враг Комитета 300, может быть применена для создания природных ресурсов. Термоядерная горелка может производить, например, из одного квадратного километра обычной породы достаточно алюминия, чтобы удовлетворить наши потребности в течение четырех лет.

Печчеи не уставал проповедовать против национальных государств и их разрушительности для человеческого прогресса. Он призвал к "коллективной ответственности". Национализм - это рак для человека, - такова была тема нескольких важных речей, произнесенных Печчеи. Его близкий друг Эрвин Лазло в 1977 году выпустил книгу в схожем ключе "*Цели человечества*" - эпохальное исследование для Римского клуба. Весь документ с изложением позиции представлял собой яростную атаку на промышленную экспансию и рост городов. На протяжении всех этих лет Киссинджер, как назначенный контактное лицо, поддерживал тесный контакт с Москвой от имени RIIA. Документы Global modelling регулярно передавались друзьям Киссинджера в Кремле.

Что касается третьего мира, то Харланд Кливленд из Римского клуба подготовил доклад, который был верхом цинизма. В то время Кливленд был послом США в НАТО. По сути, в документе говорилось, что страны третьего мира должны сами решать, какие группы населения должны быть уничтожены. Как позже написал Печчеи (на основании отчета Кливленда):

> "Поврежденный противоречивой политикой трех основных стран и блоков, грубо латаемый то тут, то там, существующий международный экономический порядок заметно распадается по швам... Перспектива того, что придется прибегнуть к сортировке - решать, кого спасать, - действительно очень мрачная. Но если, к сожалению, события придут к этому, право принимать такие решения не может быть оставлено только нескольким нациям, поскольку это даст им зловещую власть над жизнями голодающих всего мира".

Политика Комитета заключалась в том, чтобы намеренно морить африканские страны голодом до смерти, о чем свидетельствуют страны южнее Сахары. Это был цинизм в худшем его проявлении, поскольку Комитет 300 уже присвоил себе решения, касающиеся жизни и смерти, и Печчеи знал это. Он уже указывал на это в своей книге "*Пределы роста*". Печчеи полностью отвергал промышленный и сельскохозяйственный прогресс и вместо этого требовал, чтобы весь мир был подчинен единому координационному совету, а именно Римскому клубу и его институтам НАТО, в рамках единого мирового правительства.

Природные ресурсы должны распределяться под эгидой глобального планирования. Национальные государства могли принять господство Римского клуба или выжить по закону джунглей и бороться за выживание. В своем первом "тестовом случае" Медоуз и Форрестор спланировали арабо-израильскую войну 1973 года от имени RIIA, чтобы дать понять миру, что природные ресурсы, такие как нефть, в будущем перейдут под контроль глобальных планировщиков, которыми, конечно же, является Комитет 300.

Тавистокский институт созвал консультацию с Печчеи, на которую были приглашены Макджордж Банди, Гомер Перлмуттер и доктор Александр Кинг. Из Лондона Печчеи отправился в Белый дом, где встретился с президентом и членами его кабинета, а затем в Государственный департамент, где встретился с госсекретарем, представителями разведывательного сообщества Госдепартамента и Совета по планированию политики Госдепартамента. Таким образом, с самого начала правительство США было полностью осведомлено о планах Комитета 300 в отношении этой страны. Это должно ответить на часто задаваемый вопрос,

> "Почему наше правительство позволяет Римскому клубу вести подрывную деятельность в США?".

Экономическая и монетарная политика Волкера повторяет политику сэра Джеффри Хау, канцлера казначейства и члена Комитета 300, и иллюстрирует, как Великобритания контролировала Соединенные Штаты после войны 1812 года и продолжает контролировать их через политику Комитета 300.

Каковы цели этой тайной элитной группы, наследницы иллюминизма (Завоевательный ветер Мории), культа Диониса, культа Изиды, катаризма, богомильства? Эта элитная группа, которая также называет себя *ОЛИМПИЙЦАМИ* (они действительно считают себя равными по силе и статусу легендарным богам Олимпа, которые, как и Люцифер, их бог, поставили себя выше нашего истинного Бога), абсолютно убеждена, что им поручено осуществить следующее по божественному праву:

1) **Единое мировое правительство** - Новый мировой порядок с единой церковью и денежной системой под их руководством. Мало кто знает, что Единое Мировое Правительство начало создавать свою "церковь" в 1920-х/1930-х годах, поскольку оно осознало, что присущая человечеству религиозная вера нуждается в выходе, и поэтому создало "церковь", чтобы направить эту веру в нужное ему русло.

2) Полное **уничтожение** всякой национальной идентичности и национальной гордости.

3) **Уничтожение религии** и особенно христианской религии, за одним исключением - их собственным творением, о котором говорилось выше.

4) **Контроль над** каждым человеком посредством управления сознанием и того, что Бжезинский называет "технотроникой", что позволит создать человекоподобных роботов и систему террора, по сравнению с которой "Красный террор" Феликса Дзержинского покажется детской забавой.

5) Конец **всей индустриализации** и производство ядерной энергии в том, что они называют "постиндустриальным обществом нулевого роста". Компьютерная индустрия и сфера услуг освобождены от уплаты налогов. Оставшиеся отрасли промышленности США будут экспортированы в такие страны, как Мексика, где много рабского труда. В результате разрушения промышленности безработные либо пристрастятся к опиуму, героину или кокаину, либо станут статистами в процессе ликвидации, который мы теперь знаем как Global 2000.

6) **Легализация** наркотиков и порнографии.

7) Депопуляция крупных городов, как это было сделано режимом Пол Пота в Камбодже. Интересно отметить, что геноцидные планы Пол Пота были разработаны здесь, в США, одним из исследовательских фондов Римского клуба. Интересно также отметить, что в настоящее время Комитет добивается восстановления мясников Пол Пота в Камбодже.

8) **Подавление** всех научных разработок, кроме тех, которые Комитет сочтет полезными. Особое внимание уделяется

ядерной энергии, используемой в мирных целях. Особенно ненавистны эксперименты по термоядерному синтезу, которые в настоящее время презираются и высмеиваются Комитетом и его пуделями в прессе. Разработка термоядерного факела разрушит концепцию Комитета об "ограниченных природных ресурсах". Правильно используемый термоядерный факел может создавать неограниченные, неиспользуемые природные ресурсы из самых обычных веществ. Вариантов использования термоядерного факела великое множество, и он принесет человечеству такую пользу, о которой общественность пока даже отдаленно не догадывается.

9) Через ограниченные **войны** в развитых странах, а также голод и болезни в странах третьего мира, привести к смерти 3 миллиардов человек к 2000 году, людей, которых они называют "бесполезными едоками". Комитет 300 попросил Сайруса Вэнса написать работу о том, как лучше всего осуществить такой геноцид. Документ был подготовлен под названием "Глобальный отчет 2000" и был принят и одобрен к действию президентом Картером от имени и по поручению правительства США, а также принят Эдвином Маски, тогдашним государственным секретарем. Согласно отчету "Global 2000", к 2050 году население США должно сократиться на 100 миллионов человек.

10) **Ослабление** моральных устоев нации и деморализация людей рабочего класса путем создания массовой безработицы. По мере сокращения рабочих мест в результате постиндустриальной политики нулевого роста, введенной Римским клубом, деморализованные и обескураженные работники будут обращаться к алкоголю и наркотикам. Через рок-музыку и наркотики молодежь страны будет поощряться к восстанию против статус-кво, тем самым подрывая и в конечном итоге разрушая семейную ячейку. В связи с этим Комитет 300 попросил Тавистокский институт подготовить подробный план того, как этого можно достичь. Компания Tavistock поручила Stanford Research провести эту работу под руководством профессора Уиллиса Хармона. Эта работа впоследствии стала известна как "Аквариумный заговор".

11) Повсеместно **мешать** людям самим решать свою судьбу, *создавая* один кризис за другим, а затем "управляя" этими кризисами. Это дезориентирует и деморализует население до такой степени, что, оказавшись перед лицом слишком большого выбора, наступит масштабная апатия. В случае с Соединенными Штатами агентство по управлению кризисом уже создано. Это Федеральное агентство по управлению в чрезвычайных ситуациях (FEMA), о котором я впервые узнал в 1980 году. Мы вернемся к FEMA по ходу дела.

12) **Внедрять** новые культы и продолжать укреплять те, которые уже работают, что включает в себя рок-"музыку" гангстеров, таких как "Rolling Stones" Мика Джаггера, гангстерская группа, которую очень любили европейские черные дворяне, и все созданные Тавистоком "рок-группы", которые начались с "Beatles". Продолжать развивать культ христианского фундаментализма, начатый слугой британской Ост-Индской компании Дарби, который будет использован для укрепления сионистского государства Израиль путем отождествления себя с евреями через *миф об* "избранном Богом народе" и пожертвования очень больших сумм денег на то, что они ошибочно считают религиозным делом для продвижения христианства.

13) **Лоббировать** распространение религиозных культов, таких как "Братья-мусульмане", мусульманский фундаментализм, сикхи, проводить эксперименты по убийству типа Джима Джонса и "Сына Сэма". Следует отметить, что покойный аятолла Хомейни был креатурой 6-го отдела британской военной разведки, широко известного как МИ-6, о чем я сообщал в своей книге 1985 года "*Что на самом деле произошло в Иране*".

14) **Экспорт** идей "религиозного освобождения" по всему миру с целью подрыва всех существующих религий, но особенно христианской религии. Это началось с "иезуитской теологии освобождения", которая разрушила режим семьи Сомоса в Никарагуа и сейчас разрушает Сальвадор, который находится в состоянии "гражданской войны" уже 25 лет, Коста-Рику и Гондурас. Очень активной организацией, занимающейся так называемой теологией освобождения, является коммунистически ориентированная Миссия Мэри Нолл. Именно по этой причине СМИ уделили много внимания убийству четырех так называемых монахинь Мэри

Кнолл в Сальвадоре несколько лет назад. Эти четыре монахини были коммунистическими диверсантами, и их деятельность была широко задокументирована правительством Сальвадора. Американская пресса и СМИ отказались уделить хоть какое-то место или осветить массу документов, находящихся в распоряжении правительства Сальвадора, которые доказывают, чем занимались в стране монахини миссии Мэри Нолл. Мэри Кнолл служит во многих странах и сыграла важную роль в распространении коммунизма в Родезии, Мозамбике, Анголе и Южной Африке.

15) **Вызвать** полный крах мировой экономики и создать полный политический хаос.

16) **Взять под контроль** всю внешнюю и внутреннюю политику США.

17) Оказывать всестороннюю поддержку наднациональным институтам, таким как Организация Объединенных Наций (ООН), Международный валютный фонд (МВФ), Банк международных расчетов (БМР), Международный уголовный суд, и, по возможности, уменьшить влияние местных институтов, постепенно свернув их или передав под эгиду ООН

18) Проникнуть и **подмять под себя** все правительства и работать внутри них, чтобы разрушить суверенную целостность наций, которые они представляют.

19) **Организовать** глобальный **террористический** аппарат и вести переговоры с террористами всякий раз, когда происходят террористические действия. Напомним, что именно Беттино Кракси убедил итальянское и американское правительства пойти на переговоры с "Красными бригадами", похитившими премьер-министра Моро и генерала Дозье. Кстати, генералу Дозье было приказано не говорить о том, что с ним произошло. Если он нарушит свое молчание, его, несомненно, превратят в "ужасный пример" того, как Киссинджер обращался с Альдо Моро, Али Бхутто и генералом Зия-уль-Хаком.

20) Взять под **контроль** образование в Америке с намерением и целью полностью и окончательно уничтожить его. Большинство из этих целей, которые я впервые перечислил в

1969 году, с тех пор были достигнуты или находятся на пути к достижению. Особый интерес для Комитета 300 представляет суть его экономической политики, которая в значительной степени основана на учении Мальтуса, сына английского священнослужителя, получившего известность благодаря британской Ост-Индской компании, по образцу которой создан Комитет 300.

Мальтус утверждал, что прогресс человечества связан с естественной способностью Земли поддерживать определенное количество людей, после чего ограниченные ресурсы Земли будут быстро исчерпаны. После того как эти природные ресурсы будут израсходованы, заменить их будет невозможно. Именно поэтому, как отмечал Мальтус, необходимо ограничить численность населения в пределах уменьшающихся природных ресурсов. Само собой разумеется, что элите не будет угрожать растущая популяция "бесполезных едоков", следовательно, необходима выбраковка. Как я уже сказал, сегодня идет "выбраковка", следуя методам, пропагандируемым в "Глобальном докладе 2000".

Все экономические планы Комитета находятся на пересечении Мальтуса и Фредерика фон Хайека, другого пессимистичного экономиста, спонсируемого Римским клубом. Фон Хайек, австрийского происхождения, долгое время находился под контролем Дэвида Рокфеллера, и теории фон Хайека были довольно широко приняты в Соединенных Штатах. Согласно фон Хайеку, экономическая платформа США должна основываться на (а) городских черных рынках (б) небольших производствах гонконгского типа, использующих потогонный труд (в) туристической торговле (г) зонах свободного предпринимательства, где спекулянты могут действовать беспрепятственно, а наркоторговля процветать (д) прекращении всей промышленной деятельности и (е) закрытии всех атомных электростанций.

Идеи фон Хайека полностью совпадают с идеями Римского клуба, что, возможно, объясняет, почему его так хорошо продвигают в правых кругах в этой стране. Интеллектуальное наследие фон Хайека передается новому, более молодому экономисту Джеффри Саксу, который был направлен в Польшу, чтобы принять эстафету фон Хайека.

Напомним, что Римский клуб организовал польский

экономический кризис, который привел к политической дестабилизации страны. То же самое экономическое планирование, так сказать, будет навязано России, но в случае широкомасштабного сопротивления старая система поддержки цен будет быстро восстановлена.

Комитет 300 приказал Римскому клубу использовать польский национализм как инструмент для уничтожения католической церкви и проложить путь для повторной оккупации страны российскими войсками. Движение "Солидарность" является творением Збигнева Бжезинского, члена Комитета 300, который выбрал название "союза" и подобрал его лидеров и организаторов. Солидарность" - это не "профсоюзное" движение, хотя для его создания были использованы рабочие Гданьской судоверфи, а ПОЛИТИЧЕСКАЯ организация высокого уровня, созданная для осуществления насильственных изменений в целях прихода к единому мировому правительству.

Большинство лидеров "Солидарности" были потомками евреев-большевиков из Одессы и не были известны своей ненавистью к коммунизму. Это помогает понять широкое освещение событий в американских новостных СМИ. Профессор Сакс продвинул этот процесс на шаг вперед, обеспечив экономическое порабощение Польши, недавно освободившейся от господства СССР. Теперь Польша станет экономическим рабом США. Все, что произошло, - это смена хозяина.

Бжезинский - автор книги, которую должен был прочитать каждый американец, интересующийся будущим этой страны. Под названием *"Технотронная эра"* он был подготовлен по заказу Римского клуба. Книга является открытым объявлением о способах и методах, которые будут использоваться для контроля над Соединенными Штатами в будущем. Он также объявляет о клонировании и "роботоидах", т.е. людях, которые ведут себя как люди и выглядят как люди, но таковыми не являются. Бжезинский, выступая от имени Комитета 300, сказал, что США вступают в "эпоху, не похожую на все предыдущие; мы переходим в технотронную эру, которая легко может стать диктатурой". Я подробно рассказывал о "технотронном веке" в 1981 году и неоднократно упоминал о нем в своих информационных бюллетенях.

Бжезинский продолжил, что наше общество "сейчас переживает информационную революцию, основанную на развлечениях, спортивных зрелищах (телевизионное освещение спортивных событий), которые служат опиатом для все более бесцельной массы. Был ли Бжезинский еще одним провидцем и пророком? Мог ли он видеть будущее? Ответ - НЕТ; то, что он написал в своей книге, было просто скопировано с плана Комитета 300, переданного Римскому клубу для исполнения. Разве не правда, что в 1991 году мы уже имеем массу бесцельных граждан? Можно сказать, что 30 миллионов безработных и 4 миллиона бездомных представляют собой "бесцельную массу" или, по крайней мере, ее ядро.

В дополнение к религии, "опиуму масс", который Ленин и Маркс признавали необходимым, теперь у нас есть опиум массового спорта, необузданных сексуальных желаний, рок-музыки и целого нового поколения детей-наркоманов. Случайный секс и эпидемия употребления наркотиков были созданы для того, чтобы отвлечь людей от того, что происходит вокруг них. В книге "Технотронный век" Бжезинский говорит о "массах", как будто люди являются неодушевленными предметами - вероятно, именно так нас воспринимает Комитет 300. Он постоянно говорит о необходимости контролировать "массы", которыми мы являемся.

В какой-то момент он проболтается:

> "В то же время способность осуществлять социальный и политический контроль над человеком резко возрастет. Вскоре станет возможным осуществлять почти постоянный контроль над каждым гражданином и вести актуальные файлы, содержащие даже самые личные данные о здоровье и личном поведении каждого гражданина, в дополнение к более обычным данным. Эти файлы будут мгновенно найдены властями. Власть будет тяготеть к тем, кто контролирует информацию. Наши нынешние институты будут заменены институтами предкризисного управления, задачей которых будет заблаговременное выявление вероятных социальных кризисов и разработка программ по их преодолению. (Это описывает структуру FEMA, которая появилась гораздо позже).
>
> "Это будет стимулировать в ближайшие десятилетия тенденции к ТЕХНОТРОНИЧЕСКОЙ ЭРЕ, ДИКТАТУРЕ, оставляя еще меньше места для политических процедур, как мы их знаем. Наконец, если заглянуть в конец века, возможность биохимического ментального контроля и

> генетического вмешательства в человеческий организм, включая существ, которые работают как люди и мыслят как люди, может привести к некоторым сложным вопросам.

Бжезинский писал не как частное лицо, а как советник Картера по национальной безопасности, видный член Римского клуба, член Комитета 300, член CFR и представитель старой черной польской шляхты. Его книга объясняет, как Америка должна отказаться от своей промышленной базы и вступить в то, что он называет "совершенно новой исторической эпохой".

> "Что делает Америку уникальной, так это ее готовность экспериментировать с будущим, будь то поп-арт или ЛСД. Сегодня Америка - творческое общество, остальные, сознательно или бессознательно, подражают. "

Ему следовало бы сказать, что Америка является испытательным полигоном для политики Комитета 300, которая ведет непосредственно к распаду старого порядка и вступлению в Единое Мировое Правительство - Новый Мировой Порядок.

В одной из глав книги *"Технотронный век"* рассказывается о том, как новые технологии приведут к напряженному противостоянию, которое будет напрягать социальный и международный мир. Любопытно, что мы уже испытываем сильное напряжение от слежки. Лурдес, Куба, - одно из мест, где это происходит. Другой - штаб-квартира НАТО в Брюсселе, Бельгия, где гигантский компьютер, известный как "666", может хранить данные всех типов, упомянутых Бжезинским, а также имеет расширенные возможности для сбора данных о миллиардах людей в нескольких странах, но которые, в свете геноцидного доклада "Global 2000", вероятно, никогда не придется использовать.

Поиск данных будет простым в США, где номера социального страхования или водительских прав можно просто добавить к 666, чтобы получить запись о слежке, о которой объявили Бжезинский и его коллеги из Комитета 300. Комитет уже в 1981 году предупреждал правительства, в том числе и СССР, что наступит "хаос, если Комитет 300 не возьмет под полный контроль подготовку к Новому мировому порядку".

> "Контроль будет осуществляться через наш комитет и посредством глобального планирования и кризисного управления".

Я сообщил эту фактическую информацию через несколько месяцев после того, как получил ее в 1981 году. Еще одна новость, о которой я сообщал в то время, заключалась в том, что Россия была приглашена присоединиться к подготовке к созданию единого мирового правительства.

Когда я писал эти строки в 1981 году, мировые планы заговорщиков уже находились в стадии подготовки. Оглядываясь на последние десять лет, мы видим, как быстро продвигались планы Комитета. Если информация, предоставленная в 1981 году, вызывала тревогу, то сегодня, когда мы приближаемся к завершающим этапам гибели Соединенных Штатов, какими мы их знаем, она должна вызывать еще большую тревогу. С неограниченным финансированием, с несколькими сотнями аналитических центров и 5000 социальных инженеров, с коммерциализацией СМИ и контролем над большинством правительств, мы видим, что перед нами замышляется проблема огромных масштабов, противостоять которой в настоящее время *не* может *ни одна* страна.

Как я уже не раз говорил, нас ввели в заблуждение, заставив поверить, что проблема, о которой я говорю, зародилась в Москве. Нам промыли мозги, заставив поверить, что коммунизм - это самая большая опасность, с которой сталкиваются американцы. *Это просто не так. Самая большая* опасность исходит от массы предателей в нашей среде. Наша Конституция предупреждает нас о том, что мы должны остерегаться врага в пределах наших границ. Эти враги - слуги Комитета 300, занимающие *высокие посты*[1] в нашей правительственной структуре. Соединенные Штаты - это место, где мы ДОЛЖНЫ начать нашу борьбу, чтобы повернуть вспять волну, которая угрожает поглотить нас, и где мы должны встретиться и победить этих внутренних заговорщиков.

Римский клуб также сыграл непосредственную роль в создании

---

[1] "Наконец, братья мои, *будьте тверды в Господе* и в силе могущества Его. Облекитесь во всеоружие Божие, чтобы вам *можно было* противостоять *коварству дьявола.* Ибо не против плоти и крови мы боремся, но против начальств, против властей, против мироправителей тьмы века сего, против *духовной нечестивости в высших сферах*". - Павел из Тарса, Ефесянам 6:10-12.

25-летней войны в Сальвадоре, как часть общего плана, разработанного Эллиотом Абрамсом из Государственного департамента США. Именно Вилли Брандт, член Комитета 300, лидер Социалистического интернационала и бывший канцлер Западной Германии, финансировал "последнее наступление" сальвадорских партизан, которое, к счастью, не увенчалось успехом. Сальвадор был выбран Комитетом, чтобы сделать Центральную Америку зоной для новой Тридцатилетней войны, задача, которую поручили выполнить Киссинджеру под безобидным названием "Андский план".

В качестве примера того, как заговорщики действуют вне государственных границ, можно привести запланированную Вилли Брандтом акцию "последнего наступления", которая родилась в результате визита к Фелипе Гонсалесу, который в то время готовился стать будущим премьер-министром Испании - роль, предопределенная Римским клубом. Кроме меня и нескольких моих бывших коллег по разведке, никто, похоже, не слышал о Гонсалесе до его появления на Кубе. Гонсалес был поверенным в делах Римского клуба в Сальвадоре и первым социалистом, пришедшим к политической власти в Испании после смерти генерала Франко.

Гонсалес направлялся в Вашингтон, чтобы принять участие в социалистической встрече Римского клуба "Get Reagan", которая состоялась в декабре 1980 года. На встрече Гонсалеса и Кастро присутствовал левый партизан Гильермо Унго, глава Института политических исследований (IPS), самого известного левого аналитического центра Комитета 300 в Вашингтоне. Ungo возглавлял член IPS, который погиб в загадочной авиакатастрофе по пути из Вашингтона в Гавану на встречу с Кастро.

Как большинство из нас знает, левая и правая части политического спектра контролируются одними и теми же людьми, что помогает объяснить тот факт, что Унго был давним другом покойного Наполеона Дуарте, лидера правого крыла Сальвадора. Именно после встречи на Кубе было проведено "последнее наступление" сальвадорских партизан.

Поляризация Южной Америки и Соединенных Штатов была специальным заданием, которое дал Киссинджеру Комитет 300. Фолклендская война (также известная как Фолклендская война) и последующее свержение правительства Аргентины, за которым последовали экономический хаос и политические потрясения, были спланированы Ассоциацией Киссинджера, действующей в согласии с лордом Каррингтоном, старшим членом Комитета 300.

Один из главных активов Комитета 300 в США, Аспенский институт в Колорадо, также помогал планировать события в Аргентине, как это было в случае падения шаха Ирана. Латинская Америка важна для Соединенных Штатов не только потому, что у нас много договоров о взаимной обороне с тамошними странами, но и потому, что она потенциально может стать огромным рынком для американского экспорта технологий, тяжелого промышленного оборудования, которое могло бы оживить многие наши пошатнувшиеся предприятия и обеспечить тысячи новых рабочих мест. Это нужно было предотвратить любой ценой, даже если это означало 30 лет войны.

Вместо того чтобы увидеть этот огромный потенциал в позитивном свете, Комитет 300 увидел в нем опасную угрозу постиндустриальным планам США с нулевым ростом и немедленно предпринял шаги, чтобы сделать пример Аргентины, чтобы предупредить другие страны Латинской Америки забыть о любых идеях, которые они могли иметь для продвижения национализма, независимости и суверенной целостности. Именно по этой причине так много стран Латинской Америки обратились к наркотикам как к единственному средству существования, что вполне могло быть намерением заговорщиков в первую очередь.

Американцы в целом смотрят на Мексику свысока, и это именно то отношение, с которым Комитет *хочет, чтобы* народ Соединенных Штатов смотрел на Мексику. Нам нужно изменить взгляд на Мексику и Южную Америку в целом. Мексика - потенциально огромный рынок для всех видов американской продукции, что может означать тысячи рабочих мест как для американцев, так и для мексиканцев. Перемещение нашей промышленности "к югу от границы" и выплата рабской заработной платы в maquiladoras не отвечает интересам ни одной из стран. Это не выгодно никому, кроме "олимпийцев".

Раньше Мексика получала большую часть своих ядерных технологий из Аргентины, но Фолклендская война положила этому конец. В 1986 году Римский клуб постановил прекратить экспорт ядерных технологий в развивающиеся страны. С атомными электростанциями, производящими обильную и дешевую электроэнергию, Мексика стала бы "Германией Латинской Америки". Это стало бы катастрофой для заговорщиков, которые в 1991 году прекратили весь экспорт ядерных технологий, кроме экспорта в Израиль.

То, что Комитет 300 задумал для Мексики - это феодальное крестьянство, состояние, позволяющее легко управлять и грабить мексиканскую нефть. Стабильная и процветающая Мексика может быть только преимуществом для Соединенных Штатов. Именно этого хотят избежать заговорщики, поэтому они десятилетиями занимаются инсинуациями, клеветой и прямой экономической войной против Мексики. До прихода к власти бывшего президента Лопеса Портильо и национализации банков Мексика теряла 200 миллионов долларов в день из-за утечки капитала, организованной и срежиссированной представителями Комитета 300 в банках и брокерских домах Уолл-стрит.

Если бы только у нас в США были государственные деятели, а не политики, мы могли бы действовать сообща и победить планы Единого мирового правительства и Нового мирового порядка по низведению Мексики до состояния бессилия. Если бы нам удалось победить планы Римского клуба в отношении Мексики, это стало бы шоком для Комитета 300, шоком, от которого они долго не могли бы оправиться. Наследники иллюминатов представляют такую же большую угрозу для Соединенных Штатов, как и для Мексики. Найдя общий язык с мексиканскими патриотическими движениями, мы в Соединенных Штатах можем создать грозную силу, с которой придется считаться. Но такие действия требуют лидерства, а лидерства нам не хватает больше, чем в любой другой сфере деятельности.

Комитет 300 через свои многочисленные филиалы добился того, что президентство Рейгана было сведено на нет. Вот что сказал по этому поводу Стюарт Батлер из Фонда "Наследие": "Правые думали, что они выиграли в 1980 году, но на самом деле они проиграли. Батлер имеет в виду ситуацию, в которой оказались правые, когда поняли, что все важные посты в администрации Рейгана занимали фабианские социалисты, назначенные Фондом "Наследие". Далее Батлер заявил, что "Наследие" будет использовать идеи правых для навязывания США радикальных левых принципов - тех самых радикальных идей, которые сэр Питер Викерс Холл, ведущий фабианист Америки и самый важный человек "Наследия", открыто обсуждал в год выборов.

Сэр Питер Викерс-Холл оставался активным фабианистом, хотя и руководил консервативным "мозговым центром". Как член британской олигархической семьи производителей оружия Виккерс, он имел положение и власть. Семья Виккерс поставляла самолеты обеим сторонам во время Первой мировой войны и снова во время прихода Гитлера к власти. Официальным прикрытием Викерса был Институт городского и регионального развития Калифорнийского университета. Он был давним доверенным лицом лидера британских лейбористов и члена Комитета 300 Энтони Веджвуда Бенна.

Викерс и Бенн работают в Тавистокском институте человеческих отношений, главном в мире учреждении по промыванию мозгов. В своих выступлениях Викерс с пользой применяет тавистокское обучение. Рассмотрим следующий пример:

> "Есть две Америки. Один из них - общество XIX века[e], основанное на тяжелой промышленности. Другая - это растущее постиндустриальное общество, в некоторых случаях построенное на обломках старой Америки. Именно кризис между этими двумя мирами приведет к экономической и социальной катастрофе следующего десятилетия. Эти два мира находятся в фундаментальной оппозиции, они не могут сосуществовать. В конечном итоге, постиндустриальный мир должен сокрушить и уничтожить другой".

Помните, эта речь была произнесена в 1981 году, и мы можем видеть по состоянию нашей экономики и промышленности, насколько точным было предсказание сэра Питера. Когда заинтересованные люди спрашивают меня, как долго продлится рецессия 1991 года, я отсылаю их к заявлениям сэра Питера и добавляю свое собственное мнение, что она не закончится до 1995/1996 года, и даже тогда то, что появится, не будет той Америкой, которую мы знали в 1960-х и 1970-х годах. Что Америка *уже* разрушена.

> "Народ Мой истреблен за недостаток [Моего] знания". - Бог, Осия 4:6.

Я сообщил о речи сэра Питера в своем информационном бюллетене вскоре после ее произнесения. Как это было пророчески, но легко было предсказать будущее, уже написанное для Америки Комитетом 300 и его исполнительным органом, Римским клубом. О чем эвфемистически говорил сэр Питер? Переводя на повседневный язык, он говорил, что старый американский образ жизни, наша истинная республиканская форма правления, основанная на нашей Конституции, будет сокрушена Новым мировым порядком. Америка, какой мы ее знали, должна была исчезнуть или разлететься на куски.

Как я уже сказал, члены Комитета 300 часто делают себя очень заметными. Сэр Питер не был исключением. В завершение своей речи сэр Питер сказал:

> "Я совершенно счастлив работать с Фондом "Наследие" и подобными группами. Настоящие фабианцы обращаются к новым правым, чтобы продвинуть некоторые из своих более радикальных идей. На протяжении более десяти лет британская общественность подвергалась постоянному шквалу пропаганды о том, что она находится в промышленном упадке. Все это правда, но чистый эффект этой пропаганды заключается в деморализации населения. (Именно так, как предсказывали новые ученые из Тавистока).
>
> "Это то, что произойдет в США, когда экономика ухудшится. Этот процесс (деморализации) необходим для того, чтобы люди приняли трудный выбор. Если не будет планирования будущего, или если группы особых интересов будут блокировать прогресс, наступит социальный хаос такого масштаба, который сейчас трудно себе представить. Перспективы для городской Америки безрадостны. Можно что-то сделать с внутренними городами, но в основе своей города будут уменьшаться, а производственная база - сокращаться. Это вызовет социальные конвульсии".

Был ли сэр Питер экстрасенсом, магом с большой славой или просто шарлатаном, предсказывающим удачу? Ответ: "Ничего из вышеперечисленного". Все, что делал сэр Питер, это читал план Комитета 300 - Римского клуба по медленному умиранию Соединенных Штатов как бывшего промышленного гиганта. Учитывая десятилетние прогнозы сэра Питера, можно ли сомневаться, что планы Комитета 300 о гибели промышленно развитых Соединенных Штатов стали свершившимся фактом?

Разве предсказания сэра Питера не оказались удивительно точными? Действительно, так и было, почти до последнего слова. Стоит отметить, что сэр Питер Викерс (тесть сэра Питера Викерс-Холла) работал над Стэнфордской научной работой "Изменение образа человека", из которой была взята большая часть из 3000 страниц консультативного материала, направленного в администрацию Рейгана. Кроме того, будучи старшим офицером британской разведки в МИ-6, сэр Питер Викерс смог предоставить "Наследию" большое количество предварительной информации.

Будучи членом Комитета 300 и НАТО, сэр Питер Викерс присутствовал, когда НАТО обратилось к Римскому клубу с просьбой разработать социальную программу, которая полностью изменила бы направление, в котором хотела двигаться Америка. Римский клуб под руководством Тавистока поручил Стэнфордскому исследовательскому институту (SRI) разработать такую программу не только для Америки, но и для всех стран Атлантического союза и стран ОЭСР.

Именно протеже сэра Питера, Стюарт Батлер, передал президенту Рейгану 3000 страниц "рекомендаций", которые, предположительно, содержали некоторые из мнений, высказанных Энтони Веджвудом Бенном, членом парламента и влиятельным членом Комитета 300. Бенн рассказал об этом членам Социалистического интернационала, которые встретились в Вашингтоне 8 декабря 1980 года:

> "Вы можете процветать в условиях кредитного кризиса Волкера, если вы пилотируете Рейгана, чтобы усилить кредитный кризис".

Совету Батлера последовали и применили в администрации Рейгана, о чем свидетельствует крах кредитных союзов и банковской отрасли, ускорившийся при экономической политике Рейгана. Хотя Бенн называл это "управлением", на самом деле он имел в виду, что Рейгану нужно было промыть мозги. Интересно, что фон Хайек - который является одним из основателей Heritage - использовал своего ученика Милтона Фридмана для руководства планами Римского клуба по деиндустриализации Америки, используя президентство Рейгана для ускорения краха сталелитейной промышленности, а затем автомобильной и жилищной промышленности.

В связи с этим член французской черной аристократии Этьен Д'Авиньон, будучи членом Комитета 300, получил задание развалить сталелитейную промышленность в этой стране. Вряд ли сотни тысяч сталеваров и рабочих верфей, которые уже десять лет сидят без работы, когда-либо слышали о Д'Авиньоне. Я дал полный отчет о плане Д'Авиньона в "Экономическом обозрении" за апрель 1981 года. Таинственный человек из Ирана, который оказался Бани Садром, специальным посланником аятоллы

Хомейни, присутствовал на судьбоносном заседании Римского клуба в Вашингтоне 10 декабря того же года.

Одна речь, произнесенная на конклаве 10 декабря 1980 года, привлекла мое внимание, главным образом потому, что она прозвучала из уст Франсуа Миттерана, человека, которого французский истеблишмент отверг как устаревшего. Но мой источник в разведке и раньше говорил мне, что Миттерана восстанавливают, стирают с него пыль и возвращают к власти, поэтому его слова имели для меня большой вес:

> "Промышленно-капиталистическое развитие противоположно свободе: мы должны положить ему конец. Экономические системы XXe и XXIe веков будут использовать машину для замены человека, прежде всего в области ядерной энергии, которая уже сейчас дает впечатляющие результаты".

Возвращение Миттерана в Елисейский дворец стало большим триумфом для социализма. Он доказал, что "Комитет 300" достаточно могущественен, чтобы предсказать события и заставить их произойти, силой или любыми средствами показать, что он может сокрушить любую оппозицию, даже если, как в случае с Миттераном, он был полностью отвергнут за несколько дней до этого влиятельной группой в Париже.

Еще одним представителем группы на встречах в Вашингтоне в декабре 1980 года со статусом "наблюдателя" был Джон Грэм, также известный как "Ирвин Суолл", глава следственного комитета Антидиффамационной лиги (АДЛ). АДЛ - это полноценная операция британской разведки, которой руководят три отделения британской разведки, а именно МИ-6 и JIO. Огромный арсенал трюков Суалла был приобретен в канализации лондонского Ист-Энда. Суалл по-прежнему является сотрудником суперсекретной СИС, элитного оперативного подразделения в стиле Джеймса Бонда. Пусть никто не недооценивает силу АДЛ или ее большой охват.

Суолл тесно сотрудничает с Холлом и другими фабианистами. Он был признан полезным для британской разведки во время учебы в лейбористском колледже Раскина при Оксфордском университете, Англия, том же центре коммунистического образования, который дал нам Милнера, Родса, Берджесса, Маклина и Кима Филби. Оксфордский и Кембриджский университеты долгое время были уделом сыновей и дочерей элиты, тех, чьи родители принадлежат к "сливкам" британского высшего общества. Во время учебы в Оксфорде Суолл вступил в Молодежную народную социалистическую лигу и вскоре после этого был завербован Британской секретной службой.

Суолла направили в США, где он оказался под защитой и спонсорством одного из самых коварных левых в стране, Уолтера Липпмана. Липпманн основал и возглавил Лигу промышленной демократии и "Студенты за демократическое общество" - две левые организации, целью которых было поставить промышленных рабочих в противоречие с тем, что он называл "капиталистическим классом" и боссами. Оба проекта Липпмана были неотъемлемой частью общеамериканского аппарата Комитета 300, важным членом которого был Липпман.

Суолл имеет тесные связи с Министерством юстиции и может получить от ФБР профили всех, на кого он нацелится. У Министерства юстиции есть приказ дать Суоллу все, что он хочет, когда бы он этого ни захотел. Большая часть деятельности Суалла заключается в "наблюдении за группами и отдельными лицами правого толка". АДЛ имеет открытую дверь в Госдепартамент и хорошо использует впечатляющую разведывательную службу последнего.

В Госдепартаменте есть слой агентов правого толка, которые выдают себя за "бесстрашных борцов с антисемитизмом". В этой группе информаторов есть четыре лидера, трое из которых - незаметные еврейские гомосексуалисты. Эта группа шпионов действует уже два десятилетия. Они издают яростные антиеврейские "газеты" и продают широкий спектр антисемитских книг. Один из главных операторов работает из Луизианы. Один из членов группы - популярный в кругах христианских правых писатель. Эта группа и входящие в нее лица находятся под защитой АДЛ. Суалл активно сотрудничает с ABSCAM, и правоохранительные органы часто обращаются к нему за помощью в расследованиях и операциях под прикрытием.

Суоллу было поручено "наблюдать за Рейганом" с точки зрения пути, проложенного для новоизбранного президента Фондом "Наследие", и сделать несколько предупредительных выстрелов, если Рейган в любой момент покажется, что он собирается отклониться от курса или снять шоры. Суолл помог избавиться от всех проблемных правых советников, которые не были обязаны

"Наследию" своим трудоустройством в администрации Рейгана. Так было с Рэем Донованом, министром труда Рейгана, который в итоге был снят с должности благодаря отделу АДЛ "Грязные делишки"[2] . Джеймс Бейкер III, один из людей в списке 3000 рекомендателей Фонда "Наследие", был посредником, который передал президенту ненавистные сообщения Суолла о Доноване.

Другим важным участником заговора был Филипп Эйджи, так называемый "перебежчик" из ЦРУ. Не являясь членом Комитета, он, тем не менее, был его сотрудником по делам Мексики, а также руководителем (британского) Королевского института международных отношений (RIIA) и (американского) Совета по международным отношениям. Для справки: ничто из того, что происходит в США, не происходит без санкции RIIA. Это постоянное и неизменное соглашение, впервые открыто заключенное (до этого было много подобных секретных соглашений) Черчиллем и Рузвельтом в 1938 году, согласно которому разведка США обязана делиться совершенно секретной информацией с британской разведкой.

Это основа так называемых "особых отношений" между двумя странами, которые, как хвастались Черчилль и лорд Галифакс, были во всех отношениях "особыми".

Эти "отношения" были ответственны за то, что США развязали войну в Персидском заливе против Ирака в интересах и от имени британских интересов, в частности British Petroleum, одной из самых важных компаний Комитета 300, в которой ближайшие родственники королевы Елизаветы имеют значительный интерес.

С 1938 года никакая разведывательная деятельность не проводилась иначе, как через эту специальную объединенную командную структуру. Филип Агее поступил на службу в ЦРУ после окончания Нотр-Дам, где он был введен в круг масонов-иезуитов. Впервые Агее обратил на себя мое внимание в 1968 году как офицер разведки, стоявший за беспорядками в университете Мехико. Одним из наиболее важных аспектов мексиканских студенческих беспорядков является то, что они произошли одновременно со студенческими волнениями в Нью-Йорке, Бонне, Праге и Западном Берлине.

---

[2] "Крученые удары", Ndt.

Благодаря координационному опыту и специальной разведывательной сети, составной частью которой является Интерпол, Комитету не так сложно, как может показаться на первый взгляд, инициировать тщательно спланированные глобальные акции - от студенческих бунтов до смещения лидеров якобы суверенных государств. Все это - часть ежедневной работы "олимпийцев". Из Мексики Эйджи присоединился к пуэрториканским террористическим группам. В этот период он стал доверенным лицом кубинского диктатора Фиделя Кастро.

Не следует думать, что когда Агее проводил эти операции, он делал это как "несанкционированный" агент. Напротив, на протяжении всех этих миссий он работал на ЦРУ. Проблема возникла, когда DGI (кубинская разведывательная служба) Кастро удалось его "перевербовать". Эйджи продолжал работать в качестве сотрудника ЦРУ, пока его двойная роль не была раскрыта. Это был крупнейший советский пост прослушивания на Западе, расположенный в Лурдесе, Куба. Лурдес, в котором работают 3 000 советских специалистов по мониторингу и расшифровке сигналов, способен одновременно отслеживать тысячи электронных сигналов. Многочисленные частные телефонные разговоры между конгрессменом и его любовницей были собраны в Лурде и использованы с пользой.

Хотя сегодня, в 1991 году, нам говорят, что "коммунизм мертв", Соединенные Штаты не сделали ничего, чтобы остановить обширную шпионскую операцию на нашем пороге. Кстати, Лурдес обладает способностью улавливать даже самый слабый сигнал "темпеста", который испускается факсом или электрической пишущей машинкой и, будучи расшифрованным, выдает содержание того, что печатается или отправляется по факсу. Лурдес остается "кинжалом в сердце" Соединенных Штатов. Нет абсолютно никаких причин поддерживать его существование. Если США и СССР действительно находятся в мире друг с другом, зачем нужна такая масштабная шпионская операция? Простая правда заключается в том, что вместо того, чтобы сокращать штат, как нас заставляют верить, КГБ массово набирал сотрудников в 1990 и 1991 годах.

Бернард Левин, вероятно, не является известным в Соединенных Штатах именем. В отличие от декадентских поп-звезд или последнего дряхлого "открытия" Голливуда, академики редко, если вообще когда-либо, оказываются на виду у публики. Из сотен американских ученых, работающих под контролем Римского клуба, Левин заслуживает особого упоминания, хотя бы по следующим причинам: его роль в подрыве Ирана, Филиппин, Южной Африки, Никарагуа и Южной Кореи. Падение шаха Ирана произошло в соответствии с планом, разработанным Бернардом Левином и Ричардом Фальком и курируемым Аспенским институтом Роберта Андерсона.

Левин является автором книги "*Временная перспектива и мораль*", публикации Римского клуба о том, как сломить моральный дух наций и отдельных лидеров. Вот выдержка из этого документа:

> "Одним из основных методов разрушения морального духа с помощью стратегии террора является именно эта тактика: держать человека в неведении относительно его ситуации и того, чего он может ожидать. Более того, если частые колебания между жесткими дисциплинарными мерами и обещаниями хорошего обращения, а также распространение противоречивых новостей делают структуру ситуации неясной, человек может перестать понимать, приведет ли его тот или иной план к цели или отдалит от нее. В этих условиях даже те люди, которые имеют четкие цели и готовы идти на риск, оказываются парализованными серьезным внутренним конфликтом по поводу того, что им следует делать."

Этот проект Римского клуба относится как к СТРАНАМ, так и к отдельным лицам, особенно к лидерам правительств этих стран. В Соединенных Штатах нам не нужно думать, что "О, это Америка, и такие вещи здесь не происходят". Позвольте заверить вас, что в Соединенных Штатах они происходят, возможно, *чаще*, чем в любой другой стране.

План Levin-Club of Rome призван деморализовать всех нас, чтобы в конце концов мы почувствовали, что должны следовать тому, что для нас запланировано. Мы будем выполнять приказы Римского клуба, как бараны. К любому очевидно сильному лидеру, который внезапно появляется, чтобы "спасти" нацию, следует относиться с величайшим подозрением. Помните, что Хомейни годами готовили британские секретные службы, особенно во время его пребывания в Париже, прежде чем он внезапно появился в качестве спасителя Ирана. Борис Ельцин был выходцем из той же конюшни MI6-SIS.

Римский клуб уверен, что он успешно выполнил свой мандат по

"смягчению" Соединенных Штатов. После 45 лет войны против народа этой страны кто будет сомневаться в том, что она действительно выполнила свою задачу? Оглянитесь вокруг и посмотрите, насколько мы деморализованы. Наркотики, порнография, "музыка" рок-н-ролла, свободный секс, полностью подорванная семейная ячейка, лесбиянство, гомосексуализм и, наконец, ужасающее убийство миллионов невинных младенцев их собственными матерями. Было ли когда-нибудь более отвратительное преступление, чем массовые аборты?

Когда Соединенные Штаты духовно и морально обанкротились, когда наша промышленная база разрушена и 30 миллионов человек не имеют работы, когда наши крупные города представляют собой ужасающие отстойники всех мыслимых преступлений, когда уровень убийств почти в три раза выше, чем в любой другой стране, когда у нас 4 миллиона бездомных и процветает коррупция в правительстве, кто может спорить с тем, что Соединенные Штаты становятся страной на грани внутреннего краха? С 4 миллионами бездомных и коррупцией в правительстве, достигшей эндемических масштабов, кто может утверждать, что Соединенные Штаты превращаются в страну, готовую развалиться изнутри, только чтобы попасть в объятия нового единого мирового правительства темных веков?

Римский клуб преуспел в разделении христианских церквей; он преуспел в создании армии харизматических фундаменталистов и евангелистов, которые будут сражаться за сионистское государство Израиль. Во время геноцидной войны в Персидском заливе я получил десятки писем, в которых меня спрашивали, как я могу выступать против "справедливой христианской войны против Ирака". Как я мог сомневаться в том, что поддержка христианскими фундаменталистами войны с Ираком (Комитет 300) была небиблейской - в конце концов, разве Билли Грэм не молился с президентом Бушем прямо перед началом стрельбы? Разве Библия не говорит о "войнах и слухах о войнах"?

Эти письма дают представление об *эффективности* работы Тавистокского института. Христианские фундаменталисты станут грозной силой, стоящей за государством Израиль, как и было предсказано. Как печально, что эти хорошие люди не понимают, что они были грубо введены в заблуждение Римским клубом и что их мнения и убеждения *НЕ* являются *их собственными*, а *созданы* для них сотнями Комитета 300 "мозговых центров", которые усеивают американский ландшафт. Другими словами, как и любой другой сегмент американского населения, христианские фундаменталисты и евангелисты подверглись полному промыванию мозгов.

Как нация, мы готовы принять гибель Соединенных Штатов Америки и американского образа жизни, которому когда-то завидовал весь мир. Не думайте, что это произошло только что - старый синдром "время меняется". Время ничего не меняет, меняются ЛЮДИ. Ошибочно считать Комитет 300 и Римский клуб европейскими институтами. Римский клуб пользуется огромным влиянием и властью в США, и имеет свою собственную секцию, расположенную в Вашингтоне, округ Колумбия.

Сенатор Клейборн Пелл является ее лидером, а одним из ее членов является Фрэнк М. Поттер, бывший директор по персоналу подкомитета по энергетике Палаты представителей. Поттер, бывший директор по персоналу подкомитета по энергетике Палаты представителей. Нетрудно понять, как Римский клуб сохранил свою хватку в энергетической политике США и откуда берет начало "зеленая" оппозиция атомной энергетике. Возможно, самым большим достижением Клуба является его влияние на Конгресс по вопросу о ядерной энергетике, которое привело к тому, что США не смогли вступить в 21 век в качестве сильной индустриальной страны. Эффект от антиядерной политики Римского клуба можно измерить в виде молчащих доменных печей, заброшенных железнодорожных станций, ржавеющих сталелитейных заводов, давно закрытых верфей и ценной квалифицированной рабочей силы, разбросанной по Соединенным Штатам, которую уже никогда не собрать.

Другими членами Римского клуба в США являются Уолтер А. Хан из Исследовательской службы Конгресса, Энн Читэм и Дуглас Росс, оба старшие экономисты. Ханн из Исследовательской службы Конгресса, Энн Читэм и Дуглас Росс, оба старшие экономисты. Задача Росса, по его собственным словам, заключалась в том, чтобы "воплотить перспективы Римского клуба в законодательстве, чтобы помочь стране избавиться от иллюзии изобилия". Энн Читэм была директором организации под названием "Конгресс-Клиринг-Хаус для будущего".

Ее задачей было составить профиль членов Конгресса, которые могут быть восприимчивы к астрологии и новомодным штучкам. Одно время в ее классах учились более 100 конгрессменов. Ежедневно проводились сеансы, на которых делались различные астрологические "предсказания", основанные на ее "оккультных представлениях". Помимо конгрессменов, на его заседаниях присутствовали и другие видные деятели: Майкл Уолш, Торнтон Брэдшоу - видный член Комитета 300 - и Дэвид Стернлайт, вице-президент страховой компании Allstate. Некоторые из наиболее видных членов Комитета 300 также являются членами НАТО, и этот факт мы должны помнить. Эти члены Комитета 300 часто занимают несколько должностей. Среди членов Римского клуба НАТО - Харланд Кливленд, бывший посол США в НАТО, Джозеф Слейтер, директор Института Аспен, Дональд Леш, бывший сотрудник Агентства национальной безопасности США, Джордж МакГи, Клейборн Пелл и многие другие.

Важно, чтобы мы запомнили эти имена, чтобы мы составили их список, если хотите, чтобы мы помнили, кто они и за что выступают, когда их имена появляются в телевизионных программах и службах новостей. Следуя modus vivendi разведки, руководители комиссии часто появляются на телевидении, обычно в самом невинном обличье. Мы должны знать, что *ничто из того, что* они делают, не является невинным.

Комитет 300 внедрил своих агентов в мышцы и нервы Соединенных Штатов, в их правительство, в Конгресс, на консультативные должности вокруг президента, в качестве послов и государственных секретарей. Время от времени Римский клуб организует встречи и конференции, которые, хотя и имеют безобидные названия, делятся на комитеты действий, перед каждым из которых ставится конкретная задача и точная дата, к которой он должен выполнить свою миссию. Если он не делает ничего другого, Комитет 300 работает по очень конкретному расписанию. Первая конференция Римского клуба в США была созвана Комитетом 300 в 1969 году под названием "Ассоциация Римского клуба": "The Club of Rome Association". Следующая встреча состоялась в 1970 году под названием "Ривердейлский центр религиозных исследований" под руководством Томаса Берни. Затем последовала Вудлендская конференция, проходившая в Хьюстоне, штат Техас, с 1971 года. После этого регулярные конференции проводились в The Woodlands каждый год. Также в 1971 году, в более позднее время, Корпорация энергетики и развития Митчелла провела встречу по энергетической стратегии для Римского клуба: повторяющаяся тема: ОГРАНИЧЕНИЕ РОСТА В США. В довершение всего в июле 1980 года состоялась первая Всемирная конференция по фьючерсам, в которой приняли участие 4 000 социальных инженеров и членов аналитических центров - все они были членами или филиалами различных организаций, действующих под эгидой Римского клуба.

Первая Всемирная конференция будущего получила благословение Белого дома, который организовал свою собственную конференцию, основанную на стенограммах форума Первой Всемирной конференции. Она называлась "Комиссия Белого дома по 1980-м годам" и ОФИЦИАЛЬНО рекомендовала политику Римского клуба "в качестве руководства для будущей политики США" и даже зашла так далеко, что заявила, что экономика США выходит из индустриальной фазы. Это перекликается с темой сэра Питера Викерс-Холла и Збигнева Бжезинского и служит еще одним доказательством контроля, осуществляемого Комитетом 300 над делами США, как внутренними, так и внешними.

Как я уже говорил в 1981 году, мы вынуждены в политическом, социальном и экономическом плане оставаться в рамках планов Римского клуба. Все складывается против нас. Если мы хотим выжить, мы должны разрушить удушающий контроль Комитета 300 над нашим правительством. На каждых выборах с тех пор, как Калвин Кулидж баллотировался в Белый дом, Комитету 300 удавалось расставлять своих агентов на ключевые государственные посты так, что не имело значения, кто получит должность в Белом доме. Например, каждый кандидат, баллотировавшийся в президенты со времен Франклина Д. Рузвельта, был отобран, как некоторые любят говорить, "вручную", Советом по международным отношениям, действующим по указанию RIIA.

Особенно на выборах 1980 года, каждый кандидат на высший пост в Соединенных Штатах был направлен CFR. Поэтому для заговорщиков не имело значения, кто победит в президентской гонке. Благодаря таким троянским коням, как Фонд "Наследие" и CFR, ВСЕ ключевые политические позиции в новых администрациях занимают кандидаты из Совета по международным отношениям, а до этого, с 1960-х годов, - "да-да" из Римского клуба НАТО, что гарантирует, что ключевые политические решения несут на себе неизгладимую печать Римского клуба и CFR, действующих как исполнительные органы Комитета 300.

Выборы 1984 и 1988 годов прошли по давно установленной схеме. Госсекретарь Джордж Шульц был идеальным выбором Комитета 300 на пост госсекретаря. Шульц всегда был креатурой Генри Киссинджера, руководителя CFR. Более того, его должность в Bechtel, ключевой компании Комитета 300 с глобальными масштабами, давала ему доступ к странам, которые в противном случае могли бы с подозрением отнестись к его связям с Киссинджером. Администрация Картера ускорила процесс назначения сторонников заговора на ключевые должности. Перед избранием Картера главный стратег его предвыборной кампании Гамильтон Джордан заявил, что если Сайрус Вэнс или Бжезинский будут назначены в кабинет Картера, то он, Джордан, уйдет в отставку. Так и есть. Джордан *не* ушел в отставку.

Выбор Картером Пола Волкера (фактически, Дэвид Рокфеллер посоветовал ему назначить Волкера) спровоцировал крах экономики США в соответствии с планом, разработанным Римским клубом. Мы сталкиваемся с мощными силами, нацеленными на создание единого мирового правительства. Мы участвуем в разрушительной войне уже 45 лет, но она не воспринимается как таковая. Нам промывают мозги, методично и систематически, даже не осознавая этого. Тавистокский институт создал систему для этого, а затем привел в действие свои операции.

Единственный способ защитить себя - разоблачить заговорщиков и их многочисленные подставные организации. Нам нужны опытные люди, способные разработать стратегию защиты нашего бесценного наследия, которое, будучи утраченным, станет воспоминанием. Мы должны изучить методы, используемые заговорщиками, знать их и принять контрмеры. Только чрезвычайная программа остановит гниение, которое разъедает нашу нацию.

Кому-то может быть трудно принять идею всемирного заговора, потому что так много писателей получили финансовую выгоду. Другие сомневаются, что деятельность в глобальном масштабе может быть успешно скоординирована. Они видят огромную бюрократию нашего правительства, а затем говорят: "Как мы должны верить, что отдельные люди могут сделать больше, чем правительство? "При этом упускается из виду тот факт, что правительство является *частью* заговора. Им нужны веские доказательства, а их трудно найти.

Другие говорят: "Ну и что. Какое мне дело до заговора, я даже не потрудился проголосовать". Именно так *должно* реагировать население Америки. Наш народ впал в уныние и растерянность - результат 45-летней (психологической) войны, которая велась против нас. Как это делается, объясняется в книге Бернарда Левина, но сколько людей потрудится прочитать нехудожественную книгу академика? (Или дочитать ее до конца?) Мы реагируем именно так, как нам было предписано. Деморализованные и дезориентированные люди будут гораздо быстрее приветствовать внезапное появление великого человека, который обещает решить все проблемы и обеспечить упорядоченное общество, в котором люди заняты полный рабочий день, а бытовые споры сведены к минимуму. Их диктатор, а именно таковым он является, будет встречен с распростертыми объятиями.

Знание того, КТО является врагом, является жизненной необходимостью. Никто не может сражаться и побеждать против неизвестного врага. Эту книгу можно было бы использовать в качестве военно-полевого устава. *Изучите* его содержание и запомните все названия. В этой главе я довольно часто упоминал технику профилирования. Полное объяснение понятия "профилирование" вы найдете в следующей главе. Одним из наиболее глубоких открытий в науке профилирования является относительная легкость, с которой оно может быть проведено в отношении отдельных лиц, партийных групп, политических организаций и так далее по нарастающей. Как только мы поймем, как легко это сделать, заговор перестанет быть для нас непостижимым. Убийство президента Кеннеди и покушение на президента Рейгана тогда становится легко понять и расшифровать.

Институты, через которые осуществляется контроль

Профайлинг - это техника, разработанная в 1922 году по заказу Королевского института международных отношений (RIIA). Майор Джон Роулингс Риз, техник британской армии, получил указание создать крупнейший в мире центр промывания мозгов в Тавистокском институте человеческих отношений, входящем в состав Сассекского университета. Этот институт стал ядром Британского бюро психологической войны. Когда я впервые представил имена Риз и Тависток в Соединенных Штатах в 1970 году, интерес к ним был очень мал. Но с годами, по мере того как я все больше и больше рассказывал о Тавистоке и его жизненно важной роли в заговоре, стало популярным подражать моим ранним исследованиям.

Британское бюро психологической войны широко использовало результаты работы Риза на 80 000 подопытных кроликах британской армии - пленных солдатах, которые подвергались различным формам тестирования. Именно методы, разработанные Тавистоком, привели к вступлению США во Вторую мировую войну и, под руководством доктора Курта Левина, создали ОСС, предшественника ЦРУ. Льюин стал директором Стратегического обзора бомбардировок - плана Королевских ВВС, предусматривавшего сосредоточение усилий на бомбардировке жилья немецких рабочих и оставление в покое военных объектов, таких как заводы по производству боеприпасов. Ведь эти оружейные заводы с обеих сторон принадлежали международным банкирам, которые не хотели, чтобы их активы были уничтожены.

Позже, после окончания войны, НАТО приказало Сассекскому университету создать специальный центр промывания мозгов, который стал частью британского Бюро психологической войны, но его исследования теперь были направлены на гражданское, а не военное применение. Мы еще вернемся к этому суперсекретному подразделению, которое называлось Исследовательский институт научной политики (SPRI), в наших главах о наркотиках.

Идея насыщенных бомбардировок жилья гражданских рабочих заключалась в том, чтобы сломить моральный дух немецких рабочих. Это не должно было повлиять на военные усилия против немецкой военной машины. Льюин и его команда актуариев пришли к целевой цифре, а именно: если 65% жилищ немецких рабочих будут уничтожены ночными бомбардировками RAF, моральный дух гражданского населения рухнет. Фактический документ был подготовлен *страховой компанией Prudential Assurance Company.*

RAF под командованием "бомбардировщика" Харриса осуществили планы Льюина, кульминацией которых стала террористическая бомбардировка Дрездена, в результате которой погибло более 125 000 человек, в основном пожилые мужчины, женщины и дети. Правда об ужасных рейдах "бомбардировщика" Харриса на немецкое гражданское население оставалась тщательно охраняемым секретом до конца Второй мировой войны.

Тависток предоставил большинство подробных программ, которые привели к созданию Управления военно-морской разведки (ONI), первой разведывательной службы США, которая по размерам и масштабам превосходит ЦРУ. Правительство США заключило с Тавистоком контракты на миллиарды долларов, и стратегические планировщики Тавистока обеспечивают большую часть того, что Пентагон использует для нашего оборонного ведомства даже сегодня. Это еще один пример хватки Комитета 300 в США и в большинстве наших институтов. Компания Tavistock управляет более чем 30 исследовательскими учреждениями в США, все из которых мы назовем в наших таблицах в конце книги.

Эти американо-тавистокские институты во многих случаях превратились в гаргантюанских монстров, проникающих во все аспекты деятельности наших государственных учреждений и берущих под контроль все политические решения. Александр Кинг, один из основателей НАТО и фаворит Комитета 300, а также видный член Римского клуба, является одним из главных разрушителей нашего образа жизни. Д-р Кинг получил задание Римского клуба уничтожить образование в Америке, взяв под контроль Национальную ассоциацию учителей, тесно сотрудничая с некоторыми законодателями и судьями. Если до сих пор не было известно, насколько велико влияние "Комитета 300", то эта книга должна развеять все сомнения.

Федеральное агентство по управлению в чрезвычайных ситуациях (FEMA), создание Римского клуба, провело свое испытание против атомной электростанции Three Mile Island в Харрисбурге, штат Пенсильвания. Названный истеричными СМИ "несчастным случаем", он *не* был несчастным случаем, а кризисным испытанием, *намеренно* разработанным для FEMA. Дополнительным преимуществом был страх и истерия, созданные средствами массовой информации, которые заставили людей бежать из этого района, хотя на самом деле им никогда не угрожала опасность. Это было признано FEMA успешным и принесло много очков антиядерным силам. TMI стала местом сплочения так называемых "защитников окружающей среды", группы, которая в значительной степени финансируется и контролируется Аспенским институтом от имени Римского клуба. Освещение в СМИ было бесплатно предоставлено Уильямом Пейли из телекомпании CBS, бывшим агентом британской секретной службы.

FEMA является естественным преемником исследования стратегических бомбардировок Второй мировой войны. Доктор Курт Левин, теоретик того, что тавистокские заговорщики называли кризисным управлением, был глубоко вовлечен в этот процесс. Между Льюином и Тавистоком существует непрерывная цепь, охватывающая тридцать семь лет. Льюин интегрировал исследование стратегических бомбардировок в FEMA, внеся лишь незначительные коррективы, которые оказались необходимыми, одним из изменений было то, что целью была уже не ГЕРМАНИЯ, а СОЕДИНЕННЫЕ ШТАТЫ АМЕРИКИ.

Через сорок пять лет после окончания Второй мировой войны Тависток по-прежнему держит руку на спусковом крючке, а пистолет направлен на США. Покойная Маргарет Мид провела интенсивное исследование немецкого и японского населения под эгидой Тавистока, чтобы выяснить, как они реагировали на стресс от воздушных бомбардировок. Ирвинг Янус был доцентом в этом проекте, которым руководил доктор Джон Роулингс Риз, получивший звание бригадного генерала в британской армии. Результаты испытаний были представлены в FEMA. Отчет

Ирвинга Януса был очень полезен при формировании политики FEMA. Янус использовал его в книге, которую он позже написал под названием "Война и стресс". Идеи, изложенные в его книге, были в точности повторены FEMA во время "кризиса" на острове Три-Майл. У Януса была очень простая идея: смоделируйте череду кризисов и манипулируйте населением, следуя тактике террора Льюина, и оно будет делать именно то, что нужно.

Выполняя это задание, Льюин открыл нечто новое, а именно то, что масштабный социальный контроль может быть достигнут путем использования средств массовой информации для пропаганды ужасов ядерной войны через телевидение. Он обнаружил, что женские журналы очень эффективно изображают ужасы ядерной войны. В ходе судебного процесса, проведенного Janus, Бетти Бамперс, жена сенатора Дейла Бамперса из Арканзаса, "написала" на эту тему для журнала *McCalls.*

Статья появилась в январском номере журнала *McCalls за* 1983 год. На самом деле, миссис Бамперс не писала статью, она была создана для нее группой тавистокских писателей, чьей специализацией она является. Это была коллекция неправды, не-фактов, инсинуаций и домыслов, основанных на полностью ложной информации. Статья Бамперса была типичной для того вида психологического манипулирования, в котором Тависток преуспел. Ни одна из дам, читающих *McCalls,* не могла не впечатлиться историей ужасов о том, как выглядит ядерная война.

Комитет 300 имеет большой бюрократический аппарат, состоящий из сотен аналитических центров и подставных организаций, представляющих весь спектр лидеров частного сектора и правительства. Я назову столько, сколько смогу, начиная с Немецкого фонда Маршалла. Его членами, не забывайте, что они также являются членами НАТО и Римского клуба, являются Дэвид Рокфеллер из банка Chase Manhattan Bank, Габриэль Хейг из престижной корпорации Manufactures Hanover Trust and Finance Corporation, Милтон Кац из Фонда Форда, Вилли Брандт, лидер Социалистического интернационала, агент КГБ и член Комитета 300, Ирвинг Блюстоун, председатель исполнительного совета United Auto Workers, Рассел Трэйн, президент Римского клуба США. Рассел Трэйн, президент Римского клуба и Всемирного фонда дикой природы принца Филиппа, Элизабет Миджли, продюсер программ CBS, Б. Р.

Гиффорд, директор Фонда Рассела Сейджа, Гвидо Голдман из Аспенского института, покойный Аверелл Гарриман, член по особым поручениям Комитета 300, Томас Л. Хьюз из Фонда Карнеги, Деннис Медоуз и Джей Форрестор из "мировой динамики" Массачусетского технологического института.

Комитет 300, хотя и существует уже более 150 лет, принял свою нынешнюю форму только в 1897 году. Он по-прежнему отдавал приказы через другие подставные органы, такие как Королевский институт международных отношений. Когда было решено, что европейские дела будет контролировать супер-агентство, RIIA основал Тавистокский институт, который сам создал НАТО. В течение пяти лет НАТО финансировалась Германским фондом Маршалла. Возможно, самым важным членом "Бильдербергцев", внешнеполитического подразделения Комитета, был Джозеф Реттингер, который, как говорят, был его основателем и организатором, и чьи ежегодные встречи были любимы охотниками за заговорами на протяжении десятилетий.

Реттингер был хорошо подготовленным священником-иезуитом и масоном 33 степени. Миссис Кэтрин Мейер Грэм, которую подозревают в убийстве мужа с целью получения контроля над газетой *Washington Post,* была еще одним видным членом Римского клуба, как и Пол Г. Хоффман из New York Life Insurance Company, одной из крупнейших страховых компаний в США и одной из ведущих компаний, непосредственно связанных с ближайшим окружением королевы Англии Елизаветы. Джон Дж. Макклой, человек, который пытался уничтожить послевоенную Германию, и Джеймс А. Перкинс из корпорации Карнеги, были также членами-основателями Бильдербергского и Римского клубов.

Какой звездный состав! Однако любопытно, что до недавнего времени об этой организации мало кто слышал за пределами реальных спецслужб. Власть, которой обладают эти важные люди и корпорации, телеканалы, газеты, страховые компании и банки, которые они представляют, эквивалентна власти и престижу по крайней мере двух европейских стран, и это только вершина айсберга огромного интереса Комитета 300 к межсетевому взаимодействию и тем сферам контроля, которые он осуществляет.

Ричард Гарднер не упоминается в приведенном выше списке. Хотя он был одним из первых членов Комитета 300, его отправили в Рим с особой миссией. Гарднер женился на представительнице одной из старейших чернокожих дворянских семей Венеции, обеспечив венецианской аристократии прямую связь с Белым домом. Покойный Аверелл Гарриман был еще одним прямым связным комитета с Кремлем и Белым домом, должность которого Киссинджер унаследовал после смерти Гарримана.

Римский клуб действительно является грозным агентством Комитета 300. Хотя эта группа якобы занимается делами США, она является зонтиком для других агентств Комитета 300, и ее американские члены часто оказываются занятыми "проблемами" в Японии и Германии. Среди подставных организаций, управляемых вышеупомянутым комитетом, можно назвать следующие, но не ограничиваясь ими:

ЛИГА ПРОМЫШЛЕННОЙ ДЕМОКРАТИИ. Судьи: Майкл Новак, Джин Киркпатрик, Юджин Ростоу, ИРВИН СУАЛЛ, Лэйн Киркленд, Альберт Шенкер.

Цель: Нарушить и нарушить нормальные трудовые отношения между работниками и работодателями путем промывания мозгов профсоюзам, заставляя их выдвигать невыполнимые требования, уделяя особое внимание сталелитейной, автомобильной и жилищной промышленности.

ДОМ СВОБОДЫ. Официальные лица: Лев Чурн и Карл Гершман.

Цель: распространение социалистической дезинформации среди американских рабочих "синих воротничков", распространение недовольства и неудовлетворенности. Теперь, когда эти цели были в основном достигнуты, Гершман был принят Лоуренсом Иглбургером на работу в CEDC, недавно созданную организацию, призванную предотвратить расширение торговли объединенной Германии в бассейне Дуная.

КОМИТЕТ ДЕМОКРАТИЧЕСКОГО БОЛЬШИНСТВА. Официальные лица: Бен Уоттенбург, Джин Киркпатрик, Элмо Зумва и Мидж Дектор.

Цель: Обеспечить связь между образованным социалистическим классом и группами меньшинств, чтобы создать прочный блок избирателей, на которых можно рассчитывать при голосовании за левых кандидатов на выборах. Это была действительно фабианская операция от начала до конца.

ИНСТИТУТ ВНЕШНЕПОЛИТИЧЕСКИХ ИССЛЕДОВАНИЙ. Судьи: Роберт Страуш Хупе.

Цель: подорвать и в конечном итоге прекратить космическую программу НАСА.

СОЦИАЛЬНЫЕ ДЕМОКРАТЫ США Официальные лица: Байард Растин, Лейн Киркленд, Джей Лавстоун, Карл Гершман, Говард Сэмюэл, Сидни Хук.

Целью было распространение радикального социализма, особенно среди меньшинств, и установление связей между аналогичными организациями в социалистических странах. В течение десятилетий Лавстоун был главным советником президентов США по советским делам и имел тесную прямую связь с Москвой.

ИНСТИТУТ ТРУДОВЫХ ОТНОШЕНИЙ. Официальные лица: Харланд Кливленд, Уиллис Хармон. Цель: изменить образ мышления Америки.

ЛИГА ГРАЖДАН. Судьи: Барри Коммонер.

Цель - подача исков "общего дела" против различных государственных учреждений, особенно в сфере обороны.

ЛИГА ПРОТИВНИКОВ ВОЙНЫ. Руководители: Ноам Хомский и Дэвид МакРейнольдс.

Цель: организовать сопротивление войне во Вьетнаме среди левых групп, студентов и голливудских "знаменитостей".

ДЕМОКРАТИЧЕСКИЙ СОЦИАЛИСТИЧЕСКИЙ ОРГАНИЗАЦИОННЫЙ КОМИТЕТ ИНСТИТУТА ДЕМОКРАТИЧЕСКОГО СОЦИАЛИЗМА. Судьи: Фрэнк Зайдер, Артур Редье и Дэвид МакРейнольдс.

Цель: центр обмена левыми социалистическими идеями и деятельностью в рамках Европейского Союза, США и Европы.

ОТДЕЛ РАССЛЕДОВАНИЙ АНТИДИФФАМАЦИОННОЙ ЛИГИ.

Официальные лица: IRWIN SUALL, также известный как Джон Грэм.

Цель: Совместная операция ФБР и британской секретной службы по изоляции и обезвреживанию ультраправых групп и их лидеров до того, как они станут слишком большими и влиятельными.

МЕЖДУНАРОДНАЯ АССОЦИАЦИЯ МАШИНИСТОВ.

Цель: Рабочий фронт для Социалистического Интернационала и центр организованной агитации рабочих, поляризующий рабочих и работодателей.

ОБЪЕДИНЕННЫХ ШВЕЙНИКОВ.

Официальные лица: Мюррей Финдли, ИРВИН СУАЛЛ и Джейкоб Шейнкман.

Цель: подобно профсоюзу машинистов, социализировать и поляризовать работников швейного сектора.

ИНСТИТУТ А. ФИЛИПП РЭНДОЛЬФ. Официальные лица: Баярд Растин.

Цель: Обеспечить средство координации организаций с общей целью, например, распространение социалистических идей среди студентов и рабочих.

КЕМБРИДЖСКИЙ ИНСТИТУТ ПОЛИТИЧЕСКИХ ИССЛЕДОВАНИЙ. Судьи: Гар Апельровиц.

Цель: развитие работы, проделанной в Институте политических исследований. Основана в феврале 1969 года международным социалистом Гаром Апельровицем, бывшим помощником сенатора Гейлорда Нельсона. Апельровиц написал противоречивую книгу *"АТОМНАЯ ДИПЛОМАЦИЯ"* для Римского клуба, работа которого финансировалась Германским фондом Маршалла. Он сосредоточен на исследованиях и проектах действий, заявленной целью которых является фундаментальное изменение американского общества, т.е. создание фабианских Соединенных Штатов для следующего единого мирового правительства.

ЭКОНОМИЧЕСКИЙ КОМИТЕТ СЕВЕРОАТЛАНТИЧЕСКОГО ИНСТИТУТА. Официальные лица: доктор Ауреллио Печчеи.

Цель: аналитический центр НАТО по глобальным экономическим вопросам.

ЦЕНТР ПО ИЗУЧЕНИЮ ДЕМОКРАТИЧЕСКИХ ИНСТИТУТОВ. Официальные лица: основатель Роберт Хатчинс из Комитета 300, Гарри Эшмор, Фрэнк Келли и большая группа "почетных членов".

Целью было распространение идей, которые привели бы к либеральным социальным реформам с демократией в качестве идеологии. Одним из направлений его деятельности является написание новой конституции для Соединенных Штатов, которая будет сильно монархической и социалистической, как в Дании.

Центр является "олимпийским" бастионом. Он расположен в Санта-Барбаре и находится в здании, которое ласково называют "Парфеноном". Бывший представитель Джон Рарик назвал его "учреждением, заполненным коммунистами". В 1973 году шел тридцать пятый год разработки новой Конституции США, в которой предлагалась поправка, гарантирующая "экологические права", суть которой сводится к тому, чтобы сократить промышленную базу США до зародыша того, чем она была в 1969 году. Другими словами, он реализует политику постиндустриального нулевого роста Римского клуба, определенную Комитетом 300.

Другие цели включают контроль циклов деловой активности, благосостояние, регулирование национальных предприятий и общественных работ, а также контроль загрязнения окружающей среды. Выступая от имени Комитета 300, г-н Эшмор сказал, что функция CSDI заключается в поиске путей повышения эффективности нашей политической системы. "Нам нужно изменить образование, и нам нужно посмотреть на новую американскую Конституцию и Конституцию для всего мира", - сказал Эшмор.

Другие цели, заявленные Эшмором, следующие:

1) Членство в ООН должно стать всеобщим.

2) ООН должна быть укреплена.

3) Юго-Восточная Азия должна быть нейтрализована (Neutralised означает "Коммунизированная").

4) Холодная война должна быть закончена.

5) Расовая дискриминация должна быть отменена.

6) Необходимо помогать развивающимся странам. (Это

означает их уничтожение).

7) Никаких военных решений проблем. (Жаль, что они не сказали этого Джорджу Бушу перед войной в Персидском заливе).

8) Национальных решений недостаточно.

9) Сосуществование необходимо.

ГАРВАРДСКАЯ ПСИХОЛОГИЧЕСКАЯ КЛИНИКА. Руководители: доктор Курт Левин и команда из 15 ученых, специализирующихся на новых науках.

Цель: создать условия, при которых Комитет 300 сможет получить неограниченную власть над США.

ИНСТИТУТ СОЦИАЛЬНЫХ ИССЛЕДОВАНИЙ. Руководители: доктор Курт Левин и команда из 20 ученых, специализирующихся на новых науках.

Цель: разработать комплекс новых социальных программ, чтобы отвратить Америку от промышленности.

ОТДЕЛ ИССЛЕДОВАНИЙ НАУЧНОЙ ПОЛИТИКИ. Официальные лица: Лиланд Брэдфорд, Кеннет Дам, Рональд Липперт.

Предмет исследования: исследовательский институт Future Shocks при Университете Сассекса в Англии и часть сети Tavistock.

КОМПАНИЯ ПО РАЗРАБОТКЕ СИСТЕМ. Ответственные: Шелдон Аренберг и команда из нескольких сотен человек, слишком много, чтобы упоминать их здесь.

Целью является координация всех элементов разведывательных сообществ Европейского Союза, США и Великобритании. В нем анализируется, каким "действующим лицам" должна быть отведена роль национального образования; например, Испания будет находиться под зонтиком католической церкви, ООН - под зонтиком генерального секретаря и т. д. Он разработал систему "X RAY 2", в которой сотрудники аналитических центров, военные объекты и центры правоохранительных органов связаны с Пентагоном через национальную сеть телетайпов и компьютеров: для применения методов наблюдения в национальном масштабе. Аренберг утверждает, что его идеи не являются военными, но его техники в основном те, которым он научился у военных. Он руководил системой идентификации и разведки штата Нью-Йорк, проектом, типичным для "1984" Джорджа Оруэлла, который является абсолютно незаконным в соответствии с нашей Конституцией. Система NYSIIS находится в процессе внедрения по всей стране. Это то, что Бжезинский называл способностью почти мгновенно получать данные о любом человеке.

NYSIIS делится своими данными со всеми государственными и правоохранительными органами штата. Она позволяет быстро хранить и извлекать записи о личности, уголовных и социальных преступлениях. Это ТИПИЧНЫЙ проект Комитета 300. Существует острая необходимость в полном расследовании того, чем занимается Корпорация развития систем, но это выходит за рамки данной книги. Одно можно сказать с *уверенностью:* SDC существует не для того, чтобы сохранять свободу, гарантированную Конституцией США. Как удобно, что он расположен в Санта-Барбаре, рядом с "Парфеноном" Роберта Хатчинса.

Вот некоторые публикации, выпущенные этими учреждениями Римского клуба:

- Журнал "Центр
- Контрразведчик
- Ковентри
- Информационный бюллетень о тайных действиях
- Диссидент
- Человеческие отношения
- Промышленные исследования
- Запрос
- Mother Jones
- Один
- Прогрессивный
- Сказочник
- Новая Республика

- Рабочие документы для нового общества

Это далеко не все публикации, выпущенные под эгидой Римского клуба. Их сотни, и каждый из фондов выпускает свою собственную публикацию. Учитывая количество фондов, управляемых Тавистокским институтом и Римским клубом, здесь можно привести лишь неполный список. Ниже перечислены некоторые из наиболее важных фондов и аналитических центров, в число которых входят и армейские аналитические центры.

Американская общественность была бы поражена, если бы узнала, насколько военные вовлечены в поиск "новой тактики войны" совместно с "мозговыми центрами" Комитета 300. Американцы не знают, что в 1946 году Римский клуб получил указание от Комитета 300 содействовать прогрессу аналитических центров, которые, по мнению Комитета, предлагали новые средства распространения философии Комитета. Влияние этих аналитических центров на нашу армию, начиная с 1959 года, когда они внезапно распространились, поистине удивительно. Нет сомнений, что они будут играть еще более важную роль в повседневных делах этой нации в конце XX века .

ОБЩЕСТВО МОН-ПЕЛЕРИН

Mont Pèlerin - это экономический фонд, занимающийся выпуском вводящих в заблуждение экономических теорий и влияющий на экономистов западного мира, чтобы они время от времени следовали предлагаемым им моделям. Его главными практиками являются фон Хайек и Милтон Фридман.

ИНСТИТУТ ГУВЕРА.

Первоначально созданное для борьбы с коммунизмом, это учреждение медленно, но верно движется в сторону социализма. Ее годовой бюджет составляет 2 миллиона долларов, финансируется она корпорациями под эгидой Комитета 300, и в настоящее время фокусируется на "мирных изменениях" с упором на контроль над оружием и внутренние проблемы США. СМИ часто используют его как "консервативную" организацию, к мнению которой обращаются, когда нужна консервативная точка зрения. Гуверовский институт - далеко не консервативная организация, и после выхода документа с изложением позиции 1953 года он стал самостоятельной организацией.

Вследствие захвата этого учреждения группой, связанной с Римским клубом, оно стало отдушиной для "желательной" политики Нового мирового порядка.

ФОНД НАСЛЕДИЯ

Основанная пивоваренным магнатом Джозефом Курсом как консервативный аналитический центр, организация "Наследие" вскоре была поглощена фабианистами сэром Питером Викерс-Холлом, Стюартом Батлером, Стивеном Айзлеем, Робертом Моссом и Фредерихом фон Хайеком под руководством Римского клуба. Этот институт сыграл важную роль в выполнении приказа лидера британских лейбористов Энтони Веджвуда Бенна "Тэтчеризировать Рейгана". Наследие", конечно, не консервативная организация, хотя иногда может выглядеть таковой.

ИССЛЕДОВАТЕЛЬСКИЙ ОТДЕЛ ПО ЧЕЛОВЕЧЕСКИМ РЕСУРСАМ

Это армейский исследовательский центр, занимающийся "психотехнологиями". Большинство сотрудников компании прошли обучение в Тавистоке. Психотехнология" охватывает мотивацию и моральный дух солдат и музыку, используемую противником. На самом деле, многое из того, что Джордж Оруэлл написал в своей книге *"1984"*, кажется удивительно похожим на то, что преподается в HUMRRO. В 1969 году Комитет 300 взял на себя управление этим важным учреждением и преобразовал его в частную некоммерческую организацию, работающую под эгидой Римского клуба. Это крупнейшая группа по исследованию поведения в Соединенных Штатах.

Одна из его специализаций - изучение малых групп в условиях стресса. HUMRRO учит армию тому, что солдат является лишь продолжением своего оборудования, и оказал большое влияние на систему "человек/оружие" и ее "контроль качества человека", столь широко принятую в армии США. HUMRRO оказал очень выраженное влияние на то, как ведут себя военные. Его методы контроля сознания прямо из Тавистока. Курсы прикладной психологии HUMRRO должны научить армейских офицеров управлять человеческим оружием. Хорошим примером этого является то, как солдаты в войне против Ирака были готовы ослушаться приказов своих полевых уставов и заживо похоронить 12 000 иракских солдат.

Такое промывание мозгов ужасно опасно, потому что сегодня оно применяется в армии, армия применяет его для жестокого уничтожения тысяч "вражеских" солдат, а завтра армии могут сказать, что группы гражданского населения, выступающие против политики правительства, являются "врагами". Мы уже стали безмозглым, промытым стадом баранов (*We the sheeple [?]*),[3] но, похоже, что HUMRRO может продвинуть манипуляцию и контроль сознания еще дальше. HUMRRO - ценное дополнение к Тавистоку, и многие из уроков, преподанных в HUMRRO, были применены в войне в Персидском заливе, давая немного больше понимания того, как получилось, что американские солдаты ведут себя как безжалостные, бессердечные убийцы, что далеко от концепции традиционного американского бойца.

ИССЛЕДОВАТЕЛЬСКАЯ АНАЛИТИЧЕСКАЯ КОРПОРАЦИЯ.

Это родственная организация HUMRRO "1984", расположенная в Маклине, штат Вирджиния. Основанный в 1948 году, он перешел под управление Комитета 300 в 1961 году, когда стал частью блока Джона Хопкинса. Она работала над более чем 600 проектами, включая интеграцию чернокожих в армию, тактическое использование ядерного оружия, программы психологической войны и массового контроля населения.

Конечно, существует множество других крупных аналитических центров, о большинстве из которых мы расскажем в этой книге. Одной из наиболее важных областей сотрудничества между тем, что производят аналитические центры, и тем, что становится государственной и общественной политикой, являются "опросники". Опросчики занимаются тем, что формируют и формируют общественное мнение в том направлении, которое подходит заговорщикам. Опросы постоянно проводятся CBS-NBC-ABC, *New York Times*, *Washington Post*. Большая часть этих усилий координируется в Национальном центре изучения общественного мнения, где, что удивительно, был разработан психологический профиль для всей нации.

Результаты вводятся в компьютеры Gallup Poll и Yankelovich, Skelley and White для сравнительной оценки. Большинство из того, что мы читаем в наших газетах или видим по телевизору,

---

[3] "Мы, овцы", Ндт.

было впервые санкционировано специалистами по проведению опросов. ТО, ЧТО МЫ ВИДИМ, ЭТО ТО, ЧТО, ПО МНЕНИЮ ОПРОШЕННЫХ, МЫ ДОЛЖНЫ ВИДЕТЬ. Это называется "общественное мнение". Идея этого небольшого социального обуславливания заключается в том, чтобы определить, как общественность реагирует на ПОЛИТИЧЕСКИЕ НАПРАВЛЕНИЯ, которые дает Комитет 300. Нас называют "целевыми группами населения", и то, что измеряют опросчики, это степень сопротивления тому, что появляется в "Ночных новостях".[4] Позже мы узнаем, как именно началась эта обманчивая практика и кто несет за нее ответственность.

Все это - часть сложного процесса формирования мнения, созданного в Тавистоке. Сегодня наши граждане *считают себя* хорошо информированными, но они *не* понимают, что мнения, которые они *считают своими, на* самом деле были созданы в американских исследовательских институтах и аналитических центрах, и что никто из нас не может свободно формировать свое собственное мнение из-за информации, которую нам дают СМИ и опросники.

Опросы достигли кульминации незадолго до вступления Соединенных Штатов во Вторую мировую войну. Американцев невольно приучили воспринимать Германию и Японию как опасных врагов, которых необходимо остановить. В каком-то смысле это было правдой, и это делает обусловленное мышление *еще более* опасным, потому что, исходя из той ИНФОРМАЦИИ, которую им предоставили, врагом действительно казались Германия и Япония. Совсем недавно мы увидели, как хорошо работает тавистокский процесс обуславливания, когда американцев заставили воспринимать Ирак как угрозу, а Саддама Хусейна - как личного врага США.

Такой процесс обуславливания технически описывается как "сообщение, достигающее органов чувств людей, на которых нужно воздействовать". Один из самых уважаемых опросчиков - Дэниел Янкелович, член Комитета 300, из фирмы "Янкелович, Скелли и Уайт". Янкелович с гордостью говорит своим студентам, что опросы - это инструмент для изменения общественного мнения, хотя это не оригинально, так как

---

[4] "Вечерние новости.

Янкелович был вдохновлен книгой Дэвида Нейсбетта "TREND REPORT", которая была написана по заказу Римского клуба.

В своей книге Нейсбетт описывает все приемы, используемые создателями общественного мнения для формирования общественного мнения, желаемого Комитетом 300. Формирование общественного мнения - это жемчужина в короне ОЛИМПИЙЦЕВ, потому что с тысячами новых социологов в их распоряжении и со средствами массовой информации в их руках, НОВЫЕ общественные мнения практически по любому вопросу могут быть созданы и распространены по всему миру в течение двух недель.

Именно это и произошло, когда их слуга Джордж Буш получил приказ начать войну с Ираком. В течение двух недель не только американское, но и почти все мировое общественное мнение ополчилось против Ирака и его президента Саддама Хусейна. Эти творцы перемен и манипуляторы информацией подчиняются непосредственно Римскому клубу, который в свою очередь подчиняется Комитету 300, возглавляемому королевой Англии, которая правит огромной сетью тесно связанных корпораций, которые никогда не платят налоги и никому не подотчетны, которые финансируют свои исследовательские институты через фонды, и чья совместная деятельность практически полностью контролирует нашу повседневную жизнь.

С его взаимосвязанными корпорациями, страховыми компаниями, банками, финансовыми компаниями, нефтяными компаниями, газетами, журналами, радио и телевидением, этот огромный аппарат стоит над Соединенными Штатами и всем миром. В Вашингтоне нет ни одного политика, который не был бы так или иначе связан с ней. Левые выступают против этого аппарата, называя его "империализмом", которым он и является, но левыми управляют те же люди, которые контролируют правых, поэтому левые не свободнее нас!

Ученых, участвующих в процессе кондиционирования, называют "социальными инженерами" или "социологами новых наук", и они играют ключевую роль в том, что мы видим, слышим и читаем. Социальными инженерами "старой школы" были Курт К. Левин, профессор Хэдли Кантрил, Маргарет Мид, профессор Дервин Картрайт и профессор Липситт, которые вместе с Джоном Роулингсом Ризом составили костяк ученых новой науки в Тавистокском институте.

Во время Второй мировой войны более 100 исследователей работали под руководством Курта Левина, рабски копируя методы, принятые Рейнхардом Гейдрихом из С.Ш. ОСС было основано на методологии Гейдриха, и, как мы знаем, ОСС было предшественником Центрального разведывательного управления. Вывод из всего этого заключается в том, что правительства Великобритании и США уже создали механизм, необходимый для того, чтобы привести нас к Новому мировому порядку при незначительном сопротивлении, и этот механизм действует с 1946 года. Каждый год вносит новые усовершенствования.

Именно этот Комитет 300 создал сети и механизмы контроля, гораздо более обязательные, чем все, что когда-либо было в этом мире. Цепи и веревки не нужны, чтобы удерживать нас. Наш страх перед грядущим делает эту работу гораздо эффективнее, чем любые физические средства сдерживания. Нам промыли мозги, чтобы мы отказались от нашего конституционного права носить оружие, отказались от самой Конституции, позволили Организации Объединенных Наций контролировать нашу внешнюю политику, а МВФ - нашу фискальную и денежную политику, позволили президенту безнаказанно нарушать законы Соединенных Штатов, вторгаться в чужую страну и похищать ее главу. Короче говоря, нам промыли мозги до такой степени, что мы, как нация, без вопросов принимаем любое незаконное действие, совершенное нашим правительством.

Я, например, знаю, что скоро нам придется бороться за то, чтобы отвоевать нашу страну у Комитета, или потерять ее навсегда. НО, когда дойдет до дела, сколько из них действительно возьмут в руки оружие? В 1776 году только 3% населения взялись за оружие против короля Георга III. На этот раз 3% будет крайне недостаточно. Мы не должны позволять вести себя вслепую, ибо это то, что запланировали для нас наши контролеры разума, сталкивая нас с такой сложностью вопросов, что мы просто поддаемся длительному проникновению и не можем принять решения по многим жизненно важным вопросам.

Мы рассмотрим имена тех, кто входит в Комитет 300, но прежде нам следует обратить внимание на массивное переплетение всех крупных учреждений, корпораций и банков, находящихся под контролем Комитета. Мы должны следить за ними, потому что именно эти люди решают, кто должен жить, а кто должен быть уничтожен как "бесполезные едоки"; где мы будем поклоняться

Богу, что мы должны носить и даже что мы будем есть. По словам Бжезинского, мы будем находиться под бесконечным наблюдением, 24 часа в сутки, 365 дней в году, ad infinitum.

Тот факт, что нас предали изнутри, с каждым годом признают все больше и больше людей, и это хорошо, потому что именно через Знание[5] , слово, переведенное со слова ВЕРА, мы сможем победить врагов человечества. Пока мы отвлекались на гопников в Кремле, Троянский конь был заведен в Вашингтоне. Величайшая опасность, стоящая сегодня перед свободными людьми, исходит не из Москвы, а из Вашингтона. Мы должны сначала победить внутреннего врага, и тогда мы будем достаточно сильны, чтобы начать наступление, чтобы уничтожить коммунизм с Земли вместе со всеми "измами", которые к нему прилагаются.

Администрация Картера ускорила развал нашей экономики и армии, последний из которых был начат Робертом Стренджем Макнамарой, членом Римского клуба и Lucis Trust. Несмотря на свои обещания, Рейган продолжил подрывать нашу промышленную базу, продолжив начатое Картером. Хотя мы должны поддерживать нашу оборону сильной, мы не можем делать это на слабой промышленной базе, поскольку без хорошо управляемого военно-промышленного комплекса у нас не может быть жизнеспособной оборонной системы. Комитет 300 признал это и еще в 1953 году спланировал политику нулевого роста для бурно развивающейся постиндустриальной экономики. Благодаря Римскому клубу наш технологический потенциал упал ниже, чем у Японии и Германии - стран, которые мы якобы победили во Второй мировой войне. Как мы туда попали? Из-за таких людей, как доктор Александр Кинг, и нашего слепого мышления мы не смогли распознать разрушение наших образовательных учреждений и систем. Из-за нашей слепоты мы больше не производим инженеров и ученых в достаточном количестве, чтобы оставаться в числе промышленно развитых стран мира. Благодаря доктору Кингу, человеку, которого мало кто знает в Америке, образование в Соединенных Штатах находится на самом низком уровне с 1786 года. Статистика, подготовленная Институтом высшего образования, показывает, что навыки

[5] "Народ Мой истреблен за недостаток [Моего] знания". - Бог, Осия 4:6.

чтения и письма у старшеклассников в Соединенных Штатах ниже, чем были у старшеклассников в 1786 году.

Сегодня мы сталкиваемся не только с потерей нашей свободы и самой ткани нашей нации, но, что гораздо хуже, с возможностью потери наших душ. Неуклонное разрушение основ, на которых покоится республика, оставило пустоту, которую *сатанисты* и культисты стремятся заполнить своим синтетическим материалом для душ. Эту истину трудно принять и оценить, потому что в этих событиях не было ничего неожиданного. Если бы на нас обрушился внезапный шок, культурный и религиозный шок, мы бы вышли из состояния апатии.

Но *постепенность* - то есть процесс, с помощью которого действует *фабианство*, - ничего не делает для того, чтобы поднять тревогу. Поскольку подавляющее большинство американцев не может воспринять никакой МОТИВАЦИИ для того, что я описал, они не могут принять это, и поэтому заговор (на который я указываю) презирается и часто высмеивается (как дикая теория или плод воображения). Создавая хаос, представляя сотни ежедневных решений, которые приходится принимать нашим сотрудникам, мы пришли к тому, что, если мотивация не может быть четко продемонстрирована, вся соответствующая информация отвергается.

Это одновременно слабое и сильное звено в цепи заговора. Большинство людей отвергают все, что не имеет мотива, поэтому заговорщики чувствуют себя в безопасности за насмешками над теми, кто указывает на грядущий кризис в нашей стране и в нашей личной жизни. Однако, если мы сможем заставить достаточное количество людей увидеть правду, мотивационная блокада ослабнет, пока не будет окончательно снята, поскольку все больше и больше людей будут просвещены, и (ложное) представление о том, что "это не может произойти в Америке", будет отброшено.

Комитет 300 полагается на наши дезадаптивные реакции, чтобы управлять нашей реакцией на созданные события, и они не будут разочарованы, пока мы, как нация, продолжаем реагировать в нынешней манере. Мы должны превратить ответы на созданные кризисы в АДАПТИВНЫЕ ответы путем выявления заговорщиков и разоблачения их планов в отношении нас, чтобы эти вещи стали достоянием общественности. Римский клуб уже совершил ПЕРЕХОД К БАРБАРИЗМУ. Вместо того чтобы ждать, когда нас "*вознесут*", мы должны *остановить* Комитет 300 *до того, как* они смогут достичь своей цели - сделать нас пленниками (рабами) "нового темного века", запланированного для нас. Это не зависит от Бога, это зависит от *нас*. Мы должны предпринять необходимые шаги.

"Их нужно остановить, от этого зависит все".

Вся информация, которую я привожу в этой книге, является результатом многолетних исследований, подкрепленных безупречными источниками информации. Ничто не преувеличено. Это фактическая и точная информация, поэтому не попадайтесь в ловушку, расставленную врагом, который считает этот материал "дезинформацией". За последние два десятилетия я предоставил информацию, которая оказалась очень точной и помогла объяснить многие запутанные события. Я надеюсь, что благодаря этой книге у нас появится более ясное и широкое понимание сил заговора, направленного против нашей нации. Эта надежда оправдывается, поскольку все больше и больше молодых людей начинают задавать вопросы и искать информацию о том, что происходит на самом деле. Людям трудно понять, что эти заговорщики реальны и обладают той силой, которую я и многие другие им приписывают. Многие писали, спрашивая, как так получилось, что наше правительство ничего не предпринимает против этой страшной угрозы цивилизации. Проблема в том, что наше правительство является частью проблемы, частью заговора, и нигде и ни в какое время это не было так очевидно, как во время президентства Буша. Конечно, президент Буш прекрасно знает, что делает с нами "Комитет 300". ОН РАБОТАЕТ НА НИХ. Другие писали: "Мы думали, что боремся с правительством". Конечно, мы знаем, но за правительством стоит сила настолько могущественная и всеобъемлющая, что спецслужбы боятся даже упоминать ее имя - "олимпийцы" (знаменитая скрытая рука).

Доказательством существования "Комитета 300" является большое количество влиятельных учреждений, которыми он владеет и которые контролирует. Вот некоторые из наиболее важных, все они находятся в ведении МАТЕРИ ВСЕХ ДУХОВНЫХ ТАНКОВ И ИССЛЕДОВАТЕЛЬСКИХ ИНСТИТУТОВ - ТАВИСТОКСКОГО ИНСТИТУТА ЧЕЛОВЕЧЕСКИХ ОТНОШЕНИЙ с его обширной сетью из сотен "филиалов".

Стэнфордский исследовательский центр

Стэнфордский исследовательский центр (SRC) был основан в 1946 году Тавистокским институтом человеческих отношений. Стэнфорд был создан, чтобы помочь Роберту Андерсону и его нефтяной компании ARCO, которая получила права на добычу нефти на Северном склоне Аляски для Комитета 300. Фактически, задача оказалась слишком большой для Аспенского института Андерсона, поэтому пришлось основать и финансировать новый центр. Этот новый институт стал Стэнфордским исследовательским центром. Аляска продала свои права за первый взнос в размере 900 миллионов долларов, относительно небольшую сумму для Комитета 300. Губернатора Аляски направили в налоговую службу за помощью и советом. Это не случайность, а результат тщательного планирования и длительного процесса упаковки.

После призыва губернатора о помощи, трое ученых из SRI отправились на Аляску, где встретились с государственным секретарем и Управлением планирования штата. Фрэнсис Грихан, возглавлявший команду SRI, заверил губернатора, что его проблема управления богатым нефтяным месторождением будет в безопасности в руках SRI. Естественно, Грихан не упомянул Комитет 300 или Римский клуб. Менее чем за месяц Грихан собрал команду из нескольких сотен экономистов, специалистов по нефти и новых ученых. Отчет, который НИИ представил губернатору, состоял из восьмидесяти восьми страниц. Это предложение было практически без изменений принято законодательным собранием Аляски в 1970 году. Грихан действительно проделал замечательную работу для Комитета 300, и с самого начала Налоговое управление превратилось в учреждение с 4000 сотрудников и годовым бюджетом более 160 миллионов долларов. Ее президент, Чарльз А. Андерсон, был свидетелем значительной части этого роста во время своего пребывания в должности, как и профессор Уиллис Хармон, директор Центра исследований социальной политики SRI, в котором работают сотни новых научных сотрудников, многие из которых были переведены с лондонской базы в Тавистоке. Одним из них был председатель совета директоров RCA и бывший офицер британской разведки Дэвид Сарнофф, который был тесно связан с Хармоном и его командой в течение двадцати пяти лет. Сарнофф был чем-то вроде "сторожевого пса" для головного института в Сассексе.

Стэнфорд утверждает, что не выносит моральных суждений по поводу принимаемых им проектов, работая для Израиля и арабов, Южной Африки и Ливии, но, как можно представить, занимая такую позицию, он обеспечивает себе "внутреннее преимущество" в отношениях с иностранными правительствами, которое ЦРУ находит очень полезным. В книге Джима Риджуэя *"ЗАКРЫТАЯ КОРПОРАЦИЯ"* Гибсон, представитель налоговой службы, хвастается недискриминационной позицией налоговой службы. Хотя IRS и не числится в списке федеральных исследовательских центров, работающих по контракту, в настоящее время он является крупнейшим военным аналитическим центром, затмив Hudson и Rand. Среди специализированных отделов НИИ - экспериментальные центры по химической и биологической войне.

Одно из самых опасных направлений деятельности Стэнфорда включает в себя операции по борьбе с повстанцами, направленные против гражданского населения - именно такие, как в "1984", которые правительство уже использует против *собственного* народа. Правительство США платит миллионы долларов в год SRI за этот весьма спорный вид "исследований". После протестов студентов против экспериментов по химическому оружию в Стэнфорде, НИИ "продался" частной группе всего за 25 миллионов долларов. Конечно, на самом деле ничего не изменилось, SRI по-прежнему является проектом Тавистока, и Комитет 300 по-прежнему владеет им, но легковерные люди, похоже, удовлетворены этим косметическим изменением, не имеющим никакого значения. В 1958 году появилась новая удивительная разработка. Агентство передовых исследовательских продуктов (ARPA), подрядное агентство Министерства обороны, обратилось в IRS с совершенно секретным предложением. Джон Фостер из Пентагона объяснил SRI, что программа необходима для защиты Соединенных Штатов от "технологических сюрпризов". Фостер хотел довести до совершенства условия, в которых окружающая среда стала бы оружием; специальные бомбы для запуска вулканов и/или землетрясений, исследования поведения потенциальных врагов и минералов и металлов, которые можно было бы использовать в качестве нового оружия. Проект был принят НИИ и получил кодовое название "SHAKY".

Огромный электронный мозг ШАКИ был способен выполнять множество команд, его компьютеры были созданы IBM для SRI. Двадцать восемь ученых работали над так называемой "аугментацией человека". Компьютер IBM даже обладает способностью решать проблемы по аналогии и распознает, а затем идентифицирует ученых, работающих с ним. Специальные применения" этого инструмента можно лучше представить, чем описать. Бжезинский знал, о чем говорил, когда писал книгу *"ТЕХНОТРОНИЧЕСКАЯ ЭРА*".

Стэнфордский исследовательский институт тесно сотрудничает с большим количеством гражданских консалтинговых фирм, пытаясь применить военные технологии в бытовых ситуациях. Это не всегда удавалось, но по мере совершенствования технологий перспектива массового, *повсеместного наблюдения*, описанного Бжезинским, становится все более реальной с каждым днем. ОН УЖЕ СУЩЕСТВУЕТ И ИСПОЛЬЗУЕТСЯ, ДАЖЕ ЕСЛИ ВРЕМЯ ОТ ВРЕМЕНИ НЕОБХОДИМО УСТРАНЯТЬ МЕЛКИЕ НЕПОЛАДКИ.

Одной из таких гражданских консалтинговых фирм была Schriever McKee Associates из Маклина, штат Вирджиния, которую возглавлял отставной генерал Бернард А. Шривер, бывший глава Командования систем ВВС, разработавшего ракеты Titan, Thor, Atlas и Minuteman.

Шривер объединил консорциум в составе компаний Lockheed, Emmerson Electric, Northrop, Control Data, Raytheon и TRW под названием URBAN SYSTEMS Associates INC. Цель консорциума? Решение социальных и психологических "городских проблем" с помощью военных методов с использованием передовых электронных систем. Интересно отметить, что TRW стала крупнейшей компанией по сбору кредитной информации в индустрии кредитных отчетов благодаря своей работе с Urban Systems Associates Inc.

Это должно многое сказать нам о том, в какой степени эта нация уже находится под ТОТАЛЬНЫМ НАБЛЮДЕНИЕМ, что является первым требованием Комитета 300. Ни одна диктатура, особенно глобального масштаба, не может функционировать без тотального контроля над каждым человеком. IRS находился в процессе превращения в ключевую исследовательскую организацию Комитета 300.

В 1980-х годах 60% контрактов SRI были посвящены "футуризму", причем как военному, так и гражданскому применению. Основными клиентами компании были Министерство обороны США, Управление оборонных исследований и инженерных разработок, Управление аэрокосмических исследований, которое занималось "Применением поведенческих наук для управления исследованиями", Исполнительный офис президента, Управление науки и технологий и Министерство здравоохранения США. Для Министерства здравоохранения IRS провела программу под названием "Patterns in ESDEA Title I Reading Achievement Tests". Другими клиентами были Министерство энергетики США, Министерство труда США, Министерство транспорта США и Национальный научный фонд (NSF). Особое значение имеет подготовленный для NSF документ под названием "Оценка будущих и международных проблем".

Стэнфордский исследовательский центр под эгидой Тавистокского института в Лондоне разработал большую и пугающую систему, которую он называет "Программа бизнес-анализа". На него подписались более 600 американских и зарубежных компаний. Программа охватывала исследования по внешнеторговым отношениям Японии, потребительскому маркетингу в эпоху перемен, растущему вызову международного терроризма, сенсорной оценке потребительских товаров, системе электронных денежных переводов, оптоэлектронному обнаружению, методам разведочного планирования, оборонной промышленности США и доступности капитала. Среди крупных компаний Комитета 300, ставших клиентами этой программы, были корпорация Bechtel (Джордж Шульц входил в ее совет директоров), Hewlett Packard, TRW, Bank of America, Shell Company, RCA, Blyth, Eastman Dillon, Saga Foods Corporation, McDonnell Douglas, Crown Zellerbach, Wells Fargo Bank и Kaiser Industries. Но одной из самых зловещих программ всех НИИ, способной нанести огромный ущерб, изменив направление, в котором будут двигаться Соединенные Штаты в социальном, моральном и религиозном плане, была программа Стэнфордского фонда Чарльза Ф. Кеттеринга "ИЗМЕНЕНИЕ ОБРАЗА ЧЕЛОВЕКА" под официальной ссылкой Стэнфорда "Номер контракта URH (489)-2150 Policy Research Report Number 4/4/74, Prepared by the SRI Centre for the Study of Social Policy, Director Willis Harmon. Это, вероятно, одно из самых тщательных исследований, когда-либо проводившихся для изучения того, как можно изменить человека.

319-страничный отчет был написан 14 новыми учеными под руководством Тавистока и 23 старшими контролерами, включая В. Ф. Скиннер, Маргарет Мид, Эрвин Лазло и сэр Джеффри Викерс, высокопоставленный сотрудник британской разведки МИ-6. Следует напомнить, что его зять, сэр Питер Викерс-Холл, был одним из основателей так называемого "Фонда наследия", консервативной организации. Большая часть из 3000 страниц "рекомендаций", переданных администрации Рейгана в январе 1981 года, была основана на материалах из книги Уиллиса Хармона "Меняющиеся образы человека".

Я имел честь получить экземпляр книги "Меняющиеся образы человека" от своих коллег из разведки через пять дней после того, как она была принята правительством США. То, что я прочитал, потрясло меня, так как я понял, что передо мной чертеж будущей Америки, не похожий ни на что, что я видел раньше. Нация должна была быть запрограммирована на изменения и настолько привыкнуть к этим запланированным изменениям, что едва ли будет заметно, когда произойдут глубокие перемены. Со времени написания книги "КОНСПИРАЦИЯ АКВАРИУСА" (название книги в техническом документе Уиллиса Хармона) мы так быстро деградировали, что сегодня развод не клеймится позором, самоубийства достигли небывалых высот и не вызывают возражений, социальные отклонения от нормы и сексуальные аберрации, которые когда-то были недопустимы в приличных кругах, теперь стали обычным явлением и не вызывают особого протеста.

Как нация, мы не заметили, как "ЭВОЛЮЦИЯ ЧЕЛОВЕЧЕСКИХ ОБРАЗОВ" радикально изменила наш американский образ жизни навсегда. В некотором смысле, нас одолел "синдром Уотергейта". Некоторое время мы были шокированы и потрясены, узнав, что Никсон был не более чем дешевым мошенником, который тусовался с друзьями Эрла Уоррена по мафии в хорошем доме, который они построили для него рядом с поместьем Никсона. Когда слишком много "будущих потрясений" и заголовков новостей потребовали нашего внимания, мы потерялись, или, скорее, огромное количество вариантов, с которыми мы сталкивались и продолжаем сталкиваться ежедневно, запутало нас настолько, что мы уже не могли сделать необходимый выбор.

Хуже того, после того, как на нашу страну обрушился шквал преступлений сверху, плюс травма войны во Вьетнаме, наша нация, казалось, не хотела больше правды. Эта реакция тщательно объясняется в технической статье Уиллиса Хармона, вкратце, американская нация реагировала именно так, как описано. Хуже того, не желая принимать правду, мы сделали еще один шаг вперед: мы обратились к правительству, чтобы оно защитило нас от правды.

Коррупционный смрад администраций Рейгана и Буша мы хотели покрыть шестью футами грязи. Преступления, совершенные под названием "дело Ирана/Контры" (или скандалы), мы не хотели, чтобы были раскрыты. Мы *позволили* нашему президенту лгать нам о своем местонахождении в период с 20 по 23 октября 1980 года. Тем не менее, эти преступления по количеству и масштабам намного превосходят все, что Никсон совершил, находясь у власти. Признаем ли мы как нация, что это безудержное падение?

Нет, не знаем. Когда те, чья работа заключается в том, чтобы донести до американского народа правду о том, что маленькое, частное, хорошо организованное правительство внутри Белого дома совершало одно преступление за другим, преступления, которые покушались на саму душу этой нации и республиканские институты, на которых она покоится, нам сказали, чтобы мы не докучали общественности такими вещами. "Мы действительно не хотим знать обо всех этих спекуляциях", - стало стандартным ответом.

Когда высшее избранное должностное лицо страны грубо ставит законы ООН выше Конституции США, что является уголовно наказуемым преступлением, большинство приняло это как "нормальное" явление. Когда высшее избранное должностное лицо страны отправилось на войну без объявления войны Конгрессом, этот факт подвергся цензуре в СМИ, и мы снова приняли его, вместо того чтобы посмотреть правде в глаза. Когда началась война в Персидском заливе, которую затеял и спланировал наш президент, мы не только были рады самой вопиющей цензуре, мы даже приняли ее близко к сердцу, считая, что это "полезно для военных действий". Наш президент солгал,[6] Эйприл Гласпи солгала, Госдепартамент солгал. Они заявили, что война была оправдана, поскольку президент Хусейн был предупрежден оставить Кувейт в покое. Когда телеграммы Госдепартамента Глэспи были наконец обнародованы, один сенатор США за другим вставал на защиту шлюхи Глэспи. Неважно, что они исходили от демократов и республиканцев. Мы, народ, *позволили* им избежать наказания за их гнусную ложь.

В таком состоянии духа американского народа самые смелые мечты Уиллиса Хармона и его команды ученых стали реальностью. Тавистокский институт был рад, что ему удалось уничтожить самоуважение и чувство собственного достоинства этой некогда великой нации. Нам говорят, что мы выиграли войну в Персидском заливе. Подавляющее большинство американцев еще не осознает, что победа в войне стоила нашей нации самоуважения и чести. Что томится в песках пустыни Кувейта и Ирака, рядом с трупами иракских солдат, которых мы убили во время согласованного отступления из Кувейта и Басры - мы не смогли сдержать свое обещание соблюдать Женевские конвенции и не нападать на них. "Чего вы хотите, - спрашивали нас контролеры, - победы или самоуважения? Ты не можешь иметь и то, и другое".

Сто лет назад такого не могло быть, но сейчас это происходит без комментариев. Мы поддались долгосрочной войне проникновения, которую ведет против нашей нации Тависток. Подобно немецкой нации, побежденной в результате бомбардировки "Пруденшиал", достаточное количество из нас согласилось сделать эту нацию такой страной, которую тоталитарные режимы прошлого могли представить только в своих мечтах. "Вот, - сказали бы они, - нация, одна из величайших в мире, которая не хочет знать правду". Мы можем обойтись без всех наших пропагандистских агентств. Нам не нужно пытаться скрыть правду от этого народа, он добровольно отверг ее по собственной воле. Эта нация - курица".

---

[6] И совсем недавно - ложь Клинтона о его романе с Моникой Левински.

Наша некогда гордая Республика Соединенных Штатов Америки теперь представляет собой ряд преступных подставных организаций, что, как показывает история, всегда является началом тоталитаризма. Это та стадия постоянного изменения, которой мы достигли в Америке в конце 1991 года. Мы живем в обществе одноразового использования, запрограммированном на недолговечность. Мы даже не вздрагиваем при виде 4 миллионов бездомных, 30 миллионов безработных или 15 миллионов убитых младенцев. Это "отбросы" Аквариумной эры, заговор настолько плачевный, что при первом столкновении с ним большинство будет отрицать его существование, *объясняя* эти события тем, что "времена изменились".

Так Тавистокский институт и Уиллис Хармон *запрограммировали нас* на такую реакцию. Демонтаж наших идеалов продолжается без протеста. Духовный и интеллектуальный импульс нашего народа был уничтожен! 27 мая 1991 года президент Буш сделал очень глубокое заявление, суть которого, кажется, была полностью неправильно понята большинством политических комментаторов:

> "Моральное измерение американской политики требует от нас прокладывать нравственный курс в мире наименьшего зла. Это реальный мир, в котором нет ничего черно-белого; здесь очень мало места для моральных абсолютов".

Что еще можно ожидать от президента, который, вполне возможно, является самым злым человеком, когда-либо занимавшим Белый дом?

Рассмотрим это в свете его приказа армии похоронить заживо 12 000 иракских солдат. Подумайте об этом в свете его продолжающейся войны геноцида против иракского народа. Президент Буш был счастлив назвать президента Саддама Хусейна "Гитлером нашего времени". Он так и не удосужился предоставить никаких доказательств. Ему и не нужно было. Поскольку президент Буш сделал это заявление, мы приняли его без вопросов. Подумайте, в свете истины, что все эти вещи он делал от имени американского народа, в то время как тайно получал приказы от Комитета 300.

Но самое главное, подумайте вот о чем: президент Буш и его контролеры чувствуют себя в такой безопасности, что больше не считают нужным скрывать свой злобный контроль над американским народом или лгать о нем. Это видно из заявления, что он, как наш лидер, пойдет на любые компромиссы с правдой, честностью и порядочностью, если его контролеры (и наши) сочтут это необходимым. 27 мая 1991 года президент США отказался от всех принципов, закрепленных в нашей Конституции, и смело провозгласил, что он больше не связан ею. Это большая победа Тавистокского института и Prudential Bombing-Survey, чья цель переместилась с жилья немецких рабочих в 1945 году на души американского народа в войне, которая началась в 1946 году и продолжается до 1992 года.

В начале 1960-х годов Стэнфордский исследовательский институт усилил давление на эту нацию, чтобы заставить ее измениться. Наступление SRI набирало силу и обороты. Включите телевизор, и перед вашими глазами предстанет победа Стэнфорда: ток-шоу с обильными сексуальными подробностями, видеоролики, где царят извращения, рок-н-ролл и наркотики. Там, где раньше правил Джон Уэйн, теперь есть человек (или это он?) по имени Майкл Джексон, пародия на человека, которого изображают героем, в то время как он извивается, бормочет и кричит на телевизионных экранах миллионов американских домов.

Женщина, прошедшая через серию браков, получает национальное освещение. Декадентская, грязная, полупьяная, наркотически зависимая рок-группа получает часы эфирного времени, посвященные ее бессмысленным звукам и безумным извилинам, ее одежде и языковым аберрациям. Мыльные оперы, показывающие то, что максимально приближено к порнографии, не вызывают комментариев. Если в начале 1960-х годов с этим никогда бы не смирились, то сегодня это воспринимается как норма. Мы подверглись и поддались тому, что Тавистокский институт называет "шоком будущего", будущее которого - СЕЙЧАС, и мы настолько оцепенели от одного культурного шока за другим, что протест кажется бесполезным жестом, и поэтому логически мы считаем, что протестовать бессмысленно.

В 1986 году Комитет 300 приказал повысить давление. США двигались недостаточно быстро. США начали процесс "признания" мясников Камбоджи, преступного режима Пол Пота, который совершил убийство 2 миллионов камбоджийских граждан. В 1991 году колесо совершило полный оборот. Соединенные Штаты вступили в войну против дружественной страны, которая была запрограммирована доверять предателям в Вашингтоне. Мы обвиняли президента маленького государства Ирак Хусейна во всевозможных злодеяниях, НИ ОДНО из которых не было правдой. Мы убивали и калечили его детей, оставляли их голодать и умирать от всевозможных болезней.

В то же время мы отправили эмиссаров Буша из Комитета 300 в Камбоджу, чтобы ПРИЗНАТЬ ПОГИБШИМИ 2 МИЛЛИОНА камбоджийцев, которые были принесены в жертву эксперименту Комитета 300 по депопуляции городов, который крупные города США переживут в не слишком отдаленном будущем. Сегодня президент Буш и его администрация, состоящая из 300 человек, по сути, говорят: "Послушайте, люди, чего вы от меня хотите? Я сказал вам, что пойду на компромисс, когда сочту нужным, даже если это означает переговоры с такими убийцами, как Пол Пот. НУ И ЧТО - ЦЕЛУЙ МНЕ РУКИ.

Давление перемен достигнет пика в 1993 году, и мы увидим такие сцены, о которых даже не подозревали. Пьяная Америка отреагирует, но только слегка. Даже последняя угроза нашей свободе - персональная компьютерная карта - не беспокоит нас. Статья Уиллиса Хармана "Меняющиеся образы человека" была бы слишком технической для большинства людей. Поэтому мы прибегли к услугам Мэрилин Фергюсон, чтобы сделать его более понятным. "Эпоха Водолея" ознаменовалась обнаженными шоу и песней, которая возглавила чарты: "Dawn of the Age of Aquarius" стала вирусной.

Карта персонального компьютера, которая, когда получит полное распространение, лишит нас привычной среды обитания, и, как мы увидим, среда означает гораздо больше, чем обычно принятое значение этого слова. Соединенные Штаты пережили период сильной травмы, как ни одна другая страна в истории мира, и худшее еще впереди.

Все происходит так, как предписывал Тависток и как предсказывали социологи из Стэнфорда. Времена не меняются, их *заставляют* меняться. Все изменения планируются заранее и являются результатом тщательных действий. Сначала нас меняли постепенно, но сейчас темпы изменений ускоряются. Соединенные Штаты превращаются из нации, благословленной Богом, в полиглотский лабиринт наций под властью многих богов. Соединенные Штаты больше не являются нацией, благословленной Богом. Создатели Конституции проиграли битву.

Наши предки говорили на одном языке и верили в общую религию - христианство и его общие идеалы. Среди нас не было чужаков; это появилось позже, в ходе сознательно спланированной попытки разделить Соединенные Штаты на ряд разрозненных национальностей, культур и верований. Если вы сомневаетесь в этом, отправляйтесь в Ист-Сайд Нью-Йорка или Вест-Сайд Лос-Анджелеса в любую субботу и посмотрите вокруг. Соединенные Штаты превратились в несколько государств, пытающихся сосуществовать под единой системой управления. Когда Франклин Д. Рузвельт, двоюродный брат главы Комитета 300, широко распахнул шлюзы иммиграции, культурный шок вызвал большую путаницу и неурядицы и сделал "единую нацию" неработоспособной концепцией. Римский клуб и НАТО усугубили ситуацию. "Возлюби ближнего своего" - это идеал, который будет работать только в том случае, если ваш ближний "такой же, как вы сами".

Для создателей нашей Конституции истины, которые они провозгласили для будущих поколений, были "самоочевидными" - для них самих. Не будучи уверенными в том, что *будущие* поколения также сочтут истины, с которыми они связали эту нацию, самоочевидными, они решили сделать их явными. КАЖЕТСЯ, ЧТО ОНИ БОЯЛИСЬ ТОГО ВРЕМЕНИ, КОТОРОЕ МОЖЕТ НАСТУПИТЬ, КОГДА ИСТИНЫ, УСТАНОВЛЕННЫЕ ИМИ ДЛЯ БУДУЩИХ ПОКОЛЕНИЙ, ПЕРЕСТАНУТ БЫТЬ САМООЧЕВИДНЫМИ. Тавистокский институт человеческих отношений позаботился о том, чтобы произошло то, чего боялись создатели Конституции. Это время пришло с Бушем и его "отсутствием абсолютов" и его Новым мировым порядком под руководством Комитета 300.

Это часть концепции навязываемых американцам социальных изменений, которые, по словам Хармона и Римского клуба, приведут к тяжелым травмам и сильному нарастанию давления. Социальные потрясения, произошедшие после появления Тавистока, Римского клуба и НАТО, будут продолжаться в США до тех пор, пока игнорируется предел поглощения. Нации состоят из отдельных людей, и, как и у отдельных людей, есть предел их способности воспринимать изменения, независимо от того, насколько они прочны.

Эта психологическая истина была хорошо доказана в

исследовании Strategic Bombing Study, которое призывало к насыщенным бомбардировкам жилья немецких рабочих. Как упоминалось ранее, этот проект был делом рук *страховой компании Prudential*, и сегодня никто не сомневается, что Германия потерпела поражение благодаря этой операции. Многие из ученых, работавших над этим проектом, сейчас работают над насыщенными бомбардировками Америки или ушли из жизни, оставив свои умные методы в руках тех, кто последовал за ними.

Наследие, которое они оставили после себя, заключается в том, что мы как нация не то чтобы *сбились с* пути, но были *направлены в* сторону, *противоположную той, которую* авторы Декларации указывали нам на протяжении более 200 лет. Короче говоря, мы потеряли связь с нашими историческими генами, нашими корнями и нашей культурой.

Вера, которая вдохновляла бесчисленные поколения американцев двигаться вперед как нация, пользуясь наследием, оставленным нам создателями Декларации независимости и Конституции США. То, что мы заблудшие (овцы), ясно для всех, кто ищет истину, какой бы неприятной она ни была.

С президентом Бушем и его "отсутствием моральных устоев" в качестве ориентира, мы движемся вперед, как это обычно делают потерянные нации и отдельные люди. Мы *сотрудничаем* с Комитетом 300 (против Бога[7]) для нашего *собственного* падения и порабощения. Некоторые люди чувствуют это - и испытывают сильное чувство тревоги. Различные теории заговора, которые они знают, похоже, не охватывают всего. Это потому, что они не знают об иерархии заговорщиков, Комитете 300.

Те души, которые испытывают глубокое чувство тревоги и ощущают, что что-то очень не так, но не могут указать на проблему своим коллективным пальцем, ходят в темноте. Они смотрят в будущее, которое, как им кажется, ускользает от них. Американская мечта превратилась в мираж. Они верят в религию, но не предпринимают никаких шагов, чтобы помочь этой вере ДЕЙСТВИЕМ. Американцы никогда не испытают такого отката

---

[7] "Кто не *со* Мной, тот *ПРОТИВ* Меня, и кто не собирает со Мной, тот рассеивает". - Христос, Матфея 12:30.

назад, какой был у европейцев в разгар Темных веков. Благодаря решительным действиям они пробудили дух обновления, который вылился в славное Возрождение.

Враг, который вел их до сих пор, решил в 1980 году нанести мощный удар по Соединенным Штатам, чтобы возрождение Америки стало невозможным. Кто является врагом? Враг - это не безликое "они". Враг четко идентифицируется как Комитет 300, Римский клуб, НАТО и все его аффилированные организации, аналитические центры и исследовательские институты, контролируемые Тавистоком. Нет необходимости использовать "они" или "враг", разве что в качестве сокращения. МЫ ЗНАЕМ, КТО "ОНИ". Комитет 300 с его либеральной истеблишментной "аристократией" Восточного побережья, его банками, его страховыми компаниями, его гигантскими корпорациями, его фондами, его коммуникационными сетями, возглавляемыми ИЕРАРХИЕЙ КОНСПИРАТОРОВ - вот кто является врагом.

Это сила, которая дала жизнь российскому террору, большевистской революции, Первой и Второй мировым войнам, Корее, Вьетнаму, падению Родезии, Южной Африке, Никарагуа и Филиппинам. Именно тайное правительство высокого уровня привело к контролируемому развалу американской экономики и окончательной деиндустриализации некогда величайшей промышленной державы, которую когда-либо знал мир.

Америку сегодня можно сравнить с солдатом, который засыпает в пылу сражения. Мы, американцы, уснули, поддавшись апатии, вызванной тем, что столкнулись с множеством вариантов выбора, которые дезориентировали нас. Это изменения, которые меняют наше окружение, разрушают нашу сопротивляемость, так что мы становимся ошеломленными, апатичными и в конце концов засыпаем в гуще битвы.

Существует технический термин для обозначения этого состояния. Это называется "стресс дальнего проникновения". Искусство подвергать очень большую группу людей непрерывному проникающему напряжению дальнего действия было разработано учеными, работающими в Тавистокском институте человеческих отношений и их американских филиалах, Стэнфордском исследовательском институте и корпорации "Рэнд", а также по меньшей мере в 150 других исследовательских институтах США.

Доктор Курт Левин, ученый, разработавший эту дьявольскую войну, заставил среднего американского патриота беспокоиться о различных теориях заговора, оставив его чувствовать себя неуверенным и незащищенным, изолированным и, возможно, даже испуганным, к чему он стремится, но не понимает разложения и гниения, вызванных "ИЗМЕНЯЮЩЕЙСЯ КАРТИНОЙ ЧЕЛОВЕКА", не в состоянии определить или бороться с социальными, моральными, экономическими и политическими изменениями, которые он считает нежелательными и нежелательными, но которые все больше и больше усиливаются.

Имя доктора Левина не фигурирует ни в одном из учебников истории нашего института, которые в любом случае представляют собой изложение событий, в основном, на стороне правящего класса или победителей в войнах. Поэтому я с гордостью представляю его имя. Как уже упоминалось, доктор Левин организовал Гарвардскую психологическую клинику и Институт социальных исследований под эгидой Тавистокского института. Названия не дают представления о целях этих двух организаций.

Это напоминает мне о печально известном билле о реформе монетного и валютного законодательства, принятом в 1827 году. Название законопроекта было достаточно безобидным, или казалось таковым, что и было намерением его сторонников. Этим актом сенатор Джон Шерман предал нацию международным банкирам.

Шерман, как сообщается, спонсировал законопроект, "не читая его". Как мы знаем, настоящей целью законопроекта была демонизация денег и предоставление вороватым банкирам неограниченной власти над кредитами нашей страны, власти, на которую банкиры явно не имели права в соответствии с четкими и недвусмысленными положениями Конституции США.

Курт Левин дал Тавистокскому институту, Римскому клубу и НАТО неограниченную власть над Америкой, на которую не имеет права ни одна другая организация, структура или общество. Эти институты использовали узурпированные полномочия, чтобы уничтожить волю нации противостоять планам и намерениям заговорщиков лишить нас плодов Американской революции и привести нас в новый темный век под властью единого мирового правительства.

Коллегами Льюина в достижении этой долгосрочной цели проникновения были Ричард Кроссман, Эрик Трист, Х. В. Дикс, Уиллис Хармон, Чарльз Андерсон, Гарнер Линдсей, Ричард Прайс и У. Р. Бион. Опять же, эти имена никогда не появляются в вечерних новостях; фактически, они появляются только в научных журналах - поэтому очень немногие американцы знают об их существовании и совсем не знают о том, что люди, стоящие за этими именами, делали и делают в Соединенных Штатах.

Президент Джефферсон однажды сказал, что ему *жаль* тех, кто *думает, что* знает, что происходит, читая газету. Дизраэли, премьер-министр Великобритании, говорил примерно то же самое. Действительно, во все века лидерам нравилось управлять делами из-за кулис. Человек всегда испытывал потребность доминировать незамеченным, и это желание никогда не было столь распространенным, как в наши дни.

Если бы это было не так, зачем нужны тайные общества? Если нами управляет открытая система, управляемая демократически избранными чиновниками, зачем нужен тайный масонский орден в каждой деревне, поселке и городе Соединенных Штатов? Как получается, что масонство может действовать так открыто и при этом так хорошо скрывать свои секреты? Мы не можем задать этот вопрос девяти неизвестным мужчинам из ложи "Девять сестер" в Париже или их девяти коллегам из ложи "Коронати Квартет" в Лондоне. Однако эти восемнадцать человек являются частью еще более секретного правительства - RIIA и, кроме того, Комитета 300.

Как получилось, что Шотландский обряд масонства смог промыть мозги Джону Хинкли, чтобы тот попытался убить президента Рейгана? Почему у нас есть тайные ордена, такие как рыцари Святого Иоанна Иерусалимского, Круглый стол, группа Милнера и так далее, вплоть до длинной череды тайных обществ? Они являются частью глобальной цепи командования и контроля, которая проходит через Римский клуб, НАТО, RIIA и, наконец, иерархию заговорщиков, Комитет 300. Мужчины нуждаются в этих тайных обществах, потому что их действия являются злом и должны быть скрыты. Зло не может противостоять свету Истины.

Эра Водолея

В этой книге мы найдем почти полный список заговорщиков, их подставных учреждений и органов пропаганды. К 1980 году Аквариумный заговор был в полном разгаре, и его успех можно увидеть во всех аспектах нашей личной и национальной жизни. Непреодолимый рост психического насилия, серийных убийц, самоубийств среди подростков, безошибочные признаки летаргии - "проникновение на расстоянии" является частью нашей новой среды, такой же опасной, если не более опасной, чем загрязненный воздух, которым мы дышим.

Наступление Аквариумной эры застало Америку врасплох. Как нация, мы были не готовы к переменам, которые нам предстояло *пережить*. Кто когда-нибудь слышал о Тавистоке, Курте Левине, Уиллисе Хармоне и Джоне Ролингсе Ризе? Они даже не были на американской политической сцене. Если бы мы потрудились посмотреть, то заметили бы, что наша способность противостоять футуристическим потрясениям уменьшалась по мере того, как мы становились все более усталыми, все более тревожными и, наконец, вступили в период психологического шока, за которым последовала всеобщая апатия - внешнее проявление "войны дальнего проникновения".

Эпоха Водолея" была описана Тавистокским институтом как вектор турбулентности: "Существуют три отчетливые фазы в реакции и реагировании на стресс больших социальных групп. *Во-первых*, это *поверхностность*; население, подвергающееся нападкам, будет защищаться лозунгами; это не определяет *источник* кризиса и, следовательно, *ничего не делает для* его разрешения, что приводит к сохранению кризиса. *Вторая - фрагментация*. Это происходит, когда кризис продолжается и социальный порядок разрушается. Затем наступает *третья* фаза, когда группа населения вступает в фазу "*самореализации"* и отходит от индуцированного кризиса. Это приводит к дезадаптивной реакции, сопровождающейся активным синоптическим идеализмом и диссоциацией."

Кто может отрицать, что при огромном росте употребления наркотиков - "крэк" делает тысячи новых мгновенных наркоманов каждый день; шокирующее увеличение убийств детей каждый день (массовые аборты, детоубийства), которое сейчас намного превышает потери, понесенные нашими вооруженными силами в двух мировых войнах, Корее и Вьетнаме; открытое принятие гомосексуализма и лесбиянства, чьи "права" защищаются все большим количеством законов с каждым годом; ужасное бедствие, которое мы называем "СПИД" и которое проносится по нашим городам и деревням; полный провал нашей системы образования; ошеломляющий рост числа разводов; уровень убийств, который повергает весь остальной мир в недоумение; сатанинские серийные убийства; исчезновение тысяч маленьких детей, похищенных с наших улиц извращенцами; виртуальная приливная волна порнографии, сопровождаемая "вседозволенностью" на наших телевизионных экранах - кто может отрицать, что эта нация находится в кризисе, который мы не решаем и от которого отворачиваемся.

Благонамеренные люди, специализирующиеся в этой области, приписывают большую часть проблемы образованию, или тому, что называется образованием в Соединенных Штатах. Сегодня преступники изобилуют в возрастной группе 9-15 лет. Насильникам часто бывает всего 10 лет. Наши социологи, наши профсоюзы учителей, наши церкви говорят, что всему виной несовершенная система образования. Результаты тестов продолжают падать. Эксперты сетуют на то, что Соединенные Штаты сегодня занимают около 39 места в мире по уровню образования.

Почему мы осуждаем то, что так очевидно? Наша система образования запрограммирована на самоуничтожение. Именно это поручили сделать доктору Александру Кингу в НАТО. Это то, что судье Хьюго Блэку было приказано исправить. Дело в том, что Комитет 300, с одобрения нашего правительства, не хочет, чтобы наша молодежь получала надлежащее образование. Образование, которое масонские судьи Хьюго Блэк, Александр Кинг, Гуннар Мирдал и его жена пришли дать детям Соединенных Штатов, заключается в том, что преступление оплачивается, возможность - это все, что имеет значение.

Они научили наших детей тому, что американское законодательство неравноправно, и это просто прекрасно. Наши дети получили правильное воспитание на десятилетии порочных примеров; Рональд Рейган и Джордж Буш управлялись жадностью и были полностью развращены ею. Наша система образования не потерпела неудачу. Под руководством Кинга, Блэка и Мирдаля она на самом деле добилась большого успеха, но это зависит от того, с чьей точки зрения на нее смотреть. Комитет 300 в восторге от нашей системы образования и не допустит изменения ни одной запятой.

Согласно Стэнфорду и Уиллису Хармону, долгосрочная травма нашего образования, вызванная проникновением, продолжается уже 45 лет. Однако сколько людей знают о коварном давлении на наше общество и о постоянном воздействии промывания мозгов, которое происходит каждый день? Таинственные войны между бандами, вспыхнувшие в Нью-Йорке в 1950-х годах, являются примером того, как заговорщики могут создать и инсценировать любые беспорядки. Никто не знал, откуда взялись эти бандитские войны, пока в 1980-х годах исследователи не обнаружили скрытых контролеров, направлявших эти "социальные явления".

Войны банд были тщательно спланированы в Стэнфорде, намеренно разработаны, чтобы шокировать общество и вызвать беспорядки. К 1958 году насчитывалось более 200 таких банд. Они стали популярны благодаря голливудскому мюзиклу и фильму "Вестсайдская история". После десятилетия, проведенного в заголовках газет, внезапно, в 1966 году, они исчезли с улиц Нью-Йорка, Лос-Анджелеса, Нью-Джерси, Филадельфии и Чикаго.

На протяжении десятилетия насилия со стороны банд общественность реагировала в соответствии с профилированной реакцией, ожидаемой Стэнфордом; общество в целом не могло понять войну банд, и общественность реагировала неадекватно. Если бы нашлись люди, достаточно мудрые, чтобы понять, что война банд - это Стэнфордский эксперимент по социальной инженерии и промыванию мозгов, заговор заговорщиков был бы раскрыт. Либо у нас не было подготовленных специалистов, которые могли бы понять, что происходит - что крайне маловероятно, - либо им угрожали, заставляя молчать. Сотрудничество СМИ со Стэнфордом высветило атаку "нового века" на нашу окружающую среду, как и предсказывали социальные инженеры и ученые новой науки из Тавистока.

В 1989 году на улицы Лос-Анджелеса были вновь выведены бандитские разборки, как социальное условие перемен. В течение нескольких месяцев после первых инцидентов банды начали разрастаться - сначала десятками, а затем сотнями на улицах Ист-Сайда Лос-Анджелеса. Распространились наркопритоны и безудержная проституция; на улицах господствовали наркоторговцы. Всех, кто вставал на их пути, расстреливали. Возмущение прессы было громким и продолжительным. Группа населения, против которой был направлен Стэнфорд, начала сопротивляться, выступая с лозунгами. Это то, что Тависток называет первой фазой, когда целевая группа не может определить источник кризиса. Вторая фаза кризиса войны группировок - "фрагментация". Люди, не живущие в районах, посещаемых бандами, говорили: "Слава Богу, что их нет в нашем районе". При этом игнорировался тот факт, что кризис продолжался с признанием или без признания, и что социальный порядок в Лос-Анджелесе начал разрушаться. Согласно профилю Тавистока, группы, не затронутые бандитской войной, "откололись, чтобы защитить себя", потому что источник кризиса не был идентифицирован, так называемый процесс "maladjustment" - период диссоциации.

Помимо распространения продажи наркотиков, какова цель бандитских войн? Во-первых, это показать целевой группе, что они не в безопасности, т.е. что они порождают незащищенность. Во-вторых, показать, что организованное общество бессильно против этого насилия, и, в-третьих, заставить людей осознать, что наш социальный порядок разрушается. Нынешняя волна бандитизма исчезнет так же быстро, как и началась, после завершения трех этапов Стэнфордской программы.

Замечательным примером "социальной обусловленности принятия изменений", даже когда они признаются нежелательными для группы населения, находящейся под прицелом Стэнфордского исследовательского института, стало "появление" группы BEATLES. Битлз" были привезены в США как часть социального эксперимента по промыванию мозгов большим группам населения, о которых они даже не подозревали.

Когда Тависток привез "Битлз" в Америку, никто не мог представить себе культурную катастрофу, которая последует за ними. Битлз" были неотъемлемой частью "АКВАРИЙСКОЙ КОНСПИРАЦИИ", живого организма, зародившегося в "ИЗМЕНЯЮЩИХСЯ ОБРАЗАХ ЧЕЛОВЕКА", URH (489) 2150. См. отчет о политических исследованиях № 4/4/74. Отчет о политике, подготовленный Центром SRI по изучению социальной политики, директор, профессор Уиллис Хармон.

Феномен "Битлз" не был спонтанным восстанием молодежи против старого социального порядка. Скорее, это был тщательно продуманный заговор с целью внедрения заговорщическим агентством, которое невозможно идентифицировать, крайне деструктивного и раскольнического элемента в большую группу населения, направленную на изменение против ее воли. Новые слова и фразы - подготовленные Тавистоком - появились в Америке вместе с "Битлз". Такие слова, как "рок" по отношению к звукам музыки, "подросток", "крутой", "открыли" и "поп-музыка", были лексиконом кодовых слов, означающих принятие наркотиков, и они сопровождали "Битлз", куда бы они ни отправились, чтобы быть "открытыми" "подростками". Кстати, благодаря Тавистокскому институту человеческих отношений, слово "подростки" никогда не использовалось, пока на сцену не вышли "Битлз".

Как и в случае с войнами банд, ничего не было бы достигнуто без сотрудничества со СМИ, особенно с электронными СМИ и, в частности, с сернистым Эдом Салливаном, которого заговорщики инструктировали о том, какую роль он должен играть. Никто бы не обратил внимания на разношерстную команду Ливерпуля и 12-тональную "музыкальную" систему, которая должна была последовать, если бы не избыток прессы. 12-тональная система состоит из тяжелых, повторяющихся звуков, взятых из музыки культа Диониса и жречества Ваала Адорно и наделенных "современным" вкусом этим особым другом английской королевы, а значит и Комитета 300.

Тависток и его Стэнфордский исследовательский центр создали триггерные слова, которые затем вошли в общее употребление вокруг "рок-музыки" и ее поклонников. Эти триггерные слова создали новую и отдельную группу населения, в основном молодых людей, которых с помощью социальной инженерии и воспитания убедили поверить в то, что "Битлз" действительно были их любимой группой. Все триггерные слова, разработанные в контексте "рок-музыки", были предназначены для массового контроля новой целевой группы, американской молодежи.

Битлз проделали идеальную работу, или, возможно, правильнее было бы сказать, что Тависток и Стэнфорд проделали идеальную работу, а Битлз просто реагировали как обученные роботы "с небольшой помощью своих друзей"[8] - кодовые слова для того, чтобы получить кайф и сделать это "круто". Битлз" стали очень заметным "новым парнем" - больше тавистокского жаргона - и поэтому группе не потребовалось много времени, чтобы создать новые стили (мода на одежду, прически и язык), которые нарушили старшее поколение, как и *предполагалось.* Это часть процесса "фрагментации-извращения", разработанного Уиллисом Хармоном и его командой социологов и специалистов по генной инженерии и внедренного в жизнь. Роль печатных и электронных СМИ в нашем обществе имеет решающее значение для успешного промывания мозгов больших групп населения. Войны между бандами закончились в Лос-Анджелесе в 1966 году, когда СМИ перестали их освещать. То же самое произойдет и с нынешней волной бандитских войн в Лос-Анджелесе. Уличные банды увянут на лозе, как только насыщенное освещение в СМИ будет смягчено, а затем и полностью удалено. Как и в 1966 году, проблема будет "перегоревшей". Уличные банды достигнут своей цели - создадут беспорядки и отсутствие безопасности. Такая же картина будет наблюдаться и в рок-музыке. Лишенный внимания СМИ, он со временем займет свое место в истории.

После "Битлз", которые, кстати, были созданы Тавистокским институтом, появились другие рок-группы "made in England", которые, как и "Битлз", попросили Тео Адорно написать их культовые тексты и сочинить всю "музыку". Я ненавижу использовать эти прекрасные слова в контексте "битломании"; это напоминает мне, как слово "любовник" неправильно используется для обозначения отвратительного взаимодействия между двумя гомосексуалистами, корчащимися в свинарнике. Называть "рок" музыкой - это оскорбление, как и язык, используемый в "рок-лирике".[9]

---

[8] Отсылка к песне Beatles "With a little help from my friends". ПРИМЕЧАНИЕ РЕДАКТОРА.

[9] Лирика к рок-песням, NDT.

Затем Тависток и Стэнфордский исследовательский центр приступили ко второму этапу работы по заказу Комитета 300. Этот новый этап усилил давление в пользу социальных изменений в Америке. Как только "Битлз" появились на американской сцене, так же быстро появилось и бит-поколение - слова, призванные разделить и раздробить общество. Теперь СМИ обращают свое внимание на бит-поколение. Другие слова, придуманные Тавистоком, появились из ниоткуда: "битники", "хиппи", "дети цветов" вошли в американский лексикон. Стало популярным "пускать все на самотек", носить грязные джинсы и ходить с длинными немытыми волосами. Поколение битлов" отрезало себя от основной части Америки. Они стали так же печально известны, как и более чистые "Битлз" до них.

Вновь созданная группа и ее "стиль жизни" привлекли в культ миллионы молодых американцев. Американская молодежь пережила радикальную революцию, даже не осознавая этого, в то время как старшее поколение оставалось беспомощным, неспособным определить источник кризиса, и поэтому неадекватно реагировало на его проявления, а именно на наркотики всех видов, Марихуана и, позднее, лизергиновая кислота, "ЛСД", которую так охотно поставляла швейцарская фармацевтическая компания SANDOZ, после того как один из ее химиков, Альберт Хоффман, открыл способ производства синтетического эрготамина, мощного наркотика, изменяющего сознание. Комитет 300 финансировал проект через один из своих банков, С. К. Варбурга, а препарат был доставлен в Америку философом Олдосом Хаксли.

Новый "чудо-наркотик" быстро распространялся в пакетиках "пробного" размера, которые бесплатно раздавались в кампусах колледжей по всей территории США и на "рок"-концертах, которые стали основным средством распространения употребления наркотиков. Вопрос в том, каково было влияние наркотиков на общество? Чем в то время занималось Агентство по борьбе с наркотиками (DEA)? Существуют убедительные косвенные доказательства того, что УБН *знало о происходящем,* но получило приказ *ничего не* предпринимать.

С приездом в Соединенные Штаты большого количества новых британских "рок-групп" рок-концерты стали прочно входить в социальный календарь американской молодежи. Наряду с этими "концертами" пропорционально росло и потребление наркотиков среди молодежи. Дьявольский грохот тяжелых, диссонирующих звуков оцепенял сознание слушателей, которых легко было убедить попробовать новый наркотик на том основании, что "все остальные это делают". Давление со стороны сверстников - очень мощное оружие. Новая культура" получила максимальное освещение в СМИ, что не стоило заговорщикам ни копейки.

Ряд гражданских лидеров и служителей церкви испытывали сильный гнев по поводу нового культа, но их энергия была направлена против РЕЗУЛЬТАТА происходящего, а не причины. Критики рок-культа совершали те же ошибки, что и в эпоху сухого закона, они критиковали правоохранительные органы, учителей, родителей - всех, кроме заговорщиков.

Из-за гнева и негодования, которые я испытываю по отношению к такому великому злу, как наркотики, я не прошу прощения за то, что использую не свойственные мне выражения. Алан Гинзберг - один из худших наркоманов, когда-либо ходивших по улицам Америки. Этот Гинзберг проталкивал употребление ЛСД через рекламу, которая ничего ему не стоила, тогда как при обычных обстоятельствах это составило бы миллионы долларов дохода от телевизионной рекламы. Эта бесплатная реклама наркотиков, и в частности ЛСД, достигла нового пика в конце 1960-х годов благодаря постоянному добровольному сотрудничеству средств массовой информации. Эффект от массовой рекламной кампании Гинзберга был разрушительным; американская публика подвергалась одному футуристическому культурному шоку за другим в быстрой последовательности.

Мы были перегружены и перестимулированы, и снова, позвольте напомнить вам, что это жаргон Тавистока, из учебного пособия Тавистока, перегружены своим новым развитием, и к тому времени, когда мы достигли этой точки, наш разум начал впадать в апатию; это было просто слишком много, чтобы справиться с этим, то есть "проникновение на расстоянии овладело нами". Гинзберг утверждал, что он поэт, но никто из тех, кто когда-либо стремился стать поэтом, никогда не писал подобной чепухи. Назначенная Гинзбергом задача имела мало общего с поэзией; его главной функцией было продвижение новой субкультуры и ее принятие широкой целевой аудиторией.

Чтобы помочь ему в решении этой задачи, Гинзберг привлек к сотрудничеству Нормана Мейлера, писателя своего рода, который провел некоторое время в психиатрической лечебнице.

Мейлер - любимец голливудских левых, и поэтому ему не составило труда предоставить Гинзбергу максимальное эфирное время. Естественно, у Мейлера должно было быть оправдание - даже он не мог открыто раскрыть истинную природу телевизионных выступлений Гинзберга. Поэтому была придумана шарада: Мейлер должен был провести "серьезный" разговор на камеру с Гинзбергом о поэзии и литературе.

Этому методу бесплатного широкого телевизионного освещения последовали все рок-группы и концертные промоутеры, которые последовали примеру Гинзберга. У магнатов электронных СМИ тяжелое сердце, когда дело доходит до предоставления свободного времени этим грязным существам, их еще более грязным продуктам и их отвратительным идеям. Их пропаганда этого ужасного мусора говорила о многом, и без обильной помощи печатных и электронных СМИ наркоторговля не смогла бы распространиться так быстро, как это произошло в конце 1960-х и начале 1970-х годов, и, вероятно, осталась бы ограниченной несколькими небольшими местными районами.

Гинзберг смог дать несколько общенациональных телевизионных выступлений, восхваляя достоинства ЛСД и марихуаны, под прикрытием "новых идей" и "новых культур", которые развивались в мире искусства и музыки. Не отставая от электронных СМИ, поклонники Гинзберга писали светлые статьи об "этом колоритном человеке" в художественных и социальных разделах ведущих газет и журналов Америки. В истории газет, радио и телевидения еще не было такой бесплатной рекламной кампании, и она не стоила промоутерам Аквариумного заговора, НАТО и Римского клуба ни копейки. Это была абсолютно бесплатная реклама ЛСД, тонко замаскированная под "искусство" и "культуру".

Один из ближайших друзей Гинзберга, Кенни Лав, опубликовал пятистраничный отчет в газете *"Нью-Йорк Таймс"*. Это соответствует методологии, используемой Тавистоком и Стэнфордскими исследованиями: если вы хотите продвигать что-то, что общественность еще не приняла путем промывания мозгов, попросите кого-нибудь написать статью, охватывающую все аспекты этой темы. Другой метод - организация ток-шоу на телевидении, где группа экспертов продвигает продукт или идею под видом его "обсуждения". Существуют точки зрения и контраргументы, участники за и против выражают свою поддержку или несогласие. К моменту его окончания продвигаемая тема закрепляется в сознании аудитории. В начале 1970-х годов это было новинкой, но сегодня это обычная практика, на которой процветают ток-шоу.

Пятистраничная статья Лава в поддержку ЛСД и Гинзберга была должным образом напечатана в *"Нью-Йорк Таймс"*. Если бы Гинзберг попытался купить такое же количество места в рекламе, это стоило бы ему не менее 50 000 долларов. Но Гинзбергу не пришлось беспокоиться: благодаря своему другу Кенни Лаву, Гинзберг получил эту огромную рекламу бесплатно. Поскольку такие газеты, как *New York Times* и *Washington Post*, находятся под контролем Комитета 300, такая бесплатная реклама дается любой теме, особенно тем, которые пропагандируют декадентский образ жизни - наркотики, гедонизм - все, что может взволновать американский народ. После суда над Гинзбергом и ЛСД Римский клуб взял за правило просить крупные американские газеты по первому требованию бесплатно рекламировать людей и идеи, которые они продвигали.

Еще хуже - или лучше, смотря с какой стороны посмотреть - United Press (UP) взяла бесплатную рекламу Кенни Лава о Гинзберге и ЛСД и разослала ее по телексу в СТО газет и журналов по всей стране под видом новостной заметки. Даже такие респектабельные журналы, как *Harper's Bazaar* и *TIME*, сделали мистера Гинзберга респектабельным.

Если бы национальная кампания такого масштаба была представлена Гинзбергу и пропагандистам ЛСД рекламным агентством, ее стоимость в 1970 году составила бы не менее миллиона долларов. Сегодня его цена составляет не менее 15-16 миллионов долларов. Неудивительно, что я называю СМИ "шакалами".

Я предлагаю попытаться найти любое средство массовой информации, чтобы сделать разоблачительную статью о Федеральном резервном совете, что я и сделал. Я отправил свою статью, которая была хорошим разоблачением самой большой в мире аферы, во все крупные газеты, радио- и телестанции, журналы и нескольким ведущим ток-шоу. Несколько из них дали обещания, которые звучали хорошо - они обязательно напечатают статью и пригласят меня поговорить о ней - дайте им неделю, и они свяжутся со мной. Никто из них этого не сделал, и моя статья так и не появилась на страницах их газет и журналов.

Как будто на меня и тему, которую я пытался продвигать, накинули плащ молчания, и именно это и произошло.

Без массовой шумихи и почти постоянного освещения в СМИ культ наркотиков и рока хиппи-битников никогда бы не взлетел; он так и остался бы местной диковинкой. Битлз" с их звенящими гитарами, глупыми выражениями, наркотическим языком и странной одеждой были бы малоэффективны. Вместо этого, поскольку "Битлз" освещались в СМИ, США переживали один культурный шок за другим.

Люди, похороненные в аналитических центрах и исследовательских институтах, чьи имена и лица до сих пор известны лишь немногим, следили за тем, чтобы пресса играла свою роль. И наоборот, важная роль СМИ в том, что они не раскрывают силу, стоящую за будущими культурными потрясениями, обеспечила то, что источник кризиса так и не был выявлен. Таким образом, наше общество было сведено с ума психологическими потрясениями и стрессом. Термин "доведенный до безумия" взят из учебного пособия Тавистока. Со своего скромного начала в 1921 году, Тависток был готов в 1966 году начать крупную и необратимую культурную революцию в Америке, которая еще не завершена. Аквариумный заговор является его частью.

Смягченная таким образом, наша страна теперь считалась созревшей для введения наркотиков, которые по масштабам и огромным суммам денег, которые можно было заработать, могли соперничать с наркотиками эпохи сухого закона. Это тоже было неотъемлемой частью Аквариумного заговора. Распространение употребления наркотиков было одной из тем, изучаемых Исследовательским отделом научной политики (SPRU) в помещении Тавистока в Университете Сассекса. Он был известен как центр "Потрясения будущего" - название, данное так называемой психологии будущего, разработанной для манипулирования целыми группами людей с целью вызвать "потрясения будущего". Это было первое из нескольких подобных учреждений, созданных Тавистоком.

Будущие потрясения" описываются как серия событий, которые происходят настолько быстро, что человеческий мозг не успевает усвоить информацию. Как я уже говорил ранее, наука показала, что существуют четко обозначенные пределы количества и характера изменений, с которыми может справиться разум. После постоянных потрясений большая целевая аудитория обнаруживает, что не хочет делать выбор. Наступает апатия, которой часто предшествует беспорядочное насилие, подобное тому, которое характерно для лос-анджелесских уличных банд, серийных убийц, насильников и похитителей детей.

Такой группой легко управлять, и она будет послушно выполнять приказы, не бунтуя, что и является целью упражнения. "Будущий шок", - говорится в SPRU, - "определяется как физический и психологический дистресс, возникающий в результате перегрузки механизма принятия решений человеческого разума". Это жаргон Тавистока, прямо из их учебников, о которых они не знают, что я владею ими.

Подобно тому, как в перегруженной электрической цепи срабатывает выключатель, человек впадает в состояние "отключения от сети" - синдром, который медицинская наука только начинает понимать, хотя Джон Роулингс Риз проводил эксперименты в этой области еще в 1920-х годах. Как можно себе представить, такая целевая группа готова "сбиться с пути" и принимать наркотики, чтобы избежать давления столь большого выбора. Вот почему употребление наркотиков так быстро распространилось среди американского поколения битлов. То, что началось с "Битлз" и пробных упаковок ЛСД, превратилось в волну употребления наркотиков, захлестнувшую Америку.

Наркоторговлю сверху донизу контролирует Комитет 300. Торговля наркотиками началась с Британской Ост-Индской компании, за ней последовала Голландская Ост-Индская компания. Оба контролировались "Советом 300". Список членов и акционеров BEIC напоминает список пэража Дебретов. БЭИК создала Китайскую внутреннюю миссию, задачей которой было поставить китайских крестьян, или, как их еще называли, кули, в зависимость от опиума. Это создало опиумный рынок, который затем заполнила БЕИК.

Аналогичным образом, Комитет 300 использовал "Битлз" для популяризации "социальных наркотиков" среди американской молодежи и голливудской "толпы". Эд Салливан был отправлен в Англию, чтобы встретить первую "рок-группу" из Тавистокского института, достигшую берегов США. Затем Салливан вернулся в США, чтобы совместно с электронными СМИ разработать стратегию, как представить и продать группу. Без полного содействия электронных СМИ и, в частности, Эда Салливана,

"Битлз" и их "музыка" умерли бы на лозе. Вместо этого наша национальная жизнь и характер Соединенных Штатов были изменены навсегда.

Теперь, когда мы это знаем, становится слишком ясно, насколько успешной была кампания "Битлз" по распространению употребления наркотиков. Тот факт, что Тео Адорно написал музыку и слова для "Битлз", был скрыт от общественности. Основной функцией "Битлз" было открытие их подростками, которые затем подвергались бесконечному шквалу "музыки Битлз", пока их не убеждали полюбить это звучание и принять его и все, что с ним связано. Ливерпульская группа оправдала ожидания и, с "небольшой помощью своих друзей", то есть с помощью запрещенных веществ, которые мы называем наркотиками, создала целый новый класс молодых американцев по точному лекалу Тавистокского института.

В Тавистоке был создан очень заметный "новый парень", который выполнял роль наркокурьера. *Христианским миссионерам*" из Китайской внутренней миссии не нашлось бы места в 1960-х годах. "Это означает, что "Битлз" создали новые социальные модели, прежде всего, нормализацию и популяризацию употребления наркотиков, новые вкусы в одежде и новые стили причесок, которые действительно отличали их от предыдущего поколения, как того и хотел Тависток.

Важно отметить намеренно фрагментирующий язык, используемый Тавистоком. Подростки" и представить себе не могли, что все "другое", к чему они стремились, было продуктом работы пожилых ученых, работающих в аналитических центрах в Англии и в Стэнфордском исследовательском центре. Как бы они были убиты, если бы узнали, что большинство их "крутых" привычек и выражений были намеренно созданы для них группой пожилых социологов!

Роль средств массовой информации была и остается очень важной в пропаганде употребления наркотиков в национальном масштабе. Когда освещение уличных банд было резко прекращено в СМИ, они были "сожжены" как социальное явление; за этим последовала "новая эра" наркотиков. СМИ всегда были катализатором и всегда подталкивали к "новым делам". Сегодня внимание СМИ сосредоточено на употреблении наркотиков и его сторонниках, "бит-поколении" - еще один термин, придуманный в Тавистоке, - в их решительных попытках добиться социальных изменений в США.

Употребление наркотиков стало общепризнанной частью повседневной жизни в Америке. Эта разработанная Тавистоком программа охватила миллионы молодых американцев, и старшее поколение начало верить, что в Америке происходит естественная социальная революция, не понимая, что происходящее с их детьми было не спонтанным движением, а в высшей степени искусственным созданием, призванным заставить изменить социальную и политическую жизнь Америки.

Потомки британской Ост-Индской компании были в восторге от успеха своей программы по продвижению наркотиков. Их последователи стали приверженцами лизергиновой кислоты (ЛСД), которую так охотно предоставляли покровители наркоторговли, такие как Олдос Хаксли, уважаемая швейцарская компания Sandoz и финансируемая великой банковской династией Варбургов. Новый "чудо-препарат" оперативно распространялся на всех рок-концертах и в университетских кампусах в виде бесплатных образцов. Возникает вопрос: "Что делало ФБР в это время? "

Цель "Битлз" стала предельно ясной. Потомки британской Ост-Индской компании в лондонском высшем обществе, должно быть, чувствовали себя очень хорошо из-за миллиардов долларов, которые начали поступать в страну. С появлением "рока", который впредь будет использоваться как сокращение для описания дьявольской сатанинской музыки Адорно, произошел огромный рост потребления мирских наркотиков, особенно марихуаны. Вся наркоторговля развивалась под контролем и руководством Исследовательского отдела научной политики (SPRU). SPRU возглавляли Лиланд Брэдфорд, Кеннет Дамм и Рональд Липперт, под чьим экспертным руководством было подготовлено большое количество новых научных сотрудников для продвижения "потрясений будущего", одним из главных из которых был резкий рост потребления наркотиков американскими подростками. Программные документы SPRU, переданные в различные правительственные агентства, включая Агентство по борьбе с наркотиками (DEA), диктовали ход катастрофической "войны с наркотиками", которую якобы вели администрации Рейгана и Буша.

Это было предшественником того, как сегодня управляются Соединенные Штаты Америки: один комитет и/или совет за другим, внутреннее правительство, которому скармливают документы из Тавистока, которые они твердо считают своим собственным мнением. Эти виртуальные незнакомцы принимают решения, которые навсегда изменят нашу форму правления и повлияют на качество жизни в США. Благодаря "кризисной адаптации" мы уже настолько изменились, что нас едва можно сравнить с тем, какими мы были в 1950-х годах. Наше окружение также изменилось.

В наши дни много говорят об окружающей среде, и хотя в основном речь идет о зеленых насаждениях, чистых реках и чистом воздухе, есть и другая среда, которая не менее важна, а именно среда лекарств. Среда нашего образа жизни стала загрязненной; наш образ мышления стал загрязненным. Наша способность контролировать свою судьбу стала загрязненной. Мы сталкиваемся с изменениями, которые загрязняют наше мышление до такой степени, что мы не знаем, что о них думать. Среда перемен" парализует нацию; кажется, что мы так мало контролируем ситуацию, что это приводит к беспокойству и растерянности.

Теперь мы ищем групповые, а не индивидуальные решения наших проблем. Мы не используем собственные ресурсы для решения проблем. В этой области большую роль играет значительный рост потребления наркотиков. Это преднамеренная стратегия, разработанная учеными новых наук, социальными инженерами и ловкачами, которая направлена на самую уязвимую область, а именно на наше самовосприятие, то есть на то, как мы воспринимаем себя, что в конечном итоге приводит к тому, что мы становимся похожими на овец *(мы, овцы)*, которых ведут на заклание. Мы запутались в многочисленных решениях, которые нам приходится принимать, и стали апатичными.

Нами манипулируют беспринципные люди, даже не подозревая об этом. Особенно это касается торговли наркотиками, и сейчас мы находимся на переходном этапе, когда можно быть готовыми к изменению нынешней конституционной формы правления, которая сделала гигантский шаг вперед при администрации Буша. Хотя некоторые, несмотря на все доказательства обратного, упорно твердят: "Этого не может произойти в Америке", факт остается фактом: это уже произошло. Наша воля к сопротивлению событиям, которые нам не нравятся, постоянно подтачивается и подрывается. Мы будем сопротивляться, говорят некоторые из нас, но нас будет не так много, и мы будем в меньшинстве.

Наркоторговля коварно изменила нашу окружающую среду. Так называемая "война с наркотиками" - это фарс; они не существуют в достаточном количестве, чтобы что-то изменить для потомков британской Ост-Индской компании. Добавьте к этому компьютеризацию, и нам почти полностью промыли мозги, лишив способности сопротивляться насильственным изменениям. Это подводит нас к другой среде - КОНТРОЛЮ НАСЕЛЕНИЯ, также известному как контроль личной информации, без которого правительства не могут играть в свою игру чисел. В нынешнем виде у нас, людей, нет абсолютно никакой возможности узнать, что правительство знает или не знает о нас. Правительственные компьютерные файлы не подлежат публичному рассмотрению. Неужели мы по глупости считаем, что личная информация священна? Помните, что в каждом обществе есть богатые и влиятельные семьи, которые контролируют правоохранительные органы. Я доказал, что такие семьи существуют. Не думайте, что если бы эти семьи захотели узнать о нас больше, они не смогли бы этого сделать. Именно эти семьи часто имеют своего члена в Комитете 300.

Возьмем, к примеру, Киссинджера, у которого есть свои личные досье на сотни тысяч людей не только в США, но и во всем мире. Есть ли мы в списке врагов Киссинджера? Это надуманно? Вовсе нет. Возьмем пример масонской ложи Р2 и Комитета Монте-Карло, которые имеют такие списки с десятками тысяч имен. Кстати, Киссинджер - один из них. Существуют и другие "частные" разведывательные агентства, такие как *INTEL*, с которыми мы познакомимся позже.

Один из способов ввоза героина в Европу - через княжество Монако. Героин поставляется с Корсики и перевозится на паромах, которые летом интенсивно курсируют между Корсикой и Монте-Карло. Нет никакого контроля над тем, что входит или выходит из этих паромов. Поскольку между Францией и Монако нет границы, наркотики, особенно героин (частично переработанный опий), проходят через открытую границу Монако в лаборатории во Франции или, если они уже переработаны в героин, попадают непосредственно к дистрибьюторам.

Семья Гримальди веками занималась контрабандой наркотиков.

Поскольку князь Ренье стал жадным и начал получать большие прибыли, и не остановился после трех предупреждений, его жена, принцесса Грейс, была убита в автомобильной "аварии". Ренье недооценил силу Комитета, членом которого он является. В автомобиле Rover, в котором она ехала, резервуары тормозной жидкости были повреждены таким образом, что при каждом нажатии на тормоза жидкость выделялась в дозированных количествах, и к тому времени, когда автомобиль достиг самого опасного из нескольких поворотов, не было никакой возможности остановиться, и он перелетел через каменную стену, упав на землю в пятидесяти футах ниже с ужасающим треском.

Агенты Комитета 300 сделали все возможное, чтобы скрыть правду об убийстве принцессы Грейс. И по сей день "Ровер" находится под охраной французской полиции, спрятанный под чехлом на трейлере, к которому никому не разрешается приближаться, не говоря уже об осмотре. Сигнал о казни принцессы Грейс был принят постом прослушивания британской армии на Кипре, и хорошо осведомленный источник считает, что приказ отдали Комитет Монте-Карло и масонская ложа Р2.

Наркоторговля, контролируемая Комитетом 300, является преступлением против человечества, но, будучи обусловленными и смягченными годами беспрестанной бомбардировки со стороны Тавистокского института, мы более или менее приняли нашу новую среду, рассматривая наркоторговлю как проблему "слишком большую", чтобы с ней справиться. Это не так. Если мы смогли собрать целую нацию, снарядить и отправить миллионы американских солдат на войну в Европу, в которую мы не имели права вмешиваться, если мы смогли победить великую державу в Европе, мы также сможем подавить наркоторговлю, используя ту же тактику, что и во Второй мировой войне. Логистические проблемы, которые пришлось решать, когда мы вступили во Вторую мировую войну, и сегодня поражают воображение.

Тем не менее, мы успешно преодолели все проблемы. Почему же тогда невозможно победить четко определенного врага, гораздо меньшего и более слабого, чем Германия, с помощью чрезвычайно усовершенствованного оружия и средств наблюдения, которыми мы располагаем сегодня? Настоящая причина, по которой проблема наркотиков не искореняется, заключается в том, что ею управляют крупнейшие семьи мира как частью гигантской скоординированной машины по зарабатыванию денег.

К 1930 году британский капитал, вложенный в Южную Америку, значительно превысил капитал, вложенный в британские "доминионы". Грэм, специалист по британским зарубежным инвестициям, сказал, что британские инвестиции в Южной Америке "превышают триллион фунтов стерлингов". Помните, это 1930 год, и триллион фунтов стерлингов в то время был ошеломляющей суммой. Что послужило причиной столь крупных инвестиций в Южную Америку? Одним словом, это были наркотики.

Плутократия, контролировавшая британские банки, держала в руках кошельки и, как тогда, так и сейчас, создавала наиболее респектабельный вид, чтобы скрыть свою истинную деятельность. Никто никогда не ловил их с грязными руками. У них всегда были подставные лица, как и сегодня, готовые взять на себя вину, если что-то пойдет не так. Тогда, как и сейчас, связи с наркоторговлей были в лучшем случае непрочными. Никто так и не смог добраться до респектабельных и "благородных" банковских семей Великобритании, члены которых входят в Комитет 300.

Очень знаменательно, что только 15 членов парламента были контролерами этой огромной империи, самыми известными из которых были сэр Чарльз Барри и семья Чемберленов. Эти финансовые лорды действовали в таких странах, как Аргентина, Ямайка и Тринидад, которые стали для них основными источниками денег благодаря торговле наркотиками. В этих странах британские плутократы держали "местных жителей", как их презрительно называли, на очень низком прожиточном минимуме, не намного выше рабства. Наркоторговля в Карибском бассейне приносила немалые состояния.

Плутократы прятались за лицами вроде Trinidad Leaseholds Limited, но НАСТОЯЩИМ ХОЗЯИНОМ, как тогда, так и сейчас, были наркотики. Так обстоит дело и сегодня, когда мы видим, что валовой национальный продукт (ВНП) Ямайки почти полностью состоит из продаж ганджи, очень сильнодействующей формы марихуаны. Механизм управления торговлей ганджей был создан Дэвидом Рокфеллером и Генри Киссинджером как Инициатива Карибского бассейна.

До относительно недавнего времени подлинная история торговли опиумом в Китае была совершенно неизвестна, она была освещена настолько хорошо, насколько это вообще возможно. Многие из моих бывших студентов, когда я читал лекции, приходили ко мне и спрашивали, почему китайцы так любят курить опиум? Они были озадачены, как и многие до сих пор, противоречивыми рассказами о том, что на самом деле произошло в Китае. Большинство из них думали, что китайские рабочие покупали опиум на рынке и курили его, или что они ходили курить его в тысячи опиумных притонов, чтобы на время забыть о своем ужасном существовании. Правда в том, что поставки опиума в Китай были британской монополией, ОФИЦИАЛЬНОЙ монополией британского правительства и официальной британской политикой. Индо-британская торговля опиумом в Китае была одним из самых хранимых секретов, вокруг которого сложилось множество недостоверных легенд, таких как "Клайв из Индии" и истории о храбрости британской армии в Индии во славу "империи", так хорошо написанные Редьярдом Киплингом, и истории о "Чайных клиперах", пересекающих океаны с грузами чая из Китая для великосветских салонов викторианской Англии. На самом деле, история британской оккупации Индии и опиумных войн является одним из самых позорных пятен на западной цивилизации.

Почти 13% дохода Индии во времена британского правления было получено от продажи высококачественного бенгальского опиума британским торговцам опиумом в Китае. Тогдашние "битлы", Китайская внутренняя миссия ("*христианские миссионеры*"), проделали большую работу по распространению потребления опиума среди бедных китайских рабочих (coolies, как их называли). Эти наркоманы не появились внезапно, ни с того ни с сего, как подростки-наркоманы в Соединенных Штатах. В Китае сначала был создан рынок опиума, а затем он был заполнен бенгальским опиумом. Аналогичным образом, рынок марихуаны и ЛСД был сначала создан в США уже описанными методами, а затем заполнен британскими плутократами и их американскими кузенами с помощью лордов британского банковского истеблишмента.

Прибыльная торговля наркотиками - один из худших примеров эксплуатации человеческих страданий. Другой пример - легальная торговля наркотиками, которой управляют фармацевтические компании, принадлежащие Рокфеллеру, в основном в США, но крупные компании работают в Швейцарии, Франции и Великобритании и полностью поддерживаются Американской медицинской ассоциацией (АМА). Грязные сделки с наркотиками и деньги, которые они приносят, текут через лондонский Сити, а также через Гонконг, Дубай и, совсем недавно, Ливан, благодаря вторжению Израиля в эту страну.

Некоторые будут сомневаться в этом. "Посмотрите на деловые разделы *Financial Times*", - скажут нам. "Только не говорите мне, что это все из-за денег на наркотики?" Конечно, это так, но не думайте ни на минуту, что благородные лорды и леди Англии будут афишировать этот факт. Помните британскую Ост-Индскую компанию? Официально его бизнесом была торговля чаем!

Лондонская "*Таймс"* никогда не осмеливалась сказать британской общественности, что невозможно получить огромную прибыль от чая, и эта прославленная газета даже не упоминала о торговле опиумом, которой занимались те, кто проводил время в модных клубах Лондона или играл в поло в Королевском Виндзорском клубе, а также о том, что джентльмены-офицеры, отправлявшиеся в Индию на службу империи, финансировались ТОЛЬКО за счет огромных доходов, получаемых от страданий миллионов китайских кули, зависимых от опиума.

Эта торговля велась прославленной Британской Ост-Индской компанией, чье вмешательство в политические, религиозные и экономические дела Соединенных Штатов дорого обходилось нам на протяжении более 200 лет. 300 членов совета директоров Британской Ост-Индской компании были намного выше простого человека. Они были настолько могущественны, что, как однажды заметил лорд Бертран Рассел, "они могли даже давать советы Богу, когда он был в беде на небесах". Не следует также думать, что с тех пор все изменилось. Именно такое же отношение преобладает сегодня среди членов Комитета 300, поэтому они часто называют себя "олимпийцами".

Позже британская корона, то есть королевская семья, присоединилась к торговле британской Ост-Индской компании и использовала ее как средство для производства опиума в Бенгалии и других частях Индии, контролируя экспорт с помощью так называемых "транзитных пошлин", то есть корона взимала налог со всех производителей опиума, зарегистрированных должным образом в государственных органах, которые отправляли свой опиум в Китай.

До 1896 года, когда эта торговля все еще была "нелегальной" - слово, используемое для получения большей пошлины с производителей опиума - и никогда не предпринималось никаких попыток остановить ее, огромное количество опиума доставлялось из Индии на China Tea Clippers, парусных судах, вокруг которых сложились легенды и предания, которые должны были перевозить сундуки с чаем из Индии и Китая на лондонские биржи.

Лорды и леди британской Ост-Индской компании были настолько смелы, что попытались продать это смертоносное вещество армиям Союза и Конфедерации в виде таблеток как болеутоляющее средство. Трудно представить, что бы произошло, если бы их план удался? Все эти сотни тысяч солдат ушли бы с полей сражений полностью зависимыми от опиума. Битлз" были гораздо более успешны в превращении миллионов подростков в наркоманов в последующие годы. (Все они получили титулы OBE[10] от королевы Елизаветы II, а Пол Маккартни был даже посвящен в рыцари).

Бенгальские купцы и их британские контролеры и банкиры разжирели и стали нетерпимы к огромным суммам денег, которые вливались в казну британской Ост-Индской компании от жалкой торговли опиумом китайских кули. Прибыль BEIC даже тогда значительно превышала совокупную прибыль, полученную за один год компаниями General Motors, Ford и Chrysler на пике их развития. Тенденция получения огромных прибылей от наркотиков была продолжена в 1960-х годах "легальными" торговцами наркотиками смерти, такими как Sandoz, производителями ЛСД, и Hoffman la Roche, производителями *VALIUM*. Стоимость сырья и производства валиума для "Хоффман ля Рош" составляет 3 доллара за килограмм (2,2 фунта). Он продается дистрибьюторам по цене 20 000 долларов за килограмм. К тому времени, когда он попадает к потребителю, цена валиума возрастает до 50 000 долларов за килограмм. Валиум используется в больших количествах в Европе и США. Это, вероятно, самый широко используемый (*вызывающий*

---

[10] Орден Британской империи.

привыкание) наркотик такого рода в мире.

Хоффман ля Рош делает то же самое с витамином С, производство которого обходится им менее чем в один цент за килограмм. Он продается с прибылью в 10 000 процентов. Когда один мой друг разгласил информацию об этой преступной компании, заключившей монопольное соглашение с другими производителями в нарушение патентного права, из-за нарушения законов Европейского экономического сообщества, он был арестован на швейцарско-итальянской границе и доставлен в тюрьму; его жене угрожала швейцарская полиция, пока она не покончила жизнь самоубийством. Как гражданин Великобритании, он был спасен британским консулом в Берне, как только ему сообщили о его положении, затем освобожден из тюрьмы и депортирован из страны на самолете. Он потерял жену, работу и пенсию, потому что осмелился разгласить секреты Хоффмана Ла Роша. Швейцарцы очень серьезно относятся к закону о промышленном шпионаже.

Помните об этом, когда в следующий раз увидите красивую рекламу швейцарских лыжных трасс, красивых часов, нетронутых гор и кукушек. Швейцария не является таковой. Это центр отмывания миллиардов долларов грязных денег через крупные швейцарские банковские учреждения. Это "*легальные*" производители наркотиков из Комитета 300 (аддиктивные). Швейцария - это главная "тихая гавань" для денег и защиты своих граждан в случае глобальной катастрофы.

У швейцарских властей могут возникнуть серьезные проблемы, если информация об этой гнусной деятельности будет раскрыта. Швейцарцы считают это "промышленным шпионажем", который обычно карается пятилетним тюремным заключением. Безопаснее делать вид, что Швейцария - это милая, чистая страна, чем заглянуть под покров или внутрь ее захламленных банков.

В 1931 году руководители британских компаний "большой пятерки" получили звание пэров королевства за свою деятельность по отмыванию денег от наркотиков. Кто принимает решения по этим вопросам и присуждает такие почести? Именно королева Англии награждает почестями людей, занимающих самые высокие посты в наркобизнесе.

Британские банки, участвующие в этой ужасной торговле, слишком многочисленны, чтобы их упоминать, но вот некоторые из наиболее важных:

- Британский банк Ближнего Востока
- Национальный и Вестминстерский банк
- Королевский банк Канады
- Банк "Бэринг Бразерс
- Мидленд Банк
- Барклайс Банк
- Гонконгский и Шанхайский банк (HSBC)

Многие торговые банки по уши в прибыли от торговли наркотиками, такие банки, как, например, Hambros, возглавляемый сэром Джослином Хамбро. Для действительно интересного крупного исследования о торговле опиумом в Китае необходим доступ в лондонский офис Индии. Я смог получить доступ благодаря аккредитации разведки и получил неоценимую помощь от администратора архивов покойного профессора Фредерика Уэллса Уильямсона, который предоставил богатую информацию о торговле опиумом Британской Ост-Индской компании в Индии и Китае в восемнадцатом[e] и девятнадцатом[e] веках. Если бы только эти документы могли быть обнародованы, какая буря разразилась бы над головами коронованных гадюк Европы[11] . Сегодня торговля несколько изменилась, поскольку более дешевый кокаин занял большую часть североамериканского рынка.

Американский рынок. В 1960-х годах поток героина из Гонконга, Ливана и Дубая угрожал захлестнуть США и Западную Европу. Когда спрос превысил предложение, они перешли на кокаин. Но сейчас, в конце 1991 года, тенденция изменилась на противоположную; героин возвращается, хотя, правда, кокаин по-прежнему очень популярен среди более бедных слоев населения.

Героин, как нам говорят, приносит больше удовольствия наркоманам; эффект от него гораздо интенсивнее и

---

[11] "Исполните меру отцов ваших". Змеи, отродья ехидны, как избежите вы проклятия адского огня? "Христос, Матфея 23:32-33.

продолжительнее, чем от кокаина, и международное внимание сосредоточено не столько на производителях героина, сколько на колумбийских поставщиках кокаина. Более того, США вряд ли предпримут реальные усилия, чтобы остановить производство опиума в Золотом треугольнике, который находится под контролем китайских военных, и если какая-либо страна попытается запретить торговлю, начнется серьезная война. Серьезная атака на торговлю опиумом приведет к военному вмешательству Китая.

Британцы знают это; они не ссорятся с Китаем,[12] кроме периодически возникающих споров о том, кому достанется самый большой кусок пирога. Великобритания участвовала в торговле опиумом в Китае на протяжении более двух столетий. Никто не будет настолько глуп, чтобы поднимать шум, когда миллионы и миллионы долларов текут на банковские счета британских олигархов, а на золотом рынке Гонконга торгуется больше золота, чем в совокупности в Лондоне и Нью-Йорке.

Люди, которые с радостью воображают, что могут заключить какую-то сделку с мелким китайским или бирманским владыкой на холмах Золотого треугольника, очевидно, не имеют ни малейшего представления о том, что это такое. Если бы они знали, то никогда бы не заговорили о прекращении торговли опиумом. Такие разговоры свидетельствуют о слабом знании необъятной и сложной торговли опиумом в Китае.

Британские плутократы, российский КГБ, ЦРУ и американские банкиры находятся в сговоре с Китаем. Может ли один человек остановить или даже сделать небольшую вмятину в этой торговле? Это было бы абсурдно представить. Что такое героин и почему в наши дни его предпочитают кокаину? По словам профессора Галена, авторитетного специалиста по этому вопросу, героин является производным опиума, наркотика, который

---

[12] 21 октября 1999 года в Букингемском дворце президенту Китая была предоставлена "красная дорожка". Он был доставлен в стильной обстановке вместе с королевой в ее королевской карете, запряженной лошадьми, и лимузине Rolls-Royce, с пышными приготовлениями, чтобы произвести впечатление и развлечь его. В то же время британская полиция не позволяла никому проводить демонстрации против ситуации с правами человека в Китае, чтобы не расстраивать его.

усыпляет чувства и вызывает длительные периоды сна. Это то, что нравится большинству наркоманов, это называется "быть в объятиях Морфея". Опиум является самым вызывающим привыкание наркотиком у человека. Многие лекарства в той или иной степени содержат опиум, и считается, что бумага, используемая в опиумной промышленности, применялась для изготовления лекарств.

Сигареты изначально пропитаны опиумом, именно поэтому курильщики становятся такими зависимыми от своей привычки.

Семена мака, из которых его получают, были давно известны моголам Индии, которые использовали семена, смешанные с чаем, предлагаемым трудному противнику. Он также используется в качестве болеутоляющего средства, которое в значительной степени заменило хлороформ и другие анестетики ушедшей эпохи. Опиум был популярен во всех модных клубах викторианского Лондона, и не секрет, что такие мужчины, как братья Хаксли, широко его употребляли. Члены орфическо-дионисийских культов эллинской Греции и культов Осириса-Гора птолемеевского Египта, которых придерживалось викторианское общество, все курили опиум; это было "модно". Как и некоторые из тех, кто встретился в отеле St Ermins в 1903 году, чтобы решить, каким будет наш мир. Потомки толпы из Сент-Эрминса сегодня входят в Комитет 300. Именно эти так называемые мировые лидеры вызвали такие изменения в нашей окружающей среде, что употребление наркотиков распространилось настолько, что его уже невозможно остановить обычной тактикой и политикой правоохранительных органов. Это особенно актуально для крупных городов, где большое количество населения может скрыть большую часть происходящего.

В королевских кругах многие люди регулярно употребляли опиум. Одним из их фаворитов был писатель Куденхове-Калерги, который в 1932 году написал книгу под названием "РЕВОЛЮЦИЯ ЧЕРЕЗ ТЕХНОЛОГИЮ", которая представляла собой план возвращения мира к средневековому обществу. Эта книга фактически стала рабочим документом для плана Комитета 300 по деиндустриализации мира, начиная с США. Утверждая, что давление перенаселения является серьезной проблемой, Калерги советует вернуться к тому, что он называет "открытыми пространствами". Похоже ли это на красных кхмеров и Пол

Пота?

Вот некоторые выдержки из книги:

> "Город будущего по своей планировке будет напоминать город средневековья... и тот, кто по роду своей деятельности не обречен жить в городе, уедет в деревню. Наша цивилизация - это культура больших городов; поэтому она является болотным растением, порожденным дегенератами, больными людьми и декадентами, которые вольно или невольно оказались на этом тупиковом жизненном пути".

Разве это не очень близко к тому, что "Анкар Ват" назвал "своими" причинами для депопуляции Пномпеня?

Первые партии опиума прибыли в Англию из Бенгалии в 1683 году на судах Tea Clippers Британской Ост-Индской компании. Опиум был привезен в Англию в качестве испытания, эксперимента, чтобы посмотреть, можно ли склонить простых людей, йоменов и низшие классы к приему наркотика. Это было то, что сегодня мы бы назвали "тестовым маркетингом" нового продукта. Но выносливые йомены и высмеиваемые "низшие классы" оказались выносливыми, и эксперимент по тестированию рынка потерпел полный провал. Низшие классы" британского общества решительно отвергали курение опиума.

Плутократы и олигархи лондонского высшего общества начали искать рынок, который не был бы таким устойчивым, таким негибким. Они нашли такой рынок в Китае. В документах, которые я изучал в Управлении по делам Индии под заголовком "Разные старые записи", я нашел все подтверждения, которые только мог пожелать, чтобы доказать, что торговля опиумом в Китае действительно пошла в гору после основания "Китайской внутренней миссии", финансируемой Британской Ост-Индской компанией, якобы *христианского миссионерского общества*, но на самом деле единственной миссией мужчин и женщин было "продвижение" нового продукта, представленного на рынке - ОПИУМА.

Позже это подтвердилось, когда я получил доступ к документам сэра Джорджа Бердвуда в архивах Управления по делам Индии. Вскоре после того, как миссионеры Китайской внутренней миссии начали распространять свои пакеты с образцами и показывать кули, как курить опиум, в Китай стали поступать большие партии опиума. Битлз не смогли бы сделать лучшую работу. (В обоих случаях торговля была санкционирована британской королевской семьей, которая открыто поддерживала "Битлз").) В то время как британская Ост-Индская компания потерпела неудачу в Англии, она преуспела сверх своих самых смелых ожиданий в Китае, где миллионы бедных людей рассматривали потребление опиума как спасение от нищенской жизни.

Опиумные притоны начали распространяться по всему Китаю, и в таких крупных городах, как Шанхай и Гуанчжоу, сотни тысяч несчастных китайцев обнаружили, что трубка с опиумом делает жизнь сносной. Британская Ост-Индская компания имела свободу действий в течение более 100 лет, прежде чем китайское правительство осознало, что происходит. Только в 1729 году были приняты первые законы против употребления опиума. Совету директоров BEIC, состоящему из 300 человек, это не понравилось, и компания быстро вступила в борьбу с китайским правительством.

БЕИК разработала семена мака, которые обеспечивали лучшее качество опия с маковых полей Бенареса и Бихара в бассейне Ганга в Индии, стране, которую она полностью контролировала. Не желая терять этот прибыльный рынок, британская корона вступила в ожесточенные бои с китайскими войсками и одержала над ними победу. Точно так же правительство США должно вести борьбу с современными наркобаронами[13] и, как и китайцы, сильно проигрывает. Однако есть одно большое различие: китайское правительство борется за победу, в то время как правительство США не намерено выигрывать битву, поэтому текучесть кадров в Агентстве по борьбе с наркотиками (DEA) так высока.

В последнее время высококачественный опиум контрабандой вывозится из Пакистана через Марку на пустынном побережье страны, откуда корабли доставляют груз в Дубай, где он обменивается на золото. Это отчасти объясняет, почему героин сегодня предпочитают кокаину. Торговля героином более незаметна, здесь нет убийств видных чиновников, как это стало

---

[13] Вы когда-нибудь задумывались, почему этих людей называют наркобаронами, а не наркокоролями? Если эти люди - просто наркобароны, то кто же тогда наркокороли?

происходить почти ежедневно в Колумбии. Пакистанский опиум не такой дорогой, как опиум из Треугольника или Золотого полумесяца (Иран). Это значительно увеличило производство и продажу героина, который грозит обогнать кокаин в качестве основного источника прибыли.

В течение многих лет в высших кругах английского общества гнусную торговлю опиумом называли "трофеями империи". Рассказы о храбрости на Хайберском перевале прикрывали обширную торговлю опиумом. Британская армия была размещена на Хайберском перевале для защиты караванов с опиумом-сырцом от грабежа со стороны горных племен. Знала ли об этом британская королевская семья? Несомненно, ведь что еще могло побудить корону содержать армию в этом регионе, где не было ничего, кроме прибыльной торговли опиумом? Содержать людей под оружием в далекой стране было очень дорого. Его Величество, должно быть, задавался вопросом, почему эти военные подразделения находятся там. Уж точно не для игры в поло или бильярд в офицерской столовой. БИК ревностно относился к своей монополии на опиум. Потенциальным конкурентам не разрешалось совершать ошибки. В ходе знаменитого судебного процесса в 1791 году Уоррен Гастингс был обвинен в том, что помог своему другу войти в опиумный бизнес за счет BEIC. Сами слова, которые я нашел в материалах дела, хранящихся в Управлении по делам Индии, дают представление об обширной торговле опиумом:

> "Обвинение состоит в том, что Гастингс заключил контракт на поставку опиума на четыре года со Стивеном Салливаном, не афишируя контракт, на явно очевидных и безвозмездно обильных условиях, с целью создания мгновенного богатства для упомянутого Уильяма Салливана (выделено автором)".

Поскольку британское правительство обладало монополией на торговлю опиумом, единственными людьми, которым было позволено мгновенно сколотить состояние, были "дворяне", "аристократия", плутократы и олигархические семьи Англии, многие из потомков которых входят в Комитет 300, точно так же, как их предки входили в Совет 300, управлявший "БИК". Аутсайдеры, такие как г-н Салливан, вскоре оказывались в неприятностях с Короной, если имели наглость попытаться влезть в многомиллиардную торговлю опиумом.

Почетные люди БИК, список которых насчитывал 300

советников, были членами всех ведущих джентльменских клубов Лондона и в большинстве своем являлись членами парламента, в то время как другие, как в Индии, так и на родине, были мировыми судьями. Для посадки в Китае требовались паспорта компании. Когда несколько наблюдателей прибыли в Китай, чтобы расследовать участие британской короны в этой прибыльной торговле, магистраты BEIC быстро аннулировали их паспорта, запретив им въезд в Китай. Трения с китайским правительством были обычным делом. Китайцы приняли закон, эдикт Юнг Чени от 1729 года, запрещающий импорт опиума, но БЭИК удалось сохранить опиум в китайских тарифах до 1753 года, причем пошлина составляла три таэля за упаковку опиума. Даже когда британские специальные секретные службы (тогдашние "007") обеспечивали откуп проблемных китайских чиновников, а в случаях, когда это было невозможно, их просто убивали.

Все британские монархи с 1729 года получали огромную прибыль от торговли наркотиками, как и нынешний владелец трона. Министры следили за тем, чтобы богатство текло в их семейную казну. Во время правления королевы Виктории лорд Пальмерстон был одним из самых важных. Он упорно придерживался мнения, что ничто не должно остановить опиумную торговлю Великобритании с Китаем. План Пальмерстона заключался в том, чтобы поставлять китайскому правительству достаточно опиума, чтобы отдельные его члены могли жадничать. Затем британцы ограничивали поставки, а когда китайское правительство вставало с колен, возобновляли их - но по гораздо более высокой цене, сохраняя таким образом монополию за счет самого китайского правительства, но этот план провалился.

В ответ китайское правительство уничтожило крупные партии опиума, хранившиеся на складах, а британские купцы были вынуждены подписать ИНДИВИДУАЛЬНЫЕ соглашения о запрете ввоза опиума в Кантон. В ответ на это БИК отправил в Макао десятки судов, груженных опиумом. Затем эти грузы продавали компании, ответственные перед BEIC, а не частные лица. Китайский комиссар Линь заявил:

> "На борту английских кораблей, которые сейчас курсируют к этому месту (Макао), столько опиума, что он никогда не будет возвращен в страну, из которой прибыл, и я не

> удивлюсь, узнав, что он перевозится контрабандой под американским флагом".

Пророчество Лина оказалось удивительно точным.

Опиумные войны против Китая были призваны "поставить китайцев на место", как однажды сказал лорд Пальмерстон, и британская армия сделала именно это. Просто не было способа остановить эту обширную и прибыльную торговлю, которая приносила британским олигархическим феодалам миллиарды, а Китаю - миллионы опиумных наркоманов. Позже китайцы попросили Британию помочь им решить их огромную проблему, и две страны достигли соглашения. Впоследствии сменявшие друг друга китайские правительства видели преимущество в сотрудничестве с Британией, а не в борьбе с ней - и это подтвердилось во время кровавого правления Мао Цзэдуна - так что сегодня, как я уже упоминал, возникающие ссоры касаются исключительно доли в торговле опиумом, на которую каждый из них имеет право.

Переходя к более современной истории, китайско-британское партнерство было закреплено Гонконгским соглашением, которое установило равноправное партнерство в торговле опиумом. Торговля шла гладко, с несколькими ухабами то тут, то там, но в то время как насилие и смерть, грабежи и убийства отмечали прогресс кокаиновой торговли в Колумбии, торговле героином, которая, как я уже говорил, снова берет верх по мере того, как 1991 год подходит к концу.

Главной проблемой в китайско-британских отношениях за последние 60 лет было требование Китая увеличить долю опиумно-героинового пирога. Проблема была решена, когда Великобритания согласилась передать Гонконг под полный контроль китайского правительства с 1997 года. Кроме того, партнеры сохраняют свои прежние равные доли в прибыльной торговле опиумом в Гонконге.

Британские олигархические семьи из Комитета 300, окопавшиеся в Кантоне в период расцвета опиумной торговли, оставили на месте своих потомков. Посмотрите на список выдающихся британских резидентов в Китае, и вы увидите среди них имена членов Комитета 300. То же самое можно сказать и о Гонконге. Эти плутократы, наследники феодальной эпохи, которую они стремятся навязать миру, контролируют торговлю золотом и опиумом, центром которой является Гонконг. Бирманские и китайские опиумщики получают зарплату золотом, они не доверяют американской бумажной 100-долларовой купюре. Этим объясняется огромный объем торгов золотом на Гонконгской бирже.

Золотой треугольник больше не является крупнейшим производителем опиума. С 1987 года этот сомнительный титул делят между собой Золотой полумесяц (Иран), Пакистан и Ливан. Это основные производители опиума, хотя меньшие объемы снова поступают из Афганистана и Турции. Торговля наркотиками, и особенно опиумом, не могла функционировать без помощи банков, как мы покажем.

Банки и рынок наркотиков

Как банки с их респектабельностью оказываются вовлеченными в наркоторговлю со всеми ее уродливыми аспектами? Это очень длинная и запутанная история, которая сама по себе могла бы стать темой книги. В этом участвуют банки, в частности, финансируя подставные компании, которые импортируют химикаты, необходимые для превращения опиума-сырца в героин. Гонконгский и Шанхайский банк, имеющий филиал в Лондоне, находится в центре этой торговли через компанию TEJAPAIBUL, которая имеет счет в Гонконгском и Шанхайском банке. Чем занимается эта компания? Она импортирует в Гонконг большую часть химикатов, необходимых для процесса очистки героина.

Она также является важным поставщиком ангидрида уксусной кислоты в страны "Золотого полумесяца" и "Золотого треугольника", Пакистан, Турцию и Ливан. Фактическое финансирование этой торговли осуществляется Бангкокским столичным банком. Таким образом, вторичная деятельность, связанная с переработкой опия, хотя и не относится к той же категории, что и торговля опием, тем не менее, приносит банкам значительный доход. Но реальный доход Гонконгского и Шанхайского банка и всех банков региона - это финансирование торговли опиумом.

Мне потребовалось много исследований, чтобы установить связь между ценой золота и ценой опиума. Я говорил всем, кто меня слушал: "Если вы хотите узнать цену золота, найдите цену фунта или килограмма опиума в Гонконге". Своим критикам я бы ответил: "Посмотрите, что произошло в 1977 году, критическом для золота". Банк Китая шокировал экспертов по золоту и тех умных прогнозистов, которых в большом количестве можно встретить в Америке, внезапно выбросив на рынок 80 тонн золота без предупреждения.

Это привело к резкому падению цены на золото. Все, что могли сказать эксперты: "Мы не знали, что у Китая так много золота; откуда оно взялось? "Он был получен из золота, которое выплачивается Китаю на золотом рынке Гонконга за крупные закупки опиума. Современная политика китайского правительства в отношении Англии такая же, как и в 18 и 19 веках. Китайская экономика, связанная с экономикой Гонконга - и я говорю не о телевизорах, текстиле, радиоприемниках, часах, пиратских видеокассетах, а об опиуме/героине - понесла бы страшный удар, если бы не торговля опиумом, которую они делят с Великобританией. БЭИК больше не существует, но потомки его Совета 300 все еще присутствуют в Комитете 300.

Старейшие из британских олигархических семей, стоявших во главе опиумной торговли на протяжении последних 200 лет, находятся там и по сей день. Возьмем, к примеру, Мэтисонов. Эта "благородная" семья является одним из столпов опиумной торговли. Несколько лет назад, когда ситуация выглядела несколько шаткой, Мэтисоны вмешались и предоставили Китаю кредит в размере 300 миллионов долларов на инвестиции в недвижимость. На самом деле, этот кредит был представлен как "совместное предприятие между Китайской Народной Республикой и банком Matheson". Изучая документы Управления по делам Индии 1700-х годов, я наткнулся на фамилию Мэтисон, которая постоянно всплывала повсюду - в Лондоне, Пекине, Дубае, Гонконге, везде, где упоминались героин и опиум.

Проблема наркоторговли заключается в том, что она стала угрозой национальному суверенитету. Вот что сказал посол Венесуэлы в ООН об этой глобальной угрозе:

> "Проблема наркотиков уже перестала рассматриваться как простая проблема общественного здравоохранения или социальная проблема. Она превратилась в нечто гораздо более серьезное и далеко идущее, затрагивающее наш национальный суверенитет; это проблема национальной безопасности, поскольку она подрывает независимость нации. Наркотики, во всех их проявлениях производства, маркетинга и потребления, денатурируют нас, подрывая нашу этическую, религиозную и политическую жизнь, наши исторические, экономические и республиканские ценности".

Именно так действуют Банк международных расчетов и МВФ. Позвольте мне без колебаний сказать, что эти два банка являются не более чем расчетными центрами для торговли наркотиками.

BIS подрывает любую страну, которую МВФ хочет потопить, предоставляя средства для легкого выхода беглого капитала. БМР не признает и не делает различий между беглым капиталом и отмытыми наркоденьгами.

BIS действует по гангстерской модели. Если страна не соглашается на лишение активов МВФ, он фактически говорит: "Хорошо, тогда мы сломаем вас с помощью огромного запаса наркодолларов, которые у нас есть". Легко понять, почему золото было демонизировано и заменено бумажным "долларом" в качестве мировой резервной валюты. Шантажировать страну, обладающую золотыми резервами, не так просто, как страну, чьи резервы выражены в бумажных долларах.

Несколько лет назад МВФ проводил встречу в Гонконге, на которой присутствовал мой коллега, и он рассказал мне, что семинар был посвящен именно этому вопросу. Он сообщил мне, что чиновники МВФ сказали на встрече, что они могут буквально вызвать бегство валюты любой страны, используя наркодоллары, что приведет к оттоку капитала. Райнер-Гут, делегат от Credit Suisse и член Комитета 300, сказал, что он предвидит ситуацию, при которой к концу века национальный кредит и национальные финансы будут объединены в одну организацию. Хотя Райнер-Гут и не говорил об этом, все участники семинара прекрасно понимали, о чем он говорит.

От Колумбии до Майами, от Золотого треугольника до Золотых ворот, от Гонконга до Нью-Йорка, от Боготы до Франкфурта - торговля наркотиками, и особенно героином, это большой бизнес,[14] которым сверху донизу управляют самые "неприкасаемые" семьи[15] в мире, и в каждой из этих семей есть хотя бы один член Комитета 300. Это не уличная торговля, и для ее поддержания требуется много денег и опыта. Механизмы, контролируемые Комитетом 300, обеспечивают это.

Такой талант не найти на углах улиц и в метро Нью-Йорка. Конечно, дилеры и разносчики являются неотъемлемой частью

---

[14] BIG BUSINESS в оригинальном тексте.

[15] Британская королевская семья создала британские суды, установила свои собственные законы и правовую систему, чтобы никто не мог подать судебный иск против монарха.

бизнеса, но только в качестве мелких подрабатывающих продавцов. Я говорю "неполный рабочий день", потому что они заняты, а соперничество означает, что некоторые из них получают пулю. Но какое это имеет значение? Существует множество вариантов замены.

Нет, это не то, что могло бы заинтересовать администрацию малого бизнеса. Это большой бизнес, огромная империя, этот грязный наркобизнес. В силу необходимости она управляется сверху донизу в каждой стране мира. По сути, это самый большой бизнес в мире на сегодняшний день, превосходящий все остальные. Тот факт, что она защищена сверху, подтверждается тем, что, как и международный терроризм, ее невозможно искоренить, что должно указывать разумному человеку на то, что некоторые из самых больших имен в королевских кругах, в олигархии, в плутократии управляют ею, даже если это происходит через посредников.

Основными странами, занимающимися выращиванием мака и коки, являются Бирма, Северный Китай, Афганистан, Иран, Пакистан, Таиланд, Ливан, Турция, Перу, Эквадор и Боливия. Колумбия не выращивает коку, но после Боливии она является главным центром переработки кокаина и главным финансовым центром кокаиновой торговли, которая, с тех пор как генерал Норьега был похищен и заключен в тюрьму президентом Бушем, конкурирует с Панамой за первенство в отмывании денег и финансировании кокаиновой торговли.

Торговля героином финансируется гонконгскими банками, лондонскими банками и некоторыми ближневосточными банками, такими как Британский банк Ближнего Востока. Ливан становится "Швейцарией Ближнего Востока". Страны, вовлеченные в распространение и перемещение героина, - это Гонконг, Турция, Болгария, Италия, Монако, Франция (Корсика и Марсель), Ливан и Пакистан. Соединенные Штаты являются крупнейшим потребителем наркотиков, где первое место занимает кокаин, а соперничает с ним героин. Западная Европа и Юго-Западная Азия являются крупнейшими потребителями героина. В Иране огромное количество героиновых наркоманов - более 2 миллионов в 1991 году.

Нет ни одного правительства, которое бы не знало, что именно происходит в наркоторговле, но об отдельных членах, занимающих влиятельные посты, заботится Комитет 300 через свою глобальную сеть филиалов. Если член правительства оказывается "трудным", его или ее снимают, как это было в случае с Али Бхутто из Пакистана и Альдо Моро из Италии. От этого всемогущего комитета не укрыться никому, хотя Малайзии до сих пор удавалось сопротивляться. В Малайзии действуют самые строгие в мире законы по борьбе с наркотиками. Хранение даже небольшого количества наркотиков карается смертной казнью.

Как и болгарская компания "Кинтекс", большинство малых стран напрямую вовлечены в эти преступные предприятия. Компания Kintex регулярно перевозит героин по Западной Европе в собственном парке грузовиков, имеющих знак ЕЭС Triangle Internationale Routier (TIR). Грузовики с таким знаком и опознавательным номером ЕЭС не должны останавливаться на таможенных постах. Грузовикам TIR разрешено перевозить только скоропортящиеся товары. Они должны проходить проверку в стране происхождения, и каждый водитель должен иметь при себе соответствующий документ.

Это происходит в рамках международных договорных обязательств, так что грузовики Kintex смогли загрузить свои партии героина и сертифицировать их как "свежие фрукты и овощи", а затем проложить свой путь через Западную Европу, даже попасть на базы НАТО с высоким уровнем безопасности в Северной Италии. Таким образом, Болгария стала одной из основных стран, через которую перевозился героин.

Единственный способ остановить огромные объемы героина и кокаина, которые в настоящее время попадают на европейские рынки, - это прекратить действие системы *МДП*. Этого никогда не произойдет. Международные договорные обязательства, о которых я только что упомянул, были введены в действие Комитетом 300 с помощью его невероятных сетей и механизмов контроля, чтобы облегчить прохождение всех видов наркотиков в Западную Европу. Забудьте о скоропортящихся продуктах! Бывший агент DEA в Италии сказал мне: "*TIR = DOPE*".[16]

Помните об этом, когда в следующий раз прочитаете в газетах,

[16] "Дурь" - это общий американский термин, французским эквивалентом которого является "cam".

что в аэропорту Кеннеди в чемодане с фальшивым дном была обнаружена крупная партия героина, и что какой-то неудачливый "мул" поплатится за свою преступную деятельность. Подобные действия - это всего лишь "маленькое пиво", просто для того, чтобы пустить дым в глаза общественности, чтобы заставить нас поверить, что наше правительство действительно что-то делает с угрозой наркотиков. Возьмем, к примеру, "Французскую связь", программу Никсона, запущенную без ведома или согласия Комитета 300.

Общее количество опиума и героина, изъятого в ходе этой масштабной операции, составляет чуть менее четверти от того, что перевозит один грузовик МДП. Комитет 300 добился того, что Никсон заплатил высокую цену за относительно небольшое изъятие героина. Дело было не в количестве героина, а в том, что человек, которому они помогли подняться по лестнице в Белый дом, считал, что теперь он может обойтись без их помощи и поддержки и даже пойти против прямых приказов сверху.

Механизм торговли героином таков: дикие горные племена в Таиланде и Бирме выращивают опийный мак. Во время сбора урожая стручок с семенами срезают бритвой или острым ножом. Смолистое вещество выходит через разрез и начинает застывать. Это опиум-сырец. Опий-сырец перерабатывается в круглые, липкие шарики. Племенные служащие получают зарплату в золотых слитках весом в один килограмм, называемых 4/10[e] , которые чеканятся компанией Credit Suisse. Эти маленькие слитки используются ТОЛЬКО для оплаты труда соплеменников - золотые слитки нормального веса продаются на гонконгском рынке крупными покупателями опиума-сырца или частично переработанного героина. Те же методы используются для оплаты труда представителей горных племен Индии - белуджей, которые занимаются этой торговлей со времен Моголов. В "сезон допинга", как его называют, на рынке Гонконга наблюдается приток золота. Мексика начала производить относительно небольшое количество героина под названием "мексиканский коричневый", который пользовался большим спросом у голливудских звезд. Опять же, торговлей героином управляют высокопоставленные правительственные чиновники, на стороне которых выступают военные. Некоторые производители "Mexican Brown" зарабатывают миллион долларов в месяц, поставляя продукцию своим американским клиентам. Когда нескольких мексиканских федеральных полицейских подстрекают к действиям против производителей героина, их "ликвидируют" военные подразделения, которые появляются словно из ниоткуда.

Один из таких инцидентов произошел в ноябре 1991 года на отдаленной взлетно-посадочной полосе в регионе Мексики, производящем опиум. Федеральные агенты по борьбе с наркотиками окружили взлетно-посадочную полосу и собирались арестовать людей, грузивших героин, когда прибыл отряд солдат. Солдаты окружили сотрудников Федеральной полиции по борьбе с наркотиками и планомерно убили их всех. Эти действия представляют серьезную угрозу для президента Мексики Голтарина, который сталкивается с настоятельными требованиями провести расследование убийств. Гольтарин находится в щекотливой ситуации: он не может отказаться от требования расследования, но и не может позволить себе оскорбить военных. Это первая трещина в цепи командования в Мексике, восходящая к Комитету 300. Опий-сырец из Золотого треугольника поставляется сицилийской мафии и французской стороне бизнеса для переработки в лабораториях, которыми усеяно французское побережье от Марселя до Монте-Карло. Сегодня Ливан и Турция производят все большее количество очищенного героина, и за последние четыре года в этих двух странах появилось большое количество лабораторий. В Пакистане также есть ряд лабораторий, но они не находятся в одной лиге с Францией, например.

Маршрут, используемый перевозчиками опия-сырца из Золотого Полумесяца, проходит через Иран, Турцию и Ливан. Когда шах Ирана был у власти, он не разрешил продолжать торговлю героином, и она была насильно остановлена, пока ее не "взял под контроль" Комитет 300. Опий-сырец из Турции и Ливана доставлялся на Корсику, откуда при пособничестве семьи Гримальди переправлялся в Монте-Карло. Пакистанские лаборатории под видом "военных оборонных лабораторий" производят больше переработки, чем два года назад, но лучшая переработка по-прежнему производится на средиземноморском побережье Франции и в Турции. И снова банки играют ключевую роль в финансировании этих операций.

Давайте сделаем небольшую паузу. Неужели мы должны верить, что с помощью всех современных и значительно усовершенствованных методов наблюдения, включая спутниковую разведку, доступных правоохранительным органам этих стран, эту гнусную торговлю невозможно обнаружить и остановить? Как получилось, что правоохранительные органы не могут войти и уничтожить эти лаборатории после их обнаружения? Если это так, и мы все еще не можем запретить торговлю героином, то наши службы по борьбе с наркотиками должны называться "гериатрическими", а не агентствами по борьбе с наркотиками.

Даже ребенок может подсказать нашим так называемым "наркоконтролерам", что делать. Просто проследите за всеми заводами, производящими ангидрид уксусной кислоты - важнейший химический компонент, необходимый лабораториям для переработки героина из опия-сырца. ТОГДА ИДИТЕ ПО СЛЕДУ! Это так просто! Мне вспоминается Питер Селлерс в фильме "Розовая пантера", когда я думаю об усилиях правоохранительных органов по обнаружению лабораторий по переработке героина. Даже такому неуклюжему человеку, как вымышленный детектив, не составило бы труда проследить маршрут поставок ангидрида уксусной кислоты до конечного пункта назначения.

Правительства могли бы принять законы, обязывающие производителей ангидрида уксусной кислоты вести тщательный учет того, кто покупает это химическое вещество и для чего оно предназначено. Но не рассчитывайте на это, помните, что наркотики - это большой бизнес, а большой бизнес делают олигархические семьи Европы и либеральный истеблишмент Восточного побережья США. Наркоторговля - это не мафиозная операция или операция, которой управляют колумбийские кокаиновые картели. Знатные семьи Британии и высшие чиновники Америки не собираются выставлять свои роли напоказ в витринах магазинов; у них по-прежнему есть целая армада подставных лиц для выполнения грязной работы.

Помните, что британская и американская "аристократия" никогда не пачкала руки в торговле опиумом в Китае. Лорды и леди были слишком умны для этого, как и американская элита: Делано, Форбсы, Эпплтоны, Бэконы, Бойлстоны, Перкинсы, Расселы, Каннингхэмы, Шоу, Кулиджи, Паркманы, Ранневеллы, Кэботы и Кодманы; это далеко не полный список американских семей, разбогатевших на торговле опиумом в Китае.

Поскольку это не книга о торговле наркотиками, я не могу, по необходимости, глубоко рассматривать эту тему. Но необходимо подчеркнуть его важность для Комитета 300. Америкой управляют не 60 семей, а 300, Англией - 100, и, как мы увидим, эти семьи переплетены браками, корпорациями, банками, не говоря уже о связях с черной аристократией, масонством, орденом Святого Иоанна Иерусалимского и т.д. Именно эти люди через своих суррогатов находят способы защитить огромные партии героина из Гонконга, Турции, Ирана и Пакистана и обеспечить их доставку на рынки США и Западной Европы с минимальными затратами на ведение бизнеса.

Партии кокаина иногда перехватываются и изымаются, но это лишь видимость. Часто изъятые партии принадлежат новой организации, которая пытается пробиться в торговлю. Этих конкурентов выводят из бизнеса, информируя власти о том, где именно они собираются выйти на рынок США и кто их владельцы. К крупным сделкам не притрагиваются; героин слишком дорог. Следует отметить, что агентам Управления по борьбе с наркотиками США запрещен въезд в Гонконг. Они не могут изучить судовой манифест до того, как судно покинет порт. Возникает вопрос, почему, если происходит так много "международного сотрудничества" - то, что СМИ любят называть "ликвидацией наркоторговли". Очевидно, что маршруты торговли героином охраняются "высшей инстанцией". В Южной Америке, за исключением Мексики, кокаин - король. Производство кокаина, в отличие от героина, очень простое, и те, кто готов идти на риск ради и по поручению "высших лиц", получают огромные состояния. Как и в торговле героином, злоумышленникам не рады, и часто они становятся жертвами или жертвами семейных конфликтов. В Колумбии наркомафия - это дружная семья. Но дурная слава, вызванная нападением партизан М19 на здание правосудия в Боготе (М19 - это частная армия кокаиновых баронов) и убийством Родриго Лара Бонилья, известного прокурора и судьи, была настолько плоха, что "высшие власти" были вынуждены реорганизовать ситуацию в Колумбии.

В результате Очоа из Медельинского картеля сдались после того, как их заверили, что они не потеряют состояние, не понесут какого-либо ущерба и не будут экстрадированы в США. Было достигнуто соглашение о том, что при условии, что они репатриируют большую часть своего огромного наркодолларового состояния в колумбийские банки, против них не будут приниматься карательные меры. Очоа - Хорхе, Фабио и их лидер Пабло Эскобар - будут содержаться в частных тюрьмах, напоминающих роскошные номера в мотелях, а затем будут приговорены максимум к двум годам - с отбыванием в той же тюрьме-мотеле. Это соглашение продолжается. Очоа также было гарантировано право продолжать вести свой "бизнес" из своего мотеля-тюрьмы.

Но это не означает, что торговля кокаином прекратилась. Напротив, она просто была передана картелю Кали, который играет второстепенную роль, и все идет как обычно. По какой-то странной причине картель Кали, который по размерам равен картелю Медельин, по крайней мере до сих пор, практически игнорировался Управлением по борьбе с наркотиками. Кали отличается от Медельинского картеля тем, что им управляют ДЕЛОВЫЕ ЛЮДИ, которые избегают любой формы насилия и никогда не нарушают сделки.

Еще более значимым является то, что Кали практически не ведет никакого бизнеса во Флориде. Мой источник сообщил мне, что картель Кали управляется проницательными бизнесменами, подобных которым никогда не было в торговле кокаином. Он считает, что они были "специально назначены", но не знает кем. "Они никогда не привлекают к себе внимания", - говорит он. "Они не ездят с красными "Феррари", как это сделал Хорхе Очоа, сразу привлекая к себе внимание, потому что ввоз таких машин в Колумбию запрещен".

Рынки сбыта картеля Кали находятся в Лос-Анджелесе, Нью-Йорке и Хьюстоне, что близко соответствует рынкам сбыта героина. Кали не проявляет никаких признаков того, чтобы продвинуться на рынке героина во Флориде. Бывший агент Управления по борьбе с наркотиками, который является моим коллегой, недавно сказал:

> "Эти люди из Калифорнии очень умны. Они отличаются от братьев Очоа. Они ведут себя как профессиональные бизнесмены. Сейчас они больше, чем Медельинский картель, и я думаю, что мы увидим гораздо больше кокаина, поступающего в США, чем когда-либо прежде. Похищение Мануэля Норьеги облегчит поток кокаина и денег через Панаму, в которой так много банков. Вот так операция президента Джорджа Буша "Справедливое дело". Все, что он сделал, это облегчил жизнь Николасу Ардито Барлетте,

> которым управляли братья Очоа и который в скором времени станет прикрытием для картеля Кали.

Основываясь на своем опыте торговли героином, я считаю, что Комитет 300 вмешался и взял под полный контроль торговлю кокаином в Южной Америке. Нет другого объяснения подъему картеля Кали, который связан с похищением Норьеги. Получал ли Буш приказы из Лондона относительно Норьеги? Все указывает на то, что его буквально подтолкнули к вторжению в Панаму и похищению Норьеги, который стал серьезным препятствием для "бизнеса" в Панаме, особенно в банковском секторе.

Несколько бывших сотрудников разведки высказали мне свое мнение, которое совпадает с моим. Как и в случае с войной в Персидском заливе, последовавшей за войной в Панаме, только после нескольких звонков британского посла в Вашингтоне Буш, наконец, набрался смелости и сделал свой абсолютно незаконный шаг против генерала Норьеги. Тот факт, что его поддержала британская пресса и газета *"Нью-Йорк Таймс"*, находящаяся в ведении британских спецслужб, говорит о многом.

Когда-то Норьега был любимцем вашингтонского истеблишмента. Он часто общался с Уильямом Кейси и Оливером Нортом и даже как минимум дважды встречался с президентом Джорджем Бушем. Норьегу часто видели в Пентагоне, где с ним обращались как с одним из арабских понтификов, а в штаб-квартире ЦРУ в Лэнгли, штат Вирджиния, для него всегда расстилали красную дорожку. Военная разведка США и ЦРУ заявили, что заплатили ему 320 000 долларов.

Затем на горизонте начали появляться грозовые тучи, примерно в то время, когда картель Кали захватил торговлю кокаином у братьев Очоа и Пабло Эскобара. Во главе с сенатором Джесси Хелмсом, который в 1985 году продался Ариэлю Шарону и израильской партии "Гистрадут", внезапно началась агитация за импичмент Норьеги. Джесси Хелмса и ему подобных поддерживал Саймон Херш, сотрудник британской разведки, работавший в газете *New York Times*, который был представителем британской разведки в США еще с тех времен, когда босс МИ-6 сэр Уильям Стивенсон занимал здание RCA в Нью-Йорке.

Очень важно, что Хелмс решил возглавить борьбу против

Норьеги. Хелмс - любимец фракции Шарона в Вашингтоне, а Шарон был ведущим торговцем оружием в Центральной Америке и Колумбии. Более того, Хелмс пользуется уважением христианских фундаменталистов, которые верят в максиму: "Израиль - моя страна, прав он или нет". Таким образом, был создан мощный импульс для "поимки Норьеги". Очевидно, что Норьега мог оказаться серьезным препятствием для международных наркоторговцев и их банкиров из Комитета 300, поэтому его нужно было убрать, пока он не успел нанести значительный ущерб.

Под давлением своих британских хозяев Буш провел незаконную операцию по обыску и захвату в Панаме, в результате которой погибло не менее 7000 панамцев и была беспричинно уничтожена частная собственность. Ничего, что могло бы обвинить Норьегу как "наркоторговца", так и не было найдено, поэтому он был похищен и доставлен в США в одном из самых вопиющих примеров международного воровства в истории. Это незаконное действие, вероятно, лучше всего соответствует философии Буша:

> "Моральные аспекты внешней политики США требуют от нас прокладывать нравственный курс через мир меньшего зла. Это реальный мир, не все здесь черно-белое. Здесь мало места для абсолютов".

Похищение Норьеги было "меньшим злом", нежели позволить ему ликвидировать панамские банки, [которые] работают на Комитет 300. Дело Норьеги - это прообраз чудовищных действий одномирового правительства, ожидающего своего часа. Ободренный Буш действует открыто, бесстрашно, потому что мы, народ, надели духовный плащ, который вмещает ЛОЖЬ и не хочет иметь ничего общего с ИСТИНОЙ[17] . Это мир, который мы решили принять. Если бы это было не так, то в связи с вторжением в Панаму по стране прокатилась бы буря гнева, которая не утихала бы до тех пор, пока Буша не выгнали бы с поста президента. Уотергейтские проступки Никсона меркнут по сравнению с многочисленными правонарушениями,

[17] Исаия 30:10 которые говорят прорицателям: Не видите, и к пророкам: Не пророчествуй нам правильного, не говори нам сладкого, пророчествуй обман (ложь).

подлежащими импичменту, совершенными президентом Бушем, когда он приказал вторгнуться в Панаму, чтобы похитить генерала Норьегу.

Дело правительства против Норьеги основано на ложных показаниях группы известных людей, большинство из которых уже осуждены, которые лгут сквозь зубы, чтобы добиться смягчения приговора. Их выступление доставило бы огромное удовольствие Гилберту и Салливану, будь они живы сегодня. Вместо "They made them masters of the DEA" может подойти "They made them masters of the Queen's Navy" из "HMS Pinafore". Это совершенно гротескная сцена, когда эти мошенники ведут себя как не очень хорошо обученные пингвины для Министерства юстиции Соединенных Штатов, если уж так хочется оскорбить такое милое, чистое животное столь недостойным сравнением.

Ключевые даты противоречат друг другу, ключевые детали бросаются в глаза своим отсутствием, провалы в памяти на важнейших моментах - все это приводит к очевидному факту, что у правительства нет дела против Норьеги, но это не имеет значения; Королевский институт международных отношений (RIIA) говорит "осудите его в любом случае", и это то, на что может надеяться бедный Норьега. Одним из главных свидетелей Министерства юстиции является Флойд Карлтон Касерес, бывший пилот компании братьев Очоа.

После своего ареста в 1986 году Карлтон пытался смягчить свое положение за счет Норьеги.

Он рассказал своим дознавателям из DEA, что братья Очоа заплатили Норьеге 600 000 долларов за разрешение трем самолетам с кокаином приземлиться и дозаправиться в Панаме. Но в суде в Майами быстро выяснилось, что человек, которого называли "звездным свидетелем" обвинения, в лучшем случае оказался сырой тряпкой. Перекрестный допрос выявил реальную картину: Норьега не получал денег за разрешение на полеты, он даже не связывался с Очоа. Хуже того, в декабре 1983 года Норьега приказал отказать всем рейсам, прибывающим в Панаму из Медельина, в разрешении на посадку в Панаме. Карлтон - не единственный дискредитированный свидетель. Еще большим лжецом, чем Карлтон, является Карлос Лехдер, который был главой Медельинского картеля, пока его не арестовали в Испании и не отправили в США. Кто предоставил DEA самую важную информацию о том, что Лехдер находится в Мадриде? УБН неохотно признает, что этим важным уловом оно обязано Норьеге. Однако сегодня Министерство юстиции использует Лехдера в качестве свидетеля против Норьеги. Этот единственный свидетель свидетельствует, по меньшей мере, об убогости дела правительства США против Мануэля Норьеги.

В обмен на свои услуги Лехдер получил более мягкий приговор и гораздо более приятные условия - комнату с видом и телевизором, а его семья получила право на постоянное проживание в США.

Прокурор США, который вел дело Лехдера в 1988 году, рассказал *Washington Post*:

> "Я не думаю, что правительство должно иметь дело с Карлосом Лехдером. Этот парень - лжец от начала до конца.

Министерство юстиции, чье название не имеет ничего общего с тем, что оно должно представлять, извлекло все возможные средства против Норьеги: незаконное прослушивание его разговоров с адвокатом; назначение правительственного адвоката, который утверждал, что будет служить Норьеге, но в процессе ушел в отставку; замораживание его банковских счетов, чтобы Норьега не мог должным образом защищать себя; незаконные похищения, обыски и конфискации. Правительство нарушило больше законов, чем Норьега.

Именно Министерство юстиции США находится под судом, в десять раз большим, чем генерал Норьега. Дело Норьеги показывает вопиюще порочную систему, которая в этой стране выдается за "правосудие". Возглавляемая США "война с наркотиками", как и так называемая политика администрации Буша в отношении наркотиков, предстала перед судом. Суд над Норьегой, хотя и закончится жестоким и вопиющим изнасилованием правосудия, все же предложит некоторую компенсацию тем, кто не слеп, не глух и не немой. Это раз и навсегда докажет, что Англия стоит во главе нашего правительства, и выявит полную несостоятельность идеологии администрации Буша, девизом которой должно быть: "Несмотря ни на что, цель всегда оправдывает средства". Существует очень мало моральных абсолютов. Как и для большинства политиков, для Буша иметь стандарт АБСОЛЮТНОЙ морали было бы самоубийством. Только в таких условиях мы могли позволить президенту Бушу нарушить по меньшей мере шесть законов США и двенадцать международных соглашений, начав войну с Ираком.

То, что мы наблюдаем в Колумбии и Вашингтоне, - это полный пересмотр того, как должна вестись торговля кокаином; больше никаких диких стволов, никакого оружия. Пусть господа из картеля Кали в своих костюмах в полоску ведут дела вежливо. Короче говоря, Комитет 300 взял под прямой контроль торговлю кокаином, которая теперь будет идти так же гладко, как и торговля героином. Новое правительство Колумбии приспособилось к этому изменению тактики и направления. Ему было приказано действовать в соответствии с планом Комитета.

Необходимо упомянуть об участии США в торговле опиумом в Китае, которая началась на юге США еще до Войны между штатами. Как мы можем связать торговлю опиумом с великими хлопковыми плантациями Юга? Для этого мы должны начать с Бенгалии (Индия), где производился тончайший опиум (если такое тонкое инфекционное вещество можно назвать тонким), который пользовался большим спросом. Хлопок был самой важной торговлей в Англии, после продажи опиума через БИК. Большая часть хлопка с южных плантаций шла на рабские фабрики на севере Англии, где женщины и дети получали гроши за 16-часовой рабочий день. Суконные фабрики принадлежали богатым лондонским светским людям - Барингам, Палмерстонам, Кесвикам и особенно Джардинам Мэтисонам, владевшим пароходной компанией Blue Star Shipping Line, по которой готовые изделия из хлопка и сукна отправлялись в Индию. Их нисколько не волнуют жалкие условия жизни подданных Ее Величества. В конце концов, они для этого и существуют, а их мужья и сыновья полезны в войнах, чтобы сохранить далекую империю Ее Величества, как они это делали на протяжении веков, в последний раз в кровавой Бурской войне. Это была британская традиция, не так ли?

Экспортируемые в Индию продукты отделки хлопка подорвали и уничтожили давних индийских производителей, занимавшихся торговлей продуктами отделки хлопка. Тысячи индийцев вынуждены были терпеть ужасные лишения, поскольку более дешевые британские товары завоевывали их рынки. После этого Индия стала полностью зависеть от Британии, чтобы заработать достаточно иностранной валюты для оплаты железных дорог и импорта готовых хлопчатобумажных изделий. Существует только одно решение экономических трудностей Индии. Производить больше опиума и продавать его дешевле британской Ост-Индской компании. Это был камень, на котором росла и процветала британская торговля. Без торговли опиумом Британия была бы в равной степени разорена.

Знали ли владельцы плантаций на Юге о страшной тайне опиумных товаров для хлопка? Маловероятно, что некоторые из них не знали, что происходит. Возьмем, к примеру, семью Сазерленд, одного из крупнейших владельцев хлопковых плантаций на Юге. Сазерленды были тесно связаны с семьей Мэтисонов - Джардин Мэтисон, которые, в свою очередь, имели в качестве торговых партнеров братьев Бэринг, основателей знаменитой Peninsular and Orient Navigation Line (P&O), крупнейшей из многочисленных британских торговых судоходных компаний.

Бэринги были крупными инвесторами в южные плантации, как и в американские корабли "Клипер", которые курсировали по морям между китайскими портами и всеми крупными портами на Восточном побережье США. Сегодня "Бэринги" управляют рядом очень важных финансовых операций в Соединенных Штатах. Все эти имена были и их потомки до сих пор являются членами Комитета 300.

Большинство семей, составляющих либеральный истеблишмент Восточного побережья, среди которых есть самые богатые в этой стране, сделали свое состояние либо на торговле хлопком, либо на торговле опиумом, а в некоторых случаях и на том, и на другом. Леманы - яркий тому пример. Когда речь заходит о состояниях, полученных исключительно от торговли опиумом в Китае, на ум в первую очередь приходят Асторы и Делано. Жена президента Франклина Д. Рузвельта была Делано. Джон Джейкоб Астор сколотил колоссальное состояние на торговле опиумом в Китае, а затем стал респектабельным, скупив на свои грязные деньги большие участки недвижимости на Манхэттене. В течение своей жизни Астор играл важную роль в работе Комитета 300. Фактически, именно Комитет 300 выбирал, кому разрешить участвовать в баснословной и прибыльной торговле опиумом в Китае через его монополиста, компанию BEIC, и бенефициары их щедрости навсегда остались связанными с Комитетом 300.

Именно поэтому, как мы узнаем, большая часть недвижимости

Манхэттена принадлежит различным членам Комитета, как это было с тех пор, как Астор начал ее покупать. Благодаря доступу к файлам, которые были бы закрыты для всех, кто не является сотрудником британской секретной службы, я обнаружил, что Астор долгое время была сотрудником британской секретной службы в Соединенных Штатах. Финансирование Астором Аарона Бурра, убийцы Александра Гамильтона, доказывает этот факт неопровержимо.

Сын Джона Джейкоба Астора, Уолдорф Астор, удостоился дополнительной чести быть назначенным в Королевский институт международных дел (RIIA), организацию, через которую Комитет 300 контролирует все аспекты нашей жизни в США. Считается, что семья Астор выбрала Оуэна Латтимора, чтобы он продолжил свою связь с торговлей опиумом, что он и сделал через Институт тихоокеанских отношений (IPR), финансируемый Лорой Спелман. Именно ОИП контролировал вступление Китая в опиумную торговлю в качестве полноправного партнера, а не просто поставщика. Именно RPI проложила путь для японской атаки на Перл-Харбор. Попытки превратить японцев в опиумных наркоманов закончились плачевно.

На рубеже веков олигархические плутократы Великобритании были похожи на перекормленных стервятников на равнине Серенгети во время ежегодного шествия диких животных. Их доход от торговли опиумом в Китае превышал доход Дэвида Рокфеллера на МНОГО МИЛЛИАРДОВ ДОЛЛАРОВ В ГОД. Исторические документы, доступные мне в Британском музее в Лондоне, а также из Офиса Индии и других источников - бывших коллег на высоких постах - полностью доказывают это.

В 1905 году китайское правительство, глубоко обеспокоенное ростом числа опиумных наркоманов в Китае, попыталось получить помощь от международного сообщества. Великобритания делала вид, что сотрудничает, но ничего не предпринимала для выполнения подписанных ею в 1905 году протоколов. Позже правительство Ее Величества совершило обратный ход, показав Китаю, что лучше присоединиться к ним в торговле опиумом, чем пытаться остановить ее.

Британцы игнорируют даже Гаагскую конвенцию. Делегаты съезда согласились с тем, что Великобритания должна соблюдать подписанные ею протоколы, которые должны были резко сократить количество опиума, продаваемого в Китае и других странах. Британцы, хотя и делают это на словах, не намерены отказываться от своей торговли человеческими страданиями, которая включает в себя "торговлю свининой".

Их слуга, президент Джордж Буш, продолжая жестокую войну геноцида, развязанную против народа Ирака ТОЛЬКО за и от имени британских интересов, также продемонстрировал свое презрение, нарушив Гаагские соглашения о воздушных бомбардировках и целый ряд международных конвенций, под которыми подписались США, включая ВСЕ Женевские конвенции.

Когда два года спустя были получены доказательства, особенно от японцев, которые были все более обеспокоены контрабандой британского опиума в их страну, что продажи опиума скорее увеличились, чем уменьшились, делегат Ее Величества на Пятой Гаагской конвенции представил ряд статистических данных, которые противоречили данным, предоставленным Японией. Британский делегат перевел стрелки и сказал, что это очень сильный аргумент в пользу легализации продажи опиума, что приведет к подавлению того, что он назвал "черным рынком".

Он предположил от имени правительства Ее Величества, что в этом случае японское правительство будет иметь монополию и полный контроль над торговлей. Это точно такой же аргумент, как и у подставных лиц Бронфмана и других крупных наркоторговцев - легализовать кокаин, марихуану и героин, позволить правительству США иметь монополию на них и таким образом прекратить тратить миллиарды на фальшивую войну с наркотиками и сэкономить миллиарды налогоплательщиков.

В период 1791-1894 годов количество лицензированных опиумных притонов в международной колонии Шанхая увеличилось с 87 до 663. Поток опиума в Соединенные Штаты также увеличился. Чувствуя, что у них могут возникнуть проблемы в Китае, когда к ним приковано внимание всего мира, плутократы из рыцарей Святого Иоанна и Ордена Подвязки перенесли часть своего внимания на Персию (Иран).

Лорд Инчкейп, основавший в начале XIX века крупнейшую в мире пароходную компанию[e], легендарную Peninsula and Orient Steam Navigation Company, был главным архитектором создания Гонконгского и Шанхайского банка, который остается крупнейшим и наименее контролируемым из клиринговых банков опиумной торговли, а также финансировал "торговлю свининой" с Соединенными Штатами.

Британцы организовали аферу, в результате которой китайские "кули" были отправлены в США в качестве подневольных работников. Железная дорога семьи Гарриман нуждалась в кули для продвижения железнодорожного сообщения на запад к побережью Калифорнии, или так они говорили. Любопытно, что очень немногие чернокожие занимались ручным трудом, к которому они привыкли в то время и могли бы справиться с работой лучше, чем истощенные опиумные наркоманы, прибывшие из Китая.

Проблема заключалась в том, что среди чернокожих не было рынка для опиума, и, кроме того, лорду Инчкейпу, сыну основателя компании P&O, нужны были "кули" для контрабанды тысяч фунтов опиума-сырца в Северную Америку, чего чернокожие делать не умели. Это был тот самый лорд Инчкейп, который в 1923 году предупредил, что выращивание опийного мака в Бенгалии не должно сокращаться. "Этот важнейший источник дохода должен быть защищен", - сказал он комиссии, которая должна была расследовать производство опиумной камеди в Индии.

К 1846 году около 120 000 "кули" прибыли в США для работы на Гарриманской железной дороге, продвигавшейся на запад. Торговля "свиньями" шла полным ходом, из этого числа, по оценкам правительства США, 115 000 были опийными наркоманами. После завершения строительства железной дороги китайцы не вернулись туда, откуда приехали, а поселились в Сан-Франциско, Лос-Анджелесе, Ванкувере и Портленде. Они создали огромную культурную проблему, которая никогда не прекращалась.

Интересно, что Сесил Джон Родс, член Комитета 300, представлявший интересы Ротшильдов в Южной Африке, следовал модели Инчкейпа, привлекая сотни тысяч индийских "кули" для работы на плантациях сахарного тростника в провинции Наталь. Среди них был Махатма Ганди, коммунистический агитатор и смутьян. Как и китайских кули, их не отправляли обратно в страну происхождения по истечении срока контракта. Они тоже создали обширную социальную программу, а их потомки стали юристами, возглавившими кампанию по проникновению в правительство от имени Африканского национального конгресса.

К 1875 году китайские "кули", работавшие из Сан-Франциско, создали сеть поставок опиума, в которую входило 129 000 американских опиумных наркоманов. Учитывая 115 000 известных китайских опиумных наркоманов, лорд Инчкейп и его семья получали сотни тысяч долларов в год только из этого источника, что в сегодняшнем долларовом выражении составило бы не менее 100 миллионов долларов в год дохода.

Те же британские и американские семьи, которые объединили усилия для уничтожения индийской текстильной промышленности и развития торговли опиумом, и которые ввезли африканских рабов в Соединенные Штаты, объединили усилия, чтобы сделать "торговлю свиньями" ценным источником дохода. Позже им предстояло объединить усилия для провоцирования и развития ужасной Войны между штатами, также известной как Гражданская война в США.

Упадочные американские семьи нечестивого партнерства, совершенно коррумпированные и погрязшие в корысти, стали тем, что мы сегодня знаем как Восточный либеральный истеблишмент, члены которого, под чутким руководством и по совету Короны и впоследствии ее исполнительного органа внешней политики, Королевского института международных отношений (RIIA), управляли этой страной - и управляют до сих пор - сверху донизу через свое высокопоставленное секретное параллельное правительство, тесно связанное с Комитетом 300, УЛЬТИМАТНЫМ тайным обществом. В 1923 году раздались голоса против этой угрозы, которую разрешили ввозить в Соединенные Штаты. Убежденный в том, что Соединенные Штаты являются свободным и суверенным государством, конгрессмен Стивен Портер, председатель Комитета по иностранным делам Палаты представителей, представил законопроект, который призывал британцев отчитываться о своей деятельности по экспорту и импорту опиума по странам. Резолюция установила квоты для каждой страны, соблюдение которых позволило бы сократить торговлю опиумом на 10%. Резолюция была превращена в закон, а законопроект принят Конгрессом США.

Но у Королевского института международных отношений были другие идеи. Основанная в 1919 году по итогам Парижской мирной конференции в Версале, она стала одним из первых исполнителей "внешней политики" Комитета 300. Мои исследования в Доме записей Конгресса показывают, что Портер совершенно не осознавал, с какими могущественными силами он имел дело. Портер даже не знал о существовании RIIA, не говоря уже о том, что его конкретной целью был контроль над всеми аспектами жизни Соединенных Штатов.

Очевидно, конгрессмен Портер получил от банка "Морган" с Уолл-стрит некий намек на то, что ему следует отказаться от всего этого дела. Вместо этого разъяренный Портер передал свое дело в Опиумный комитет Лиги Наций. Полное незнание Портером личности своего оппонента демонстрируется в некоторой его переписке с коллегами по Комитету по иностранным делам Палаты представителей в ответ на открытую британскую оппозицию его предложениям.

Представитель Ее Величества сделал Портеру замечание, а затем, действуя как отец по отношению к провинившемуся сыну, британский делегат - по указанию RIIA - представил предложения Ее Величества об увеличении опиумных квот с учетом роста потребления опиума в медицинских целях. Согласно документам, которые я смог найти в Гааге, Портер был сначала растерян, затем поражен и, наконец, разгневан. Вместе с китайским делегатом Портер покинул полномочную сессию Комитета, оставив британцев на свободе.

В его отсутствие британский делегат добился от Лиги Наций одобрения предложений правительства Ее Величества о создании Центрального комитета по наркотикам, основной функцией которого был сбор информации, условия которого были намеренно расплывчатыми. Что должно было быть сделано с этой "информацией", не уточнялось. Портер вернулся в США, потрясенный и гораздо более мудрый.

Еще одним активом британской разведки был сказочный Уильям Бингхэм, родственник по браку одного из Бэрингов. В документах, которые я видел, говорилось, что братья Баринг управляли квакерами Филадельфии и владели половиной недвижимости в этом городе, и все это стало возможным благодаря состоянию, которое братья Баринг сколотили на торговле опиумом в Китае. Еще одним бенефициаром щедрости Комитета 300 был Стивен Жирар, чьи потомки унаследовали банк Girard Bank and Trust.

Имена этих семей, чья история переплетается с историей Бостона и которые уделяют мало внимания простым людям, попали в объятия Комитета 300 и его очень прибыльного BEIC - китайской торговли опиумом. Многие известные семьи стали связаны с печально известным Банком Гонконга и Шанхая, который до сих пор является расчетной палатой для миллиардов долларов, полученных от китайской торговли опиумом.

Такие известные имена, как Форбс, Перкинс и Хатауэй, встречаются в записях Британской Ост-Индской компании. Эти настоящие американские "голубые крови" создали компанию "Рассел и компания", основной торговлей которой был опиум, но которая также занималась другими морскими перевозками из Китая в Южную Америку и во все точки между ними. В качестве награды за их заслуги перед британской короной и БЭИК Комитет 300 предоставил им монополию на работорговлю в 1833 году.

Своим знаменитым прошлым Бостон обязан торговле хлопком, опиумом и рабами, предоставленной ему Комитетом 300, и в документах, с которыми мне довелось ознакомиться в Лондоне, указывается, что купеческие семьи Бостона были главными сторонниками британской короны в Соединенных Штатах. Джон Мюррей Форбс упоминается как дворецкий "голубых кровей Бостона" в записях Индийского дома и в банковских документах Гонконга.

Сын Форбса был первым американцем, которому Комитет 300 разрешил войти в совет директоров самого престижного в мире банка по отмыванию наркоденег, который существует и по сей день - Гонконгской и Шанхайской банковской корпорации (HSBC). Когда я был в Гонконге в начале 1960-х годов в качестве "историка, интересующегося Британской Ост-Индской компанией", мне показали несколько старых досье, в том числе бывших членов правления этого печально известного наркобанка, и, конечно же, среди них было имя Форбса.

Семья Перкинсов, настолько известная, что ее имя до сих пор упоминается изумленным шепотом, была глубоко вовлечена в печально известную торговлю опиумом в Китае. На самом деле, Перкинс старший был одним из первых американцев, избранных в Комитет 300; его сын, Томас Нельсон, был человеком Моргана в Бостоне и, как таковой, агентом британской секретной службы. Его неблаговидное - я бы сказал, отвратительное - прошлое не подвергалось сомнению, когда он богато одаривал Гарвардский университет. В конце концов, Кантон и Тяньсин находятся далеко от Бостона, и кому до этого было дело?

Перкинсам очень помогло то, что Морган был влиятельным членом Комитета 300, что позволило Томасу Н. Перкинсу быстро продвинуться по карьерной лестнице в торговле опиумом в Китае. Перкинса, чтобы быстро продвинуться по карьерной лестнице в торговле опиумом в Китае. Все Морганы и Перкинсы были масонами, что было еще одним связующим звеном между ними, поскольку только масоны самого высокого ранга имеют надежду быть выбранными Комитетом 300. Сэр Роберт Харт, который в течение почти трех десятилетий был главой Императорской китайской таможенной службы и агентом номер один британской короны в торговле опиумом в Китае, позже был назначен членом правления Дальневосточного отделения Morgan Guarantee Bank.

Благодаря доступу к историческим документам в Лондоне и Гонконге, мне удалось установить, что сэр Роберт установил тесные отношения с американскими подразделениями Morgan. Интересно, что интересы Моргана в торговле опиумом и героином не ослабевали, о чем свидетельствует тот факт, что Дэвид Ньюбиггинг входит в консультативный совет гонконгской компании Morgan, управляемой совместно с Jardine Matheson.

Для тех, кто знаком с Гонконгом, имя Ньюбиггинг будет знакомо как самое влиятельное имя в Гонконге. Помимо того, что Ньюбиггинг является членом элитного банка Morgan, он также является советником китайского правительства. Опиум для ракетных технологий, опиум для золота, опиум для высокотехнологичных компьютеров - для Ньюбиггинга это все одно и то же. То, как переплетены эти банки, финансовые учреждения, торговые компании и семьи, которые ими управляют, могло бы озадачить Шерлока Холмса, но так или иначе их нужно распутать и проследить, если мы хотим понять их связи с наркоторговлей и их членство в Комитете 300.

Ввоз алкоголя и наркотиков в Соединенные Штаты по королевской дороге - это продукты одной и той же конюшни, занятой одними и теми же чистокровными лошадьми. Прежде всего, необходимо было ввести запрет в Соединенных Штатах. Это было сделано наследниками британской Ост-Индской компании, которые, вооружившись опытом, полученным из хорошо документированных документов Китайской внутренней миссии, найденных в India House, создали Женский христианский союз умеренности (WCTU), который должен был противостоять потреблению алкоголя в Америке.

Говорят, что история повторяется, и в каком-то смысле так оно и есть, только повторяется она по все более восходящей спирали. Сегодня мы видим, что некоторые из крупнейших компаний, якобы "загрязняющих" Землю, являются крупнейшими спонсорами экологического движения. Большие имена" доносят свою мысль до людей. Принц Филипп - один из их героев, но его сын, принц Чарльз, владеет миллионом гектаров лесных угодий в Уэльсе, где регулярно заготавливается древесина. Кроме того, принц Чарльз является одним из крупнейших владельцев некачественного жилья в Лондоне, где процветает загрязнение окружающей среды.

В случае с теми, кто выступал против "зла пьянства", мы видим, что их финансировали Асторы, Рокфеллеры, Спелманы, Вандербильты и Варбурги, которые были заинтересованы в торговле алкоголем. По поручению короны лорд Бивербрук прибыл из Англии, чтобы сообщить этим богатым американским семьям, что они должны инвестировать в WCTU. (Это тот самый лорд Бивербрук, который в 1940 году приехал в Вашингтон и приказал Рузвельту втянуть в войну Британию).

Рузвельт подчинился, разместив в Гренландии флотилию ВМС США, которая в течение 9 месяцев до Перл-Харбора охотилась и атаковала немецкие подводные лодки.

Как и его преемник Джордж Буш, Рузвельт считал Конгресс непонятной помехой. Таким образом, действуя как король - чувство, которое он испытывал из-за родства с британской королевской семьей - Рузвельт никогда не искал одобрения Конгресса на свои незаконные действия. Это то, что британцы любят называть "особыми отношениями с Америкой".

Наркоторговля связана с убийством президента Джона Ф. Кеннеди, которое запятнало национальный характер и будет продолжаться до тех пор, пока виновные не будут найдены и привлечены к ответственности. Есть доказательства того, что мафия была вовлечена в это дело через ЦРУ, что напоминает нам, что все началось со старой сети Мейера Лански, которая превратилась в израильскую террористическую организацию

"Иргун", и что Лански оказался одним из лучших проводников культурной войны против Запада.

Через более респектабельные структуры Лански был связан с высшими эшелонами британской власти, чтобы принести азартные игры и распространение наркотиков на остров Парадайз, Багамы, под прикрытием компании Mary Carter Paint Company, совместного предприятия Лански и британской МИ-6. Позже лорд Сассун был убит за присвоение денег и угрозу раскрыть все, если он будет наказан. Рэй Вулф, более презентабельный, представлял канадских Бронфманов. Хотя Бронфманы не знали о грандиозном проекте Черчилля в Новой Шотландии, они были и остаются важным подспорьем для британской королевской семьи в торговле наркотиками.

Сэм Ротберг, близкий соратник Мейера Лански, также работал с Тибором Розенбаумом и Пинхасом Сапиром - всеми главарями наркогруппировки Лански. Розенбаум проводил операцию по отмыванию денег от наркотиков из Швейцарии через созданный им для этой цели банк Bank of International Credit. Этот банк быстро расширил свои операции и стал основным банком, который использовался Лански и его сообщниками по мафии для отмывания денег, полученных от проституции, наркотиков и других мафиозных рэкетов.

Интересно, что банк Тибора Розенбаума использовался теневым шефом британской секретной службы сэром Уильямом Стефенсоном, чья правая рука, майор Джон Мортимер Блумфилд, гражданин Канады, возглавлял Пятый отдел ФБР на протяжении всей Второй мировой войны. Стивенсон был одним из первых членов Комитета 300 в XX веке , хотя Блумфилд никогда не заходил так далеко. Как я показал в своей серии монографий об убийстве Кеннеди, именно Стивенсон руководил операцией, которую в качестве практического проекта осуществил Блумфилд. Сокрытие убийства Кеннеди было осуществлено с помощью другого связанного с наркотиками прикрытия - Постоянных промышленных выставок (PERMINDEX), созданных в 1957 году и сосредоточенных в здании World Trade Mart в центре Нового Орлеана.

Блумфилд оказался адвокатом семьи Бронфман. World Trade Mart был создан полковником Клеем Шоу и главой 5-го отдела ФБР в Новом Орлеане Гаем Баннистером. Шоу и Баннистер были близкими соратниками Ли Харви Освальда, обвиненного в стрельбе в Кеннеди, который был убит контрактным агентом ЦРУ Джеком Руби прежде, чем смог доказать, что не он был убийцей, стрелявшим в президента Кеннеди. Несмотря на расследование Комиссии Уоррена и многочисленные официальные отчеты, НИКОГДА не было установлено, что у Освальда была винтовка Маннлихер, которая должна была стать орудием убийства (у него ее не было), и что он ее использовал. Связь между наркоторговлей, Шоу, Баннистером и Блумфилдом была установлена неоднократно, и нет необходимости подробно останавливаться на этом. В период сразу после Второй мировой войны одним из наиболее распространенных методов, используемых Resorts International и другими связанными с наркотиками компаниями для отмывания денег, был курьерский перевод в банк, занимающийся отмыванием денег. Сегодня все изменилось. Только мелкие люди все еще используют такой рискованный метод. Крупная рыба" направляет свои деньги через систему CHIPS, сокращение от Clearing House International Payments System, управляемую компьютерной системой Burroughs, расположенной в Клиринговой палате в Нью-Йорке. Двенадцать крупнейших банков используют эту систему. Одна из них - Гонконгская и Шанхайская банковская корпорация. Еще один - Credit Suisse, этот образец банковской добродетели, столь респектабельный - до тех пор, пока не была поднята крышка. В сочетании с системой SWIFT, расположенной в Вирджинии, грязные наркоденьги становятся невидимыми. Только бездумное пренебрежение позволяет ФБР время от времени получать удачу, если и когда ему говорят не искать в другом месте.

Только дилеров низшего звена ловят с деньгами от наркотиков в руках. Элита - Drexel Burnham, Credit Suisse, Hong Kong and Shanghai Bank - избежала разоблачения. Но и это меняется с крахом *Международного банка кредита и коммерции (BCCI)*, который может многое рассказать о торговле наркотиками, если будет проведено надлежащее расследование.

Одним из основных активов в портфеле "Комитета 300" является American Express (AMEX). Впервые я заинтересовался AMEX, когда проводил расследование на месте, которое привело меня в Банк развития торговли в Женеве. Позже у меня были большие неприятности из-за этого. Я обнаружил, что Банк развития торговли, который в то время возглавлял Эдмунд Сафра, ключевой человек в торговле золотом за опиум, поставлял тонны золота на рынок Гонконга через Банк развития торговли.

Перед поездкой в Швейцарию я посетил Преторию, ЮАР, где провел переговоры с доктором Крисом Сталсом, в то время заместителем управляющего Южноафриканского резервного банка, который контролирует все массовые операции с золотом, произведенным в ЮАР. После нескольких обсуждений в течение недели мне сообщили, что банк не может предоставить мне десять тонн золота, которые я был уполномочен купить от имени клиентов, которых я должен был представлять. Мои хорошо расположенные друзья знали, как подготовить документы, которые были приняты без обсуждения.

Резервный банк направил меня в швейцарскую компанию, название которой я не могу назвать, так как это сорвет покровы. Мне также дали адрес Банка развития торговли в Женеве. Целью моего упражнения было выяснить механику движения и торговли золотом и, во-вторых, проверить поддельные документы, которые подготовили для меня бывшие друзья из разведки, специализировавшиеся на такого рода вещах. Помните ли вы "М" из серии фильмов о Джеймсе Бонде? Позвольте заверить вас, что буква "М" существует, но ее правильным инициалом является "С". Документы, которые у меня были, состояли из "заказов на покупку" от компаний Лихтенштейна с соответствующими подтверждающими документами.

Когда я обратился в Банк развития торговли, меня сначала встретили радушно, но по мере развития дискуссии я становился все более и более подозрительным, пока, почувствовав, что посещать банк больше небезопасно, я не уехал из Женевы, никому ничего не сказав. Позже банк был продан компании American Express. В отношении American Express проводилось небольшое расследование бывшим генеральным прокурором Эдвином Мизом, после чего он был быстро снят с должности и заклеймен как "коррумпированный". Я обнаружил, что American Express была и остается каналом для отмывания денег от наркотиков, и до сих пор никто не смог объяснить мне, почему частной компании разрешено печатать доллары - разве дорожные чеки American Express не являются долларами? Позже я раскрыл связи между Safra и American Express в наркобизнесе, что, как вы можете себе представить, расстроило многих людей.

Член Комитета 300 Джафет контролирует Charterhouse Japhet, который, в свою очередь, контролирует Jardine Matheson - прямую связь с торговлей опиумом в Гонконге. Считается, что

Джафеты - это английские квакеры. Семья Матисон, также члены Комитета 300, были крупными игроками в торговле опиумом в Китае, по крайней мере, до 1943 года. С начала XIX века Мэтисоны внесены в список почетных членов королевы Англии .

Главные контролеры наркоторговли в Комитете 300 не осознают, какие миллионы жизней они уничтожают каждый год. Они гностики, катары, члены культа Диониса, Осириса или еще кого-нибудь похуже. Для них "обычные" люди существуют для того, чтобы их использовали в своих целях. Их первосвященники, Булвер-Литтон и Олдос Хаксли, проповедовали евангелие наркотиков как полезных веществ.

Цитируя Хаксли:

> "А для повседневного частного использования всегда существовали химические интоксиканты. Все растительные седативные и наркотические вещества, все эйфорианты, растущие на деревьях, галлюциногены, созревающие в ягодах, использовались людьми с незапамятных времен. И к этим модификаторам сознания современная наука добавила свою долю синтетических веществ. На Западе без ограничений разрешено употреблять только алкоголь и табак. Все остальные химические ворота маркируются DOPE".

Для олигархов и плутократов из Комитета 300 наркотики преследуют двойную цель: во-первых, приносить огромные деньги, а во-вторых, в конечном итоге превратить большую часть населения в *бездумных наркозомби*, которыми будет *легче управлять,* чем людьми, не нуждающимися в наркотиках, поскольку наказанием за бунт будет лишение героина, кокаина, марихуаны и т. д. Для этого необходимо легализовать наркотики, чтобы монопольная система, подготовленная к введению в тяжелых экономических условиях, предвестником которых является депрессия 1991 года, способствовала распространению потребления наркотиков, когда сотни тысяч рабочих, не имеющих постоянной работы, обратятся к наркотикам в поисках утешения.

В одном из совершенно секретных документов Королевского института международных отношений сценарий изложен следующим образом (частично):

> "... Подведенные христианством и повсеместной безработицей, те, кто не имеет работы в течение пяти и более

> лет, отвернутся от церкви и будут искать утешения в наркотиках. Именно в этот момент необходимо завершить полный контроль над торговлей наркотиками, чтобы правительства всех стран под нашей юрисдикцией получили МОНОПОЛИЮ, которую мы будем контролировать через поставки... *Наркобары будут обслуживать непокорных и недовольных, потенциальные революционеры будут превращены в безобидных наркоманов без собственной воли.* "

Существует множество доказательств того, что ЦРУ и британские секретные службы, в частности МИ-6, уже потратили не менее десяти лет на достижение этой цели.

Королевский институт международных отношений использовал труды Олдоса Хаксли и Булвера-Литтона как план создания государства, в котором человечество больше не будет иметь собственной воли в рамках Единого мирового правительства - Нового мирового порядка быстро приближающейся Новой темной эпохи. Опять же, давайте посмотрим, что сказал по этому поводу первосвященник Олдос Хаксли:

> "Во многих обществах, на многих уровнях цивилизации предпринимались попытки объединить наркотическое опьянение с опьянением Богом. В Древней Греции, например, этиловый спирт имел место в устоявшихся религиях. Дионис, Вакх, как его часто называли, был настоящим божеством. Полный запрет на химические модификации может быть декретирован, но не может быть обеспечен".

(ЯЗЫК ЛОББИ, ВЫСТУПАЮЩЕГО ЗА НАРКОТИКИ. НА КАПИТОЛИЙСКОМ ХОЛМЕ).

> "Теперь рассмотрим другой тип наркотика - пока еще не открытый, но, вероятно, очень близкий - наркотик, который делает людей счастливыми в ситуациях, когда они обычно чувствуют себя несчастными. (Есть ли кто-то более несчастный, чем человек, который ищет и не может найти работу?) Такой препарат был бы благословением, но благословением, сопряженным с серьезными социальными и политическими опасностями. Сделав безвредное химическое вещество - эйфорию - свободно доступным, диктатор может примирить все население с таким положением вещей, с которым уважающие себя люди не должны мириться.

Настоящий диалектический шедевр. То, за что выступал Хаксли и что является официальной политикой Комитета 300 и его суррогата, RIIA, можно просто описать как массовый контроль сознания. Как я часто говорил, все войны - это войны за души человечества. До сих пор мы не понимали, что наркоторговля - это нерегулярная война низкой интенсивности против всей человеческой расы свободных людей. Иррегулярная война - это самая страшная форма войны, которая, если у нее есть начало, не имеет конца.

Некоторые поставят под сомнение причастность британских королевских семей, прошлых и настоящих, к торговле наркотиками. Увиденное в прессе кажется на первый взгляд абсурдным, и мы все чаще и чаще видим это в прессе в наши дни, чтобы это казалось именно таким, абсурдным. Самая старая максима в работе разведки гласит: "Если хочешь что-то спрятать, положи это там, где все могут это увидеть". Книга Ф. С. Тернера "БРИТАНСКАЯ ОПИУМ-ПОЛИЦИЯ", опубликованная в 1876 году, показывает, что британская монархия и ее ближайшие родственники были глубоко вовлечены в торговлю опиумом. Тернер был секретарем Англо-ориентального общества по пресечению торговли опиумом. Он отказался заставить замолчать представителя короны, сэра Р. Темпла. Тернер заявил, что правительство, а значит и корона, должны отказаться от опиумной монополии,

> "и если он берет доходы, то берет только те, которые происходят от честного налогообложения, предназначенного для того, чтобы иметь ограничительную силу".

Тернер отвечал представителю монархии лорду Лоуренсу, который боролся против потери монополии BEIC.

> "Было бы желательно избавиться от монополии, но я сам не хочу быть проводником перемен. Если это будет умеренная потеря, которую мы можем себе позволить, я без колебаний пойду на это". (Из газеты Calcutta Papers 1870.)

В 1874 году усилилась война против британской монархии и аристократии за их глубокое участие в торговле опиумом в Китае. Общество по борьбе с торговлей опиумом яростно обрушивалось на аристократию того времени и совершало свои нападки в бесстрашной манере, которой нам не мешало бы подражать. Общество утверждало, что Тяньцинский договор, который обязал Китай согласиться на импорт огромного количества опиума, был чудовищным преступлением против китайского народа.

Затем появился сильный воин, Джозеф Гранди Александр, юрист по профессии, который в 1866 году возглавил энергичную атаку на опиумную политику британской короны в Китае, в которой он открыто упоминал о причастности королевской семьи и аристократии. Впервые Александр рассматривает Индию, "жемчужину в короне". Он прямо обвиняет монархию, так называемую аристократию и ее слуг в британском правительстве.

Под руководством Александра компания взяла курс на полное уничтожение посевов опиумного мака в Бенгалии, Индия. Александр оказался грозным противником. Благодаря его руководству наркоаристократия начала ослабевать, и перед лицом его открытых обличений королевской семьи и ее приближенных некоторые члены парламента стали на его сторону: консерваторы, юнионисты, лейбористы. Александр дал понять, что наркоторговля не является политическим вопросом партии; все партии должны объединиться, чтобы помочь искоренить эту угрозу.

Лорд Кимберли, представитель королевской семьи и укоренившихся олигархов, пригрозил, что любая попытка вмешательства в то, что он назвал "национальной торговлей, встретит серьезное сопротивление кабинета министров". Александр и его компания продолжали сталкиваться с бесчисленными угрозами, и в конце концов парламент согласился назначить Королевскую комиссию для расследования торговли опиумом, председателем которой стал лорд Кимберли, занимавший пост министра Индии. Невозможно было бы найти более неподходящего человека для того, чтобы возглавить эту комиссию. Это похоже на то, как если бы Даллес был назначен членом комиссии Уоррена. В своем первом заявлении лорд Кимберли дал понять, что скорее уйдет в отставку со своего августейшего поста, чем согласится на резолюцию, которая вернет Индии доходы от продажи опиума. Интересно отметить, что "доходы от индийского опиума" подразумевали разделение денег между нацией. Как и идея о том, что народ Южной Африки разделяет огромную прибыль от продажи золота и алмазов, это просто не так. Доходы от продажи индийского опиума шли прямо в королевскую казну и карманы знати, олигархов и плутократов и делали их миллиардерами.

Книга Раунтри "*Имперская торговля наркотиками*" - это

захватывающий рассказ о том, как премьер-министр Гладстон и его коллеги-плутократы лгали, обманывали, извращали и перевирали факты, чтобы не допустить раскрытия поразительной правды о причастности британской монархии к торговле опиумом. Книга Раунтри - это настоящий кладезь информации о глубокой вовлеченности британской королевской семьи, лордов и леди Англии, а также об огромных богатствах, которые они сколотили на страданиях китайских опиумных наркоманов.

Лорд Кимберли, секретарь расследования, сам был глубоко вовлечен в торговлю опиумом и сделал все возможное, чтобы закрыть дело для всех, кто стремился узнать правду. В конце концов, под давлением общественности Королевская комиссия была вынуждена немного приоткрыть дверь расследования, так что стало ясно, что высшие должностные лица страны управляли торговлей опиумом и получали от этого огромные прибыли. Но дверь была быстро закрыта, и Королевская комиссия не вызвала ни одного эксперта-свидетеля, заседая после этого абсурдно короткий срок. Комиссия была ничем иным, как фарсом и прикрытием, подобным тому, к которому мы привыкли в Америке 20-го века .

Семьи восточного либерального истеблишмента в США были так же глубоко вовлечены в торговлю опиумом в Китае, как это делали и продолжают делать британцы. Недавняя история свидетельствует об этом, когда Джеймс Эрл Картер сверг шаха Ирана. Почему шах был свергнут, а затем убит правительством США? Одним словом, из-за наркотиков. Шах сократил и практически прекратил чрезвычайно прибыльную торговлю опиумом, которую британцы вели из Ирана. К тому времени, когда шах пришел к власти в Иране, там уже насчитывался миллион опиумных и героиновых наркоманов.

Британцы не хотели этого терпеть, поэтому они послали США сделать за них грязную работу в рамках "особых отношений" между двумя странами. Когда Хомейни занял посольство США в Тегеране, продажа оружия США, начавшаяся еще при шахе, не была прекращена. Почему так произошло? Если бы США сделали это, Хомейни отменил бы британскую монополию на торговлю опиумом в своей стране. В качестве доказательства можно привести тот факт, что после 1984 года либеральное отношение Хомейни к опиуму увеличило число наркоманов до 2 миллионов человек, согласно статистике ООН и Всемирной организации здравоохранения.

И президент Картер, и его преемник Рональд Рейган сознательно и добровольно продолжали поставлять оружие Ирану, даже когда американские заложники томились в плену. В 1980 году я написал монографию под названием "Что на самом деле произошло в Иране", в которой изложил факты. Торговля оружием с Ираном была закреплена на встрече Сайруса Вэнса, сотрудника Комитета 300, и доктора Хашеми, которая состоялась в конце 1980 года.

ВВС США немедленно начали отправлять оружие в Иран, даже в разгар кризиса с заложниками. Оружие было получено из военных запасов США в Германии, а некоторые даже были отправлены непосредственно из США с остановками для дозаправки на Азорских островах.

С приходом Хомейни, которого привел к власти в Иране Комитет 300, производство опиума резко возросло. К 1984 году производство опиума в Иране превысило 650 метрических тонн в год. Картер и Рейган обеспечили отсутствие дальнейшего вмешательства в торговлю опиумом и выполнили мандат, данный им британскими олигархическими семьями в этом отношении. По объему производимого опиума Иран теперь соперничает с "Золотым треугольником".

Шах был не единственной жертвой Комитета 300. Уильям Бакли, глава отделения ЦРУ в Бейруте, несмотря на отсутствие опыта работы с теми, кто отвечал за торговлю опиумом, начал проводить расследования в Иране, Ливане и даже провел время в Пакистане. Из Исламабада Бакли начал отправлять в ЦРУ в Лэнгли грозные отчеты о бурно развивающейся торговле опиумом в Золотом полумесяце и Пакистане. Посольство США в Исламабаде взорвано, но Бакли спасается от нападения толпы и возвращается в Вашингтон, его прикрытие было раскрыто неизвестными силами.

Затем произошла очень странная вещь. Вопреки всем установленным процедурам ЦРУ, когда прикрытие агента оказывается под угрозой, Бакли отправляют обратно в Бейрут. На самом деле Бакли приговорен ЦРУ к смерти, чтобы заставить его замолчать, и на этот раз приговор приведен в исполнение. Уильям Бакли был похищен агентами Комитета 300, жестоко допрошен генералом сирийской разведки Мохаммедом эль

Хуили, чтобы заставить его раскрыть имена всех полевых агентов DEA в этих странах, и был зверски убит. Его усилия по разоблачению массовой торговли опиумом в Пакистане, Ливане и Иране стоили Бакли жизни.

Если последние свободные люди в мире считают, что они или их небольшие группы смогут уничтожить наркоторговлю, они жестоко ошибаются. Они могут отрезать щупальца торговли опиумом и кокаином тут и там, но никогда - голову. Коронованные кобры Европы и их восточная либеральная семья истеблишмента не потерпят этого. Война с наркотиками, которую якобы ведет администрация Буша, но не ведет, заключается в ТОТАЛЬНОЙ легализации ВСЕХ видов и классов наркотиков. Эти препараты - не только социальное отклонение, но и широкомасштабная попытка взять под контроль умы людей этой планеты, или, как выразились авторы "Аквариумного заговора", "произвести радикальные изменения в Соединенных Штатах". Это главная задача Комитета 300, высшего тайного общества.

В торговле опиумом, героином и кокаином ничего не изменилось. В Великобритании и США им по-прежнему управляют те же самые семьи "высшего класса". Это по-прежнему сказочно прибыльный бизнес, где кажущиеся большими потери от конфискации властями списываются в отделанных панелями залах заседаний советов директоров Нью-Йорка, Гонконга и Лондона за портвейном и сигарами как "простые издержки ведения бизнеса, старина".

Британский колониальный капитализм всегда был опорой феодально-олигархической системы привилегий в Англии и остается таковым по сей день. Когда в 1899 году бедные необразованные скотоводы Южной Африки, известные как буры, попали в кровавые руки британской аристократии, они даже не подозревали, что мятежная и жестокая война, которую без устали вела королева Виктория, финансировалась за счет невероятных сумм, поступавших в карманы плутократов из "мгновенных состояний" от торговли опиумом в Китае.

Члены Комитета 300, Сесил Джон Родс, Барни Барнато и Альфред Бейт, были зачинщиками и организаторами войны. Родс был главным агентом Ротшильдов, чьи банки были наводнены деньгами от торговли опиумом. Эти воры и лжецы - Родс, Барнато, Оппенгеймер, Джоэл и Бейт - лишили южноафриканских буров их права первородства, золота и алмазов, которые лежали под их землей. Южноафриканские буры не получили ни одного из миллиардов долларов от продажи своего золота и алмазов.

Комитет 300 вскоре получил полный контроль над этими огромными сокровищами, контроль, который он сохраняет и сегодня благодаря одному из своих членов, сэру Гарри Оппенгеймеру. Средний южноафриканец получает 100 долларов в год на душу населения от золотой и алмазной промышленности. Миллиарды, которые утекают каждый год, идут банкирам Комитета 300. Это одна из самых грязных и мерзких историй жадности, воровства и убийства нации, когда-либо зафиксированных в анналах истории.

Как британской короне удалось провернуть это мошенничество гигантских масштабов? Для выполнения такой сложной задачи требуется умелая организация и преданные агенты на местах для выполнения ежедневных инструкций, передаваемых иерархией заговорщиков. Первым шагом стала пропагандистская кампания в прессе, описывающая буров как нецивилизованных, едва очеловеченных варваров, которые отказывали британским гражданам в праве голоса в Бурской республике. Впоследствии Паулю Крюгеру, лидеру Республики Трансвааль, были предъявлены требования, которые, конечно же, не могли быть выполнены. После этого был устроен ряд инцидентов, чтобы подстрекнуть буров к мести, но и это не помогло. Затем произошел печально известный рейд Джеймсона, в ходе которого человек по имени Джеймсон возглавил группу из нескольких сотен вооруженных людей, совершивших нападение на Трансвааль. За этим немедленно последовала война.

Королева Виктория собрала самую большую и лучше всего оснащенную армию, которую когда-либо видел мир в то время (1898 год). Виктория считала, что война закончится через две недели, поскольку у буров не было ни постоянной армии, ни обученного ополчения, и они не могли сравниться с ее 400 000 солдат, набранных из низших слоев британского общества. Численность буров никогда не превышала 80 000 фермеров и их сыновей - некоторым из них было всего четырнадцать лет. Редьярд Киплинг также верил, что война закончится менее чем через неделю.

Вместо этого, с оружием в одной руке и Библией в другой, буры держались три года.

> "Мы отправились в Южную Африку, думая, что война закончится через неделю", - сказал Киплинг. "Вместо этого буры преподали нам хороший урок".

Этот же "урок" можно было бы преподать Комитету 300 сегодня, если бы только мы смогли собрать 10 000 лидеров, настоящих хороших людей, чтобы повести эту нацию в бой против гаргантюанского монстра, который угрожает поглотить все, что представляет наша Конституция.

После окончания войны в 1902 году британская корона должна была укрепить свое владение невообразимыми золотыми и алмазными богатствами, которые лежали под бесплодными пустошами бурских республик Трансвааль и Оранжевое свободное государство. Это было сделано через легенду Круглого стола о короле Артуре и его рыцарях. Круглый стол" - это строго разведывательная операция британской МИ-6, созданная Комитетом 300, которая, наряду с программой стипендий Родса, является кинжалом в сердце Америки.

Круглый стол" был основан в Южной Африке Сесилом Родсом и финансировался английской ветвью Ротшильдов. Его целью была подготовка лояльных британской короне бизнес-лидеров, способных обеспечить безопасность огромных золотых и алмазных сокровищ британской короны. Южноафриканцы были лишены права первородства в результате переворота, настолько масштабного и широкомасштабного, что было очевидно, что его могло осуществить только единое центральное командование. Этим объединенным командованием был Комитет 300.

Тот факт, что это было сделано, не оспаривается. В начале 1930-х годов под контролем британской короны находились крупнейшие запасы золота и алмазов, когда-либо обнаруженные в мире. Теперь в распоряжении Комитета 300 были как огромные состояния от торговли наркотиками, так и столь же огромные ресурсы минеральных богатств Южной Африки. Финансовый контроль над миром был полным.

Круглый стол сыграл центральную роль в перевороте. Явной целью Круглого стола, после поглощения Южной Африки, было смягчение преимуществ американской войны за независимость для Соединенных Штатов и возвращение их под британский контроль. Организационный потенциал был необходим для такого предприятия, и его обеспечил лорд Альфред Милнер, ставленник лондонской семьи Ротшильдов. Используя принципы шотландского масонства для отбора членов Круглого стола, избранные проходили период интенсивной подготовки в Кембриджском и Оксфордском университетах под пристальным вниманием Джона Раскина, явного "коммуниста старой школы", и Т.Х. Грина, агента МИ-6.

Именно Грин, сын христианского евангелиста, стал отцом Родса, Милнера, Джона Уилера Беннета, А. Д. Линдсея, Джорджа Бернарда Шоу и Хьялмара Шахта, министра финансов Гитлера. Я сделал паузу, чтобы напомнить читателям, что Круглый стол - это только один из секторов этого огромного и всеобъемлющего Комитета 300, а сам Круглый стол состоит из лабиринта компаний, институтов, банков и учебных заведений, чтобы разобраться в котором квалифицированным страховым актуариям понадобился бы не один год.

Члены "Круглого стола" разъехались по всему миру, чтобы взять под контроль фискальную и монетарную политику и политическое руководство в каждой стране, в которой они работали. В Южной Африке генерал Сматс, сражавшийся против британцев в Бурской войне, был "преобразован" и стал ведущим британским разведчиком, военным и политическим агентом, выступавшим на стороне британской короны. В США в последующие годы задача проникновения в Соединенные Штаты изнутри выпала на долю Уильяма Янделла Эллиота, человека, который породил Генри Киссинджера и который был ответственен за его метеоритный взлет к власти в качестве главного советника США в Комитете 300.

Уильям Янделл Эллиот был "оксфордским американцем" (президент Уильям Джефферсон Клинтон также был "оксфордским американцем"), который уже хорошо послужил Комитету 300, что является предпосылкой для получения более высокой должности в комитете.

После окончания Университета Вандербильта в 1917 году Эллиот был завербован банковской сетью Ротшильда-Варбурга. Он работал в Федеральном резервном банке Сан-Франциско и стал его директором. Оттуда он действовал как офицер разведки Warburg-Rothschild, докладывая о важных областях США, которые он курировал. Разведчики талантов Эллиота "масоны" рекомендовали его на стипендию Родса, и в 1923 году он поступил в Баллиол-колледж Оксфордского университета, чьи "мечтательные шпили" скрывают сеть интриг и будущих предателей Запада.

Колледж Баллиол был и остается центром по набору персонала для Круглого стола. После длительного промывания мозгов представителем Тавистокского института человеческих отношений А.Д. Линдсеем, который сменил хозяина Баллиола Т.Х. Грина, Эллиот был принят в Круглый стол и направлен в Королевский институт международных отношений для получения своей миссии, которая заключалась в том, чтобы вернуться в США и стать лидером в академическом сообществе.

Философия Круглого стола заключалась в том, чтобы поставить его членов в положение, позволяющее им формулировать и проводить социальную политику через институты для манипулирования тем, что Рёскин называл "массами". Члены группы проникли в высшие эшелоны банка после посещения курса в Тавистокском институте. Этот курс был разработан лордом Леконсфилдом, близким членом британской королевской семьи, а затем им руководил Роберт Бранд, который позже возглавил компанию Lazard Frères. Королевский институт международных отношений был и остается полностью взаимосвязанным с британской монархией. Производными от Круглого стола являются "Бильдербергеры", созданные и управляемые Дунканом Сэндисом, ведущим политиком и зятем покойного Уинстона Черчилля; Фонд Дитчли, тайный клуб банкиров, который я раскрыл в своей книге 1983 года "*Международный заговор банкиров: Фонд Дитчли*"; Трехсторонняя комиссия; Атлантический совет США; Аспенский институт гуманистических исследований, чьим хорошо скрытым, закулисным основателем был лорд Баллок из RIIA, для которого Роберт Андерсон выступал в качестве прикрытия.

То, как Генри Киссинджер, главный агент RIIA в США, пришел к власти, - это история триумфа института британской монархии над Республикой Соединенных Штатов Америки. Это ужасная история, слишком длинная, чтобы повторять ее здесь. Тем не менее, не упомянуть некоторые из основных моментов восхождения Киссинджера к славе, богатству и власти было бы преступной небрежностью.

После службы в армии США, где он начал с того, что водил генерала Фрица Кремера по разоренной войной Германии, Киссинджер был выбран семьей Оппенгеймеров для дальнейшего обучения в Уилтон-Парке. В то время он имел звание рядового первого класса. В 1952 году Киссинджер был направлен в Тавистокский институт, где Р. В. Дикс взял его под руку и обучил. После этого ничто не могло удержать Киссинджера. Позже он был призван служить под началом Джорджа Франклина и Гамильтона Фиша в нью-йоркском офисе Совета по международным отношениям.

Считается, что официальная ядерная политика, принятая Соединенными Штатами, была передана Киссинджеру во время его пребывания в Тавистоке и сформирована его участием в "Ядерном оружии и внешней политике", семинаре Круглого стола, который привел к появлению доктрины, известной как "гибкий ответ", полной иррациональности, которая стала известна под аббревиатурой MAD. Через Уильяма Янделла Эллиота и под опекой Джона Уилера Беннета, директора разведки "Круглого стола" и главы операций МИ-6 в США, Киссинджер стал "любимым сыном" Эллиота, как он объясняет в своей книге *"Прагматический бунт в политике"*. Киссинджер был кооптирован в Круглый стол для продвижения монетаристской политики, которую он изучал на международных семинарах в Гарварде.

Киссинджер с жадностью впитывал учения Эллиота, и вскоре его уже нельзя было узнать в человеке, которого генерал Кремер однажды назвал "моим маленьким еврейским шофером". Киссинджер проникся духом магистра Баллиола, став ярым учеником декадентской британской аристократии. Приняв философию Тойнби, директора разведки МИ-6, в Королевском институте международных отношений, Киссинджер использовал его работы для написания своей бакалаврской "диссертации". К середине 1960-х годов Киссинджер доказал свою значимость для Круглого стола и RIIA, а значит, и для британской монархии. В качестве награды и для проверки полученных знаний Киссинджера поставили во главе небольшой группы, состоящей из Джеймса Шлессинджера, Александра Хейга и Дэниела Эллсберга, которую "Круглый стол" использовал для проведения серии экспериментов. Главный теоретик Института политических исследований Ноам Хомский сотрудничал с этой группой. Хейг, как и Киссинджер, работал на генерала Кремера, хотя и не в качестве водителя, и генерал нашел для своего протеже ряд разнообразных вакансий в Министерстве обороны. Как только Киссинджер был назначен советником по национальной безопасности, Кример получил должность заместителя Хейга. Затем Эллсберг, Хейг и Киссинджер привели в действие уотергейтский план RIIA по смещению президента Никсона за неподчинение прямым инструкциям.

Хейг сыграл главную роль в промывании мозгов и запутывании президента Никсона, и фактически именно Киссинджер руководил Белым домом во время этого смягчения президента. Как я уже упоминал в 1984 году, Хейг был связным Белого дома, известным как "Глубокая глотка",[18] , который передавал информацию группе Вудворда и Бернстайна из *Washington Post*.

Уотергейт Никсона был самым большим переворотом, когда-либо совершенным "Круглым столом" как агентством и подразделением RIIA. Все запутанные нити восходили к Круглому столу, затем к РИИА и, наконец, к английской королеве. Унижение Никсона стало уроком, учебником и предупреждением для будущих президентов США, чтобы они не думали, что могут пойти против Комитета 300 и победить. Кеннеди был жестоко убит на глазах у американского народа по той же причине; Никсон не считался достаточно важным, чтобы его постигла та же участь, что и Джона Ф. Кеннеди.

Но какой бы метод ни использовался, Комитет 300 позаботился о том, чтобы все претенденты на Белый дом получили сообщение о том, что "*никто* нам не уступает". То, что это послание остается таким же сильным, как и во времена убийства Кеннеди и отстранения Никсона от власти, подчеркивается характером президента Джорджа Буша, чье стремление угодить своим хозяевам должно вызывать серьезное беспокойство у тех, кому небезразлично будущее Америки.

Цель этих учений стала ясна во время эпизода с "Бумагами Пентагона" и приходом Шлессинджера в администрацию Никсона, чтобы сыграть роль спойлера в оборонном ведомстве и контрнаступления в развитии атомной энергии, роль, которую Шлессинджер взял на себя под прикрытием своей должности в Комиссии по атомной энергии, одного из ключевых факторов деиндустриализации США в соответствии с постиндустриальной стратегией нулевого роста Римского клуба. Отсюда можно

---

[18] Глубокое горло, Ндт.

проследить корни рецессии/депрессии 1991 года, которая на сегодняшний день стоила работы 30 миллионам американцев.

Проникнуть в "Комитет 300" и олигархические семьи, входящие в его состав, практически невозможно. Камуфляж, которым они покрывают себя, как защитной маской, очень трудно сорвать. На этот факт должен обратить внимание каждый свободолюбивый американец: Комитет 300 диктует то, что является внешней и внутренней политикой США, и делает это уже более 200 лет. Нигде это не было так ярко проиллюстрировано, как когда у самоуверенного президента Трумэна Черчилль выдернул ковер из-под ног, впихнув "доктрину Трумэна" в глотку маленького человека из Индепенденса, штат Миссури.

Среди их бывших членов, чьи потомки заполнили вакансии, возникшие в результате смерти, и нынешних членов - сэр Марк Тернер, Джеральд Вильерс, Сэмюэл Монтегю, Инчкейпы, Кесвики, Пизы, Шредеры, Эйрли, Черчилли, Фрейзеры, Лазары и Джардин Матисоны. Полный список членов комитета приводится в другой части этой книги; члены этого комитета приказали президенту Вильсону вступить в войну с Германией в Первой мировой войне; этот комитет приказал Рузвельту организовать нападение Японии на Перл-Харбор, чтобы втянуть США во Вторую мировую войну.

Эти люди, этот Комитет, приказали этой нации начать войну в Корее, Вьетнаме и Персидском заливе. Простая правда заключается в том, что Соединенные Штаты в этом столетии вели 5 войн за и от имени печально известного Комитета 300.

Кажется, что, за исключением немногих, никто не нашел времени спросить: "ПОЧЕМУ МЫ ВЕДЕМ ЭТИ ВОЙНЫ? ". Большой барабан "патриотизма", военная музыка и размахивание флагами и желтыми лентами, похоже, свели с ума великую нацию.

В 50-ю годовщину Перл-Харбора новая кампания "ненависти к Японии" ведется не Институтом тихоокеанских отношений (IPR), а самым прямым и наглым образом администрацией Буша и Конгрессом. Цель та же, что и при инспирировании Рузвельтом атаки на Перл-Харбор: представить японцев агрессорами и развязать экономическую войну, а затем подготовить наши силы к следующей фазе - вооруженной агрессии против Японии.

Это уже происходит; это лишь вопрос времени, когда еще больше наших сыновей и дочерей будут отправлены на убой на службе у феодалов из Комитета 300. Мы должны кричать с крыш:

> "Мы идем на смерть не за свободу и не за любовь к родине, а за систему тирании, которая скоро охватит весь мир".

Хватка этой организации в Великобритании настолько сильна, что 95% британских граждан, начиная с 1700-х годов, были вынуждены принимать в качестве своей доли менее 20% национального богатства страны. Это то, что олигархические феодалы Англии любят называть "демократией". То, что они сделали в Индии, Судане, Египте, Ираке, Иране и Турции, будет повторено в каждой стране в рамках Нового мирового порядка - мирового правительства. Они будут использовать каждую нацию и ее богатства для защиты своего привилегированного образа жизни. Это тот класс британской аристократии, чьи состояния неразрывно связаны с торговлей наркотиками, золотом, алмазами и оружием, банковским делом, торговлей и промышленностью, нефтью, СМИ и индустрией развлечений.

За исключением рядовых членов Лейбористской партии (но не ее лидеров), большинство британских политических лидеров являются потомками титулованных семей, причем титулы являются наследственными и передаются от отца к старшему сыну. Эта система гарантирует, что никто из "чужаков" не стремится к политической власти в Англии. Тем не менее, некоторым чужакам удалось пробраться внутрь.

Возьмем случай лорда Галифакса, бывшего британского посла в Вашингтоне и человека, который передавал приказы Комитета 300 нашему правительству во время Второй мировой войны. Сын Галифакса, Чарльз Вуд, женился на мисс Примроуз, родственнице лорда Ротшильда. За такими именами, как лорд Свэйтлинг, скрывается имя Монтегю, директора Банка Англии, советника и доверенного лица главного акционера нефтяной компании Shell, королевы Елизаветы II. Все они являются членами Комитета 300. Некоторые из старых барьеров были разрушены. Сегодня титул больше не является единственным критерием для приема в Римский клуб.

Уместно дать обзор того, чего надеется достичь Комитет 300, его целей и задач, прежде чем перейти к его обширной сети банков, страховых компаний, предприятий и т.д. Приведенная ниже информация была получена в результате многолетнего расследования и изучения сотен документов из источников, которые дали мне доступ к некоторым деталям, тщательно скрываемым от общественности.

Комитет 300 состоит из определенных лиц, которые являются специалистами в своей области, включая Cultus Diabolicus, наркотики, изменяющие сознание, и специалистов по убийствам путем отравления, разведке, банковскому делу и всем аспектам коммерческой деятельности. Необходимо упомянуть бывших членов, которые уже ушли из жизни, в связи с их прежней ролью и в связи с тем, что их места были отданы членам семей новых членов, которые были признаны достойными этой чести.

Членами организации являются старые черные европейские дворянские семьи, американский либеральный истеблишмент Восточного побережья (в масонской иерархии и Ордене "Череп и кости"),[19] Иллюминаты, или, как их называет Комитет "MORIAH CONQUERING WIND", Группа Мумма, Национальный и Всемирный совет церквей, Круг инсайдеров, Неизвестная девятка, Траст Люцис, Иезуитские теологи освобождения, Орден старейшин Сиона, Князья Наси, Международный валютный фонд (МВФ), Банк международных расчетов (БМР), Организация Объединенных Наций (U.N.), центральный и британский квартет Коронати, итальянское масонство П2 - особенно те, кто входит в иерархию Ватикана - Центральное разведывательное управление, избранные сотрудники Тавистокского института, различные члены крупных фондов и страховых компаний, упомянутых в следующих списках, Гонконгский и Шанхайский банк, Группа Милнера - Круглый стол, Фонд Чини, Немецкий фонд Маршалла, Фонд Дитчли, НАТО, Римский клуб, экологи, Орден Святого Иоанна Иерусалимского, Церковь единого мирового правительства, Социалистический интернационал, Черный орден, Общество Туле, Аненхербе-росикрусианисты, Великие Высшие и буквально СТОЛЬКО других организаций.

Так что же мы видим? Собрание людей со странными идеями? Конечно, нет. В Комитете 300, история которого насчитывает 150 лет, мы имеем несколько самых ярких умов, собравшихся вместе, чтобы сформировать "новое" общество, которое является полностью тоталитарным и абсолютно контролируемым, за исключением того, что оно не является новым, поскольку

---

[19] Черепа и кости, Ндт.

большинство его идей было взято из клубов Cultus Diabolicus. Она стремится к созданию единого мирового правительства, довольно хорошо описанного одним из ее покойных членов, Г. Г. Уэллсом, в его книге, написанной по заказу Комитета, которую Уэллс озаглавил: *"Открытый заговор - планы мировой революции"*. Это было смелое заявление о намерениях, но не совсем смелое, так как никто не верил Уэллсу, кроме Великих Начальников,[20] Аненхербов и тех, кого мы сегодня назвали бы "инсайдерами".

Вот выдержка из того, что предложил Уэллс:

> "Открытый заговор" поначалу, я полагаю, будет выглядеть как сознательная организация умных и, в некоторых случаях, богатых людей, как движение с четкими социальными и политическими целями, игнорирующее большинство существующих аппаратов политического контроля или использующее их лишь случайно, в ходе этапов, как простое движение ряда людей в определенном направлении, которые вскоре с удивлением обнаружат общий объект, к которому они все движутся. Всевозможными способами они будут якобы влиять на правительство и контролировать его".

Как и *"1984"* Джорджа Оруэлла, история Уэллса - это масштабный призыв к созданию единого мирового правительства. Короче говоря, намерение и цель Комитета 300 состоит в том, чтобы протолкнуть следующие условия:

Единое мировое правительство и централизованная денежная система под руководством постоянных неизбираемых наследственных олигархов, которые выбирают себя из числа своих членов в форме феодальной системы, как она существовала в Средние века. В этом едином мировом образовании население будет ограничено ограничениями на количество детей в семье, болезнями, войнами, голодом, пока один миллиард (1 000 000 000) полезных правящему классу людей, в районах, которые будут строго и четко определены, не останется общим населением мира.

Среднего класса не будет, будут только лидеры и слуги. Все законы будут едины в рамках правовой системы мировых судов,

---

[20] Неизвестное начальство" международного масонства. N.B.

применяющих один и тот же единый свод законов, поддерживаемых единой мировой правительственной полицией и единой мировой армией для обеспечения соблюдения законов во всех бывших странах, где не будет государственных границ. Система будет основана на государстве всеобщего благосостояния; те, кто послушен и подчиняется единому мировому правительству, будут вознаграждены средствами к существованию; те, кто бунтует, будут просто уморены голодом или объявлены вне закона, став мишенью для любого, кто захочет их убить. Огнестрельное оружие или оружие любого вида, находящееся у частных лиц, будет запрещено.

Будет разрешена только одна религия, и она будет в форме Церкви Единого Мирового Правительства, которая существует с 1920 года, как мы увидим. Сатанизм, люциферианство и колдовство будут признаны как законные программы Единого Мирового Правительства, без частных или деноминационных школ. *Все* христианские церкви *уже* подмяты под себя, и христианство уйдет в прошлое в едином мировом правительстве.

Чтобы вызвать государство, в котором нет индивидуальной свободы или концепции свободы, не будет ничего похожего на республиканство, суверенитет или права, принадлежащие народу. Национальная гордость и расовая идентичность будут подавляться, а на переходном этапе простое упоминание о своем расовом происхождении будет караться самыми суровыми наказаниями.

Каждый человек будет полностью индоктринирован, чтобы знать, что он является созданием единого мирового правительства и что у него есть идентификационный номер, четко обозначенный на его лице, чтобы его можно было легко найти. Этот идентификационный номер будет находиться в главном файле компьютера НАТО в Брюсселе, Бельгия, и может быть мгновенно извлечен любым агентством единого мирового правительства в любое время. Основные файлы ЦРУ, ФБР, местных и государственных полицейских агентств, налоговой службы, FEMA, социального обеспечения будут значительно расширены и станут основой личных дел всех людей в США.

Браки будут запрещены, и семейной жизни в том виде, в котором мы ее знаем, больше не будет. Дети будут отбираться у родителей в раннем возрасте и воспитываться подопечными как собственность государства. Такой эксперимент был проведен в

Восточной Германии при Эрихе Хоннекере, когда детей забирали у родителей, которых государство считало нелояльными гражданами. Женщины будут деградировать в результате продолжающегося процесса движений за "освобождение женщин". Бесплатный секс будет обязательным.

Если она не подчинится хотя бы один раз до 20 лет, то будет наказана суровыми репрессиями против своей персоны. Самоаборт будет преподаваться и практиковаться после рождения у женщины двух детей; эти данные будут содержаться в личном деле каждой женщины в региональных компьютерах Единого Мирового Правительства. Если женщина забеременеет после рождения двух детей, ее насильно отвезут в клинику для аборта и стерилизации.

Порнография будет поощряться, и ее показ будет обязательным во всех кинотеатрах, включая гомосексуальную и лесбийскую порнографию. Употребление "рекреационных" наркотиков будет обязательным, каждому человеку будет выделена квота на наркотики, которые будут закупаться в магазинах единого мирового правительства по всему миру. Будут разработаны препараты для контроля сознания, и их использование станет обязательным. Эти препараты для контроля сознания будут вводиться в пищу и/или воду без ведома или согласия населения. Будут созданы наркобары, управляемые сотрудниками Единого мирового правительства, где рабский класс сможет проводить свободное время. Таким образом, неэлитные массы будут низведены до уровня и поведения управляемых животных, не имеющих собственной воли и легко управляемых.

Экономическая система будет основана на том, что правящий олигархический класс будет производить достаточно продуктов питания и услуг, чтобы содержать лагеря массового рабского труда. Все богатства будут сосредоточены в руках элитных членов Комитета 300. Каждому человеку будет внушено, что его выживание полностью зависит от государства. Миром будут править исполнительные декреты Комитета 300, которые станут мгновенным законом. Борис Ельцин использовал указы Комитета 300, чтобы навязать России волю Комитета в пробном режиме. Будут суды наказания, а не суды справедливости. Промышленность должна быть полностью уничтожена, как и ядерные энергетические системы. Только 300 членов Комитета и их элита будут иметь право на все ресурсы Земли. Сельское хозяйство будет находиться исключительно в руках Комитета 300, а производство продуктов питания будет строго контролироваться. Когда эти меры начнут действовать, большое количество населения городов будет насильно переселено в отдаленные районы, а те, кто откажется уехать, будут уничтожены по примеру эксперимента "Единого мирового правительства", проведенного Пол Потом в Камбодже.

Эвтаназия для неизлечимо больных и пожилых людей будет обязательной. Ни один город не будет больше заранее определенного числа, как описано в работе Калерги. Работники первой необходимости будут переведены в другие города, если тот, в котором они находятся, станет переполненным. Другие работники, не являющиеся основными, будут отобраны случайным образом и отправлены в малонаселенные города для заполнения "квот".

По меньшей мере 4 миллиарда "бесполезных едоков" будут уничтожены к 2050 году с помощью ограниченных военных действий, организованных эпидемий смертельных быстропрогрессирующих заболеваний и голода. Энергия, пища и вода будут поддерживаться на уровне прожиточного минимума для неэлиты, начиная с белого населения Западной Европы и Северной Америки, а затем распространяясь на другие расы. Население Канады, Западной Европы и США будет сокращаться быстрее, чем население других континентов, пока население планеты не достигнет управляемого уровня в один миллиард человек, из которых 500 миллионов будут китайцы и японцы, отобранные потому, что они являются людьми, которые веками были регламентированы и привыкли беспрекословно подчиняться властям.

Время от времени будет возникать искусственный дефицит продовольствия, воды и медицинской помощи, чтобы напомнить массам, что само их существование зависит от доброй воли Комитета 300.

После уничтожения жилья, автомобилей, сталелитейной и тяжелой промышленности останется ограниченное количество домов, а промышленность любого вида, которой будет позволено продолжаться, будет находиться под руководством Римского клуба НАТО, как и развитие науки и освоение космоса, ограниченное элитой под контролем Комитета 300. Космическое оружие всех бывших стран будет уничтожено вместе с ядерным оружием.

Все основные и неосновные фармацевтические препараты, врачи, стоматологи и медицинские работники будут зарегистрированы в центральной компьютерной базе данных, и никакие лекарства или медицинская помощь не будут выписываться без прямого разрешения региональных контролеров, ответственных за каждый город и деревню.

Соединенные Штаты будут захвачены людьми чужой культуры, которые в конечном итоге подавят белую Америку; людьми, которые понятия не имеют, что такое Конституция США, и поэтому ничего не сделают для ее защиты, и в чьем сознании понятия свободы и справедливости настолько слабы, что не имеют никакого значения. Главной заботой будет еда и кров. Ни один центральный банк, кроме Банка международных расчетов и Всемирного банка, не будет допущен к работе. Частные банки будут запрещены. Вознаграждение за проделанную работу будет выплачиваться по заранее установленной шкале, единой для всего единого мирового правительства. Никаких споров о заработной плате и никаких отклонений от стандартной единой шкалы, установленной единым мировым правительством, не допускается. Те, кто нарушит закон, будут казнены на месте.

В руках неэлиты не будет наличных денег или монет. Все операции будут осуществляться с использованием дебетовой карты с идентификационным номером владельца. Любое лицо, которое каким-либо образом нарушает правила и положения Комитета 300, будет лишено возможности пользоваться своей картой на определенный период времени в зависимости от характера и тяжести нарушения.

Совершая покупки, эти люди обнаружат, что их карта занесена в черный список, и они не смогут получить какие-либо услуги. Попытки обмена "древних" монет, то есть серебряных монет бывших государств, ныне исчезнувших, будут рассматриваться как преступление, караемое смертной казнью. Все такие монеты, а также оружие, пистолеты, взрывчатые вещества и автомобили необходимо будет вернуть в течение определенного срока. Только элите и высшим правительственным чиновникам будет разрешено пользоваться личным транспортом, оружием, монетами и автомобилями.

Если правонарушение серьезное, карта будет изъята на

контрольно-пропускном пункте, где она была предъявлена. После этого такому человеку будет отказано в доступе к пище, воде, жилью и медицинским услугам для трудоустройства, и он будет официально внесен в список "вне закона". Будут созданы большие банды преступников, которые будут жить в тех районах, где им легче всего прокормиться, и их будут выслеживать и отстреливать на месте. Те, кто каким-либо образом помогает преступникам, также будут расстреляны. Если преступники не сдадутся полиции или армии по истечении определенного срока, вместо них тюремное заключение будет отбывать бывший член семьи, выбранный случайным образом.

Соперничающие фракции и группы, такие как арабы, евреи и африканские племена, будут превозносить свои разногласия и получат возможность вести истребительные войны друг против друга под наблюдением наблюдателей НАТО и ООН. Та же тактика будет использоваться в Центральной и Южной Америке. Эти войны на истощение будут происходить ДО прихода к власти единого мирового правительства и будут организованы на всех континентах, где проживают большие группы людей с этническими и религиозными различиями, например, сикхи, мусульмане Пакистана и индуисты Индии. Этнические и религиозные различия будут усиливаться и усугубляться, а насильственные конфликты как средство "урегулирования" разногласий будут поощряться и пропагандироваться.

Все новостные службы и печатные СМИ будут находиться под контролем единого мирового правительства. Регулярные меры по промыванию мозгов будут представлены как "развлечение", подобно тому, как это практикуется и стало искусством в США. Молодые люди, изъятые у "нелояльных родителей", будут получать специальное образование, направленное на их жестокое обращение. Молодые люди обоих полов будут проходить обучение, чтобы стать тюремными надзирателями для системы трудовых лагерей "Единого мира". Из вышесказанного очевидно, что предстоит проделать большую работу, прежде чем наступит рассвет нового мирового порядка. Комитет 300 давно вынашивает планы по дестабилизации цивилизации, некоторые из них известны Збигневу Бжезинскому по его классической книге *"Технотронный век"* и по работам Ауреллио Печчеи, основателя Римского клуба, в частности, по его книге "*Впереди пропасть*".

В книге "*Впереди пропасть"* Печчеи подробно описывает 300 планов Комитета по приручению человека, которого он называет "Враг". Печчеи процитировал слова, которые Феликс Дзержинский однажды сказал Сиднею Рейли в разгар красного террора, когда были убиты миллионы русских:

> "Почему меня должно волновать количество смертей? Даже христианская Библия говорит: "Что есть человек, чтобы Бог заботился о нем? Для меня мужчины - это не что иное, как мозг с одной стороны и фабрика по производству дерьма с другой".

Именно из этого жестокого видения человека пришел Иммануил Христос, чтобы спасти мир. Сидни Рейли был агентом МИ-6, посланным следить за деятельностью Дзержинского. Предположительно, Рейли был застрелен своим другом Феликсом при попытке бегства из России. Замысловатый план был задуман, когда некоторые члены британского парламента стали требовать отчета о деятельности Рейли в России, который мог бы разоблачить роль Комитета 300 в захвате бакинских нефтяных месторождений и его важную роль в помощи Ленину и Троцкому во время большевистской революции. Вместо того чтобы раскрыть правду о Рейли, МИ-6 решила инсценировать его смерть. Рейли доживал свои дни в величайшей роскоши на русской вилле, обычно предназначенной для большевистской элиты.

Утверждая, что хаос наступит, если "Атлантический альянс", эвфемизм для "Комитета 300", не будет управлять постиндустриальной Америкой, Печчеи предложил мальтузианскую сортировку в глобальном масштабе. Он предвидел столкновение между научно-техническим и военным аппаратом Советского Союза и западным миром. Таким образом, странам Варшавского договора должно было быть предложено объединение с Западом в единое мировое правительство для управления мировыми делами на основе кризисного управления и глобального планирования.

События, происходящие на территории бывшего СССР, и появление нескольких независимых государств в рамках свободной федерации в России - это именно то, что было предусмотрено Печчеи и Римским клубом, и это ясно объясняется в двух упомянутых мною книгах. С разделенным СССР будет легче иметь дело, чем с сильным и единым советским народом. Планы, разработанные Комитетом 300 по созданию единого мирового правительства, которые включали в себя перспективу разделенной России, сейчас приближаются к точке стремительной эскалации. События в России в конце 1991 года тем более драматичны, если сравнивать их с долгосрочными планами Комитета 300, разработанными с 1960 года.

В Западной Европе люди работают над созданием федерации государств под управлением единого правительства с единой валютой. Оттуда система ЕЭС постепенно будет перенесена в США и Канаду. Организация Объединенных Наций медленно, но верно превращается в правительство одного мира, политика которого диктуется США, как мы видели в случае войны в Персидском заливе. Точно то же самое происходит с британским парламентом. Обсуждение участия Великобритании в войне в Персидском заливе было сведено к смехотворно минимальному уровню и состоялось только в конце дня, во время перерыва в заседании Палаты представителей. Такого еще не случалось в ранней истории парламента, когда нужно было принять столь важное решение и так мало времени было отведено на обсуждение. Одно из самых заметных событий в истории парламента прошло практически незамеченным.

Мы близки к тому моменту, когда США направят свои вооруженные силы для разрешения всех споров, вынесенных на рассмотрение ООН. Уходящий генеральный секретарь Перес де Куэльяр, который был сильно обвешан взятками, был самым покладистым руководителем ООН в истории, беспрекословно уступая требованиям США. Его преемник будет с еще большей готовностью подчиняться всему, что подкинет ему правительство США. Это важный шаг на пути к единому мировому правительству.

В ближайшие два года Международный суд в Гааге будет все чаще использоваться для разрешения всевозможных юридических споров. Это, конечно же, прообраз правовой системы единого мирового правительства, которая вытеснит все остальные. Что касается центральных банков, которые играют важную роль в планировании Нового мирового порядка, то это уже свершившийся факт: Банк международных расчетов занял доминирующее положение на сцене в конце 1991 года. Частные банки быстро исчезают, чтобы освободить место для десяти крупных банков, которые будут контролировать банковский сектор во всем мире под руководством БМР и МВФ.

Государства всеобщего благосостояния изобилуют в Европе, а Соединенные Штаты становятся крупнейшим государством всеобщего благосостояния в мире. Как только люди начинают зависеть от правительства в вопросах жизнеобеспечения, их будет очень трудно от него отучить, как мы видели по результатам последних промежуточных выборов в США, где 98% действующих депутатов были отправлены обратно в Вашингтон, чтобы наслаждаться хорошей жизнью, несмотря на их совершенно плачевный послужной список.

Отмена огнестрельного оружия, находящегося в частной собственности, уже действует в трех четвертях мира. Только в Соединенных Штатах люди все еще могут владеть огнестрельным оружием любого вида, но это законное право урезается с угрожающей скоростью законами штатов и местных органов власти, которые нарушают конституционное право всех граждан на ношение оружия. Частное владение оружием уйдет в прошлое в США к 2010 году.

Аналогичным образом, образование разрушается с угрожающей скоростью. Государственные школы вынуждены закрываться по различным юридическим причинам, схемам и отсутствию финансирования. Стандарт образования в США уже опустился до такого плачевного уровня, что сегодня его вряд ли можно назвать образованием. Это происходит в соответствии с планом; как я уже описывал ранее, правительство одного мира не хочет, чтобы наша молодежь получала надлежащее образование и наставления.

Разрушение национальной идентичности идет полным ходом. Быть патриотом больше не хорошо, если только это не связано с проектом, отвечающим взглядам единого мирового правительства, таким как геноцидная война против Ирака или предстоящее уничтожение Ливии. Расовая гордость сегодня не одобряется и считается незаконной во многих частях мира, включая США, Великобританию, Западную Европу и Канаду - все страны с наибольшей концентрацией белого населения.

После окончания Второй мировой войны разрушение республиканских форм правления продолжалось быстрыми темпами под руководством американских тайных обществ. Список таких правительств, уничтоженных Соединенными

Штатами, длинный, и неосведомленному человеку трудно согласиться с тем, что правительство страны, якобы приверженной республиканизму в соответствии с единой конституцией, будет заниматься подобным поведением, но факты говорят сами за себя.

Это цель, поставленная Комитетом 300 более ста лет назад. США возглавили атаки на эти правительства и продолжают это делать, несмотря на то, что республиканская база США неуклонно подрывается. Начиная с юридического советника Джеймса Эрла Картера Ллойда Катлера, комитет конституционных юристов работал над преобразованием Конгресса США в непредставительную парламентскую систему. Работа над планом таких изменений велась с 1979 года, и благодаря своей преданности этому делу Катлер был назначен в Комитет 300. Окончательный проект правительства парламентского типа должен быть представлен Комитету 300 в конце 1993 года.

В новой парламентской системе депутаты будут подотчетны не своим избирателям, а парламентариям, и они будут голосовать так, как им скажут. Таким образом, в результате судебной и бюрократической подрывной деятельности Конституция исчезнет, как и свобода личности. Запланированное развращение человека через развратные сексуальные практики будет усиливаться. Новые сексуально дегенеративные культы создаются даже британской короной - через службы SIS и MI6. Как мы уже знаем, все культы, действующие сегодня в мире, являются продуктом британской секретной службы, действующей от имени олигархических правителей.

Мы можем думать, что до этой фазы создания совершенно нового культа, специализирующегося на дегенеративном сексуальном поведении, еще далеко, но, по моей информации, в 1992 году она должна усилиться. В 1994 году станет вполне обычным явлением организация "живых шоу" в самых престижных клубах и развлекательных заведениях. Образ этого вида "развлечений" уже становится все более чистым и ясным.

Вскоре большие имена в Голливуде и мире развлечений будут рекомендовать тот или иной клуб как "обязательный" для проведения живых секс-шоу. Лесбиянство и гомосексуализм не будут в центре внимания. Это новое социально приемлемое "развлечение" будет представлять собой гетеросексуальные шоу и будет подвергаться таким же рецензиям, какие можно найти в сегодняшних газетах о бродвейских шоу или последнем фильме-блокбастере.

В 1992 году будет усилено беспрецедентное наступление на моральные ценности. Порнография больше не будет называться "порнографией", а "сексуальными развлечениями для взрослых". Риторика будет иметь форму "зачем скрывать, если все остальные это делают". Давайте избавимся от образа, что публичная демонстрация секса - это уродливо и грязно". Любители такого рода необузданного сексуального желания больше не будут вынуждены посещать сомнительные порнографические салоны. Вместо этого светские ужины и излюбленные места богатых и знаменитых сделают публичные сексуальные демонстрации высокохудожественной формой развлечения. Хуже того, некоторые церковные "лидеры" даже рекомендуют это.

Объемный и огромный социально-психиатрический аппарат, созданный Тавистокским институтом и его огромной сетью связанных с ним возможностей, находился под контролем одного субъекта, и этот субъект все еще контролирует его в начале 1992 года. Эта единая структура, иерархия заговорщиков, называется Комитетом 300 - командная структура и центр власти, который действует далеко за пределами досягаемости любого мирового лидера или правительства, включая правительство Соединенных Штатов и их президентов - как обнаружил покойный Джон Ф. Кеннеди. Убийство Кеннеди было операцией Комитета 300, и мы еще вернемся к этому вопросу.

Комитет 300 - это высшее тайное общество неприкасаемого правящего класса, в который входят королева Англии, королева Нидерландов, королева Дании и королевские семьи Европы. После смерти королевы Виктории, матриарха венецианских Черных Гельфов, эти аристократы решили, что для достижения мирового контроля аристократам необходимо "вести дела" с неаристократическими, но чрезвычайно могущественными лидерами мировых коммерческих предприятий, и таким образом двери верховной власти были открыты для тех, кого королева Англии любит называть "простолюдинами".

Работая в сфере разведки, я знаю, что главы иностранных правительств называют этот всемогущий орган "волшебниками". Сталин придумал свою собственную фразу для их описания: "Темные силы", а президент Эйзенхауэр, который никогда не мог подняться выше ранга "хофюден" (придворный еврей), назвал это, в колоссальном преуменьшении, "военно-промышленным комплексом". Сталин держал СССР хорошо вооруженным обычными и ядерными силами, потому что не доверял тем, кого он называл "семьей". Его недоверие и страх перед Комитетом 300 оказались вполне обоснованными.

Популярные развлечения, особенно кино, использовались для дискредитации тех, кто пытался предостеречь от этой опаснейшей угрозы свободе личности и свободе человечества. Свобода - это закон, данный Богом, который человек постоянно пытается подорвать и подорвать; но желание свободы настолько велико в каждом человеке, что ни одна система до сих пор не смогла вырвать это чувство из человеческого сердца. Эксперименты в СССР, Великобритании и США по притуплению и ослаблению стремления человека к свободе до сих пор оказывались бесплодными.

Но с приходом Нового мирового порядка - мирового правительства - будут проводиться широкомасштабные эксперименты, чтобы изгнать данное Богом стремление к свободе из разума, тела и души человека. То, что мы уже переживаем, - ничто, мелочь по сравнению с тем, что нас ждет в будущем. Атака на душу является фокусом множества готовящихся экспериментов, и я с сожалением должен сказать, что учреждения Соединенных Штатов будут играть ведущую роль в ужасных экспериментах, которые уже проводятся в небольших масштабах на местном уровне, в таких местах, как военно-морской госпиталь Бетесда и тюрьма Вакавилль в Калифорнии.

Среди фильмов, которые мы видели до сих пор, - серия о Джеймсе Бонде, "Бюро убийств", "Круг Матарезе" и так далее. Это были вымышленные фильмы, призванные скрыть правду о том, что такие организации действительно существуют, причем в гораздо больших масштабах, чем могли представить себе плодовитые мозги Голливуда.

Тем не менее, Бюро убийств абсолютно реально. Она существует в Европе и США с единственной целью - выполнять приказы Комитета 300 и совершать убийства на высшем уровне, когда все другие средства не помогают. Именно PERMINDEX руководил убийством Кеннеди под руководством сэра Уильяма Стивенсона, который в течение многих лет был самым важным сотрудником английской королевы по борьбе с вредителями.

Клэй Шоу, агент ЦРУ по контракту, управлял PERMINDEX из центра Trade Mart в Новом Орлеане. Бывший окружной прокурор Нового Орлеана Джим Гаррисон был очень близок к раскрытию заговора по убийству Кеннеди на уровне Клэя Шоу, пока Гаррисон не был "пойман", а Шоу не был признан невиновным в участии в заговоре по убийству Кеннеди. Тот факт, что Шоу был ликвидирован так же, как и Джек Руби, другой контрактник ЦРУ - оба умерли от быстро прогрессирующего рака - показывает, что Гаррисон был на верном пути. (Джек Руби умер от рака в тюрьме в январе 1967 года).

Второй офис убийств находится в Швейцарии и до недавнего времени управлялся теневой фигурой, фотографий которой после 1941 года не существует. Операции финансировались и, вероятно, до сих пор финансируются семьей Олтрамайер - швейцарской черной аристократией, владельцами женевского банка Lombard Odier, филиала Комитета 300. Главным контактным лицом был Жак Сустель - согласно разведывательным файлам G2 армии США.

Группа также была тесно связана с Алленом Даллесом и Жаном де Менилем, ведущим членом Комитета 300 и известным деятелем нефтяной промышленности Техаса. Документы Army-G2 показывают, что группа была сильно вовлечена в торговлю оружием на Ближнем Востоке, но что более важно, бюро убийств предприняло не менее 30 попыток покушения на генерала де Голля, в которых Жак Сустель принимал непосредственное участие. Тот же Сустель был контактным лицом партизанской группы Sendero Luminosa-Shining Pathway, которая защищала перуанских производителей кокаина, входящих в Комитет.

После провала всего лучшего, что могло сделать бюро убийств, благодаря отличной работе DGSE (французские спецслужбы - ранее SDECE), задание было поручено MI6 - Шестому отделу военной разведки, также известному как Секретная разведывательная служба (SIS), под кодовым названием "Шакал". В SDECE работали интеллигентные молодые выпускники, и в него не проникали МИ-6 или КГБ в сколько-нибудь заметной степени. Ее достижения в выслеживании иностранных агентов стали предметом зависти секретных служб всех стран, и именно эта группа проследила за операцией "Шакал" до конечного пункта назначения и убила его прежде, чем он успел открыть огонь по кортежу генерала де Голля.

Именно SDECE обнаружила советского "крота" в кабинете де Голля, который также был офицером связи с ЦРУ в Лэнгли. Чтобы дискредитировать SDECE, Аллен Даллес, который ненавидел де Голля (чувство было взаимным), арестовал одного из своих агентов, Роже де Луэтта, за хранение героина на сумму 12 миллионов долларов. После множества экспертных "допросов" де Луэтт "признался", но не смог сказать, зачем он ввозил наркотики в США. Все это попахивало подставой.

Основываясь на изучении методов защиты де Голля, применяемых SDECE, особенно в кортежах, ФБР, Секретная служба и ЦРУ точно знали, как лишить президента Кеннеди охраны и облегчить задачу трех стрелков из PERMINDEX по его убийству на площади Дили в ноябре 1963 года.

Другим примером факта, замаскированного под вымысел, является роман Леона Уриса *"Топаз"*.[21] В *"Топазе"* мы находим фактический отчет о деятельности Тиро де Вожоли, того самого агента КГБ, раскрытого SDECE и разоблаченного как связной КГБ с ЦРУ. Существует множество беллетризированных рассказов о деятельности МОССАД, почти все они основаны на реальных фактах.

MOSSAD также известен как "Институт". Многие начинающие писатели делают абсурдные заявления об этом, в том числе один писатель, которому отдают предпочтение христианские правые, что принимается за истину. Преступника можно простить за то, что у него нет подготовки в области разведки, но это не мешает ему повсюду упоминать "имена Моссад".

Подобные дезинформационные мероприятия регулярно проводятся против правых патриотических групп в США. Первоначально МОССАД состоял из трех групп - Управления военной разведки, Политического департамента МИД и Департамента безопасности (Шерут Хабитачон). Давид Бен Гурион, член Комитета 300, получил значительную помощь от МИ-6 в его создании.

Но это не принесло успеха, и в 1951 году сэр Уильям Стефенсон из MI6 реструктурировал ее в единое подразделение, как филиал политического департамента МИД Израиля, с группой

---

[21] По мотивам которого Альфред Хичкок снял фильм.

специальных операций для шпионажа и "черных" операций. Британская разведка оказывает дополнительную поддержку, обучая и оснащая Sarayet Maktal, также известное как разведывательное подразделение Генерального штаба, созданное по образцу британской Специальной авиационной службы (SAS). Это подразделение службы MOSSAD никогда не упоминается по имени и известно просто как "Ребята".

"Парни" - это всего лишь продолжение подразделения SAS британской секретной службы, которое постоянно обучает их новым методам. Именно "Парни" убили лидеров ООП и похитили Адольфа Эйхмана. "Ребята" и фактически ВСЕ агенты МОССАД работают в боевой обстановке. МОССАД имеет значительное преимущество перед другими спецслужбами, поскольку в каждой стране мира есть большая еврейская община.

Изучая социальные и криминальные данные, MOSSAD может выбирать агентов из числа местных евреев, над которыми он может иметь власть, и заставлять их работать на него без оплаты. Преимуществом MOSSAD также является доступ к записям всех правоохранительных и разведывательных органов США. Управление военно-морской разведки (ОВР) ELINT предоставляет услуги Моссаду на безвозмездной основе для Израиля. Граждане Соединенных Штатов будут шокированы, возмущены и встревожены, если когда-нибудь выяснится, как много "Моссад" знает о жизни миллионов американцев во всех областях, даже тех, которые не являются политическими.

Первый глава МОССАД, Рубен Шилоах, был назначен членом Комитета 300, но неизвестно, получил ли его преемник такую же привилегию. Есть большая вероятность, что так оно и есть. У МОССАДа есть умный отдел дезинформации. Количество дезинформации, которую она поставляет на американский "рынок", постыдно, но еще более постыдно то, как ее проглатывают - крючок, леску, грузило и все остальное.

Что мы действительно наблюдаем в микрокосмосе MOSSAD, так это степень контроля, осуществляемого "олимпийцами" через разведку, развлечения, издательское дело, опросы общественного мнения и телевизионные новостные СМИ в глобальном масштабе. Тед Тернер недавно получил место в Комитете 300 в знак признания его "новостных" (делающих новости) шоу на CNN. Комитет имеет силу и средства, чтобы сказать людям этого мира ЛЮБУЮ ВЕЩЬ, и подавляющее большинство поверит.

Всякий раз, когда исследователь натыкается на эту удивительную центральную группу контроля, его либо успешно покупают, либо он проходит "специальное обучение" в Тавистокском институте, после чего становится еще одним вымышленным сотрудником типа Джеймса Бонда, то есть его разворачивают и хорошо вознаграждают. Если кто-то, как Джон Ф. Кеннеди, натыкается на правду о том, кто управляет мировыми событиями, и ее нельзя купить, его убивают.

В случае с Джоном Кеннеди убийство было совершено с большой оглаской и жестокостью, чтобы послужить предупреждением мировым лидерам не переступать черту. Папа Иоанн Павел I[er] был тихо убит, потому что был близок к Комитету 300 через масонов в иерархии Ватикана. Его преемник, Папа Иоанн Павел II, подвергся публичному унижению, чтобы предупредить его о необходимости остановиться и прекратить - что он и сделал. Как мы увидим, некоторые руководители Ватикана теперь входят в Комитет 300.

Серьезных исследователей легко увести с тропы Комитета 300, поскольку британская МИ-6 (SIS) пропагандирует самые разные безумства, такие как нью-эйдж, йога, дзен-буддизм, колдовство, жречество Аполлона Дельфийского (Аристотель был его членом) и сотни мелких "культов" всех видов. Группа "отставных" офицеров британской разведки, не спускавших глаз со следа, окрестила иерархию заговорщиков "Силой X" и утверждала, что в ее состав входит разведывательная суперслужба, коррумпировавшая КГБ, разведку Ватикана, ЦРУ, ONI, DGSE, военную разведку США, разведку Госдепартамента и даже самую секретную из всех разведывательных служб США - Управление национальной разведки.

О существовании Национального разведывательного управления (НРО) было известно лишь немногим людям за пределами Комитета 300, пока Трумэн случайно не обнаружил его. Черчилль участвовал в создании NRO и, как сообщается, был в ярости, когда Трумэн узнал о его существовании. Черчилль, как никто другой из служащих Комитета 300, считал Трумэна, своего маленького человека Независимости "вообще без независимости". Это относилось к тому, что каждый шаг Трумэна контролировался масонством. Даже сегодня годовой бюджет NRO не известен Конгрессу США, и он подотчетен только избранным членам Конгресса. Но он является креатурой

Комитета 300, которому его отчеты отправляются регулярно и ежечасно.

Таким образом, фиктивные сполохи, наблюдаемые в различных отделениях и органах управления Комитета, были призваны отвести подозрения от Комиссии.

Но мы никогда не должны сомневаться в том, что реальность существует. Возьмем другой пример того, что я имею в виду: книгу *"День шакала"*, на основе которой был создан фильм-блокбастер. События, описанные в книге, являются фактическими. Хотя, по понятным причинам, имена некоторых актеров и места действия были изменены, суть истории о том, что один агент МИ-6 был ответственен за избавление от генерала Шарля де Голля, абсолютно верна. Генерал де Голль стал неуправляемым, отказываясь сотрудничать с Комитетом, о существовании которого он прекрасно знал, поскольку был приглашен в него, и этот отказ завершился тем, что де Голль вывел Францию из НАТО и немедленно приступил к созданию собственных ядерных сил - "сил де фраппе".

Это настолько обеспокоило Комитет, что был отдан приказ об убийстве де Голля. Но французской секретной службе удалось перехватить планы "Шакала" и защитить де Голля. Учитывая послужной список МИ-6, которая является главным разведывательным ресурсом Комитета 300, работа французских спецслужб - это чудо.

Истоки MI6 восходят к сэру Фрэнсису Уолсингему, стратегу королевы Елизаветы I по тайным операциям. За сотни лет МИ-6 установила рекорд, с которым не может сравниться ни одна другая разведывательная служба. Агенты MI6 собирали информацию во всех уголках мира и проводили тайные операции, которые поразили бы даже самых осведомленных, если бы были обнародованы, именно поэтому она считается главной службой Комитета 300.

Официально MI6 не существует, ее бюджет формируется из кошелька королевы и "частных фондов" и, по слухам, составляет 350-500 миллионов долларов в год, но никто точно не знает, сколько именно. В своем нынешнем виде МИ-6 ведет свою историю с 1911 года, когда ее возглавил сэр Мэнсфилд Камминг, капитан Королевского флота, которого всегда обозначали буквой "C", от которой происходит имя "M" в серии фильмов о Джеймсе

Бонде.

Официального отчета о неудачах и успехах МИ-6 не существует - это секрет, хотя катастрофы Берджесса-Маклина-Блейка-Бланта нанесли тяжелый удар по моральному духу МИ-6. В отличие от других служб, будущие члены набираются в университетах и других учебных заведениях высококвалифицированными "скаутами талантов", как мы видели на примере стипендиатов Родса, принятых в Круглый стол. Одним из требований является владение иностранными языками. Кандидаты проходят строгую "подготовку".

При поддержке такой грозной силы Комитет 300 не опасался разоблачения на протяжении десятилетий. Что делает Комитет неприкасаемым, так это его невероятная секретность. Ни одно СМИ никогда не упоминало об этой заговорщицкой иерархии, поэтому предсказуемо, что люди сомневаются в ее существовании.

Структура Комитета

Комитет 300 в значительной степени находится под контролем британского монарха, в данном случае Елизаветы II. Считается, что королева Виктория была достаточно параноидальной, чтобы хранить этот секрет, и приложила немало усилий, чтобы скрыть масонские записи, оставленные на месте убийств "Джека Потрошителя", в которых говорилось о связи Комитета 300 с "экспериментами", проводимыми членом семьи, который также был старшим членом Шотландского обряда масонства. Комитет 300" состоит из представителей британской аристократии, имеющих интересы и связи во всех странах мира, включая СССР.

Структура комитета выглядит следующим образом:

Тавистокский институт при Сассекском университете и лондонские сайты принадлежат и контролируются Королевским институтом международных отношений, чьим "хофджуденом" в Америке является Генри Киссинджер. EAGLE STAR GROUP, сменившая свое название на STAR GROUP после окончания Второй мировой войны, состоит из группы крупных международных компаний, занятых в пересекающихся и взаимодействующих областях: (1) страхование (2) банковское дело (3) недвижимость (4) развлечения (5) высокие технологии, включая кибернетику, электронные коммуникации и т.д.

Банковский сектор, хотя и не является главной опорой, жизненно важен, особенно в тех регионах, где банки служат расчетными центрами и центрами отмывания наркотиков. Основными "крупными банками" являются Банк Англии, Федеральная резервная система, Банк международных расчетов, Всемирный банк и Гонконгский и Шанхайский банк. Банк American Express - это способ утилизации денег от наркотиков. Каждый из этих банков связан и/или контролирует сотни тысяч больших и малых банков по всему миру.

Тысячи банков, больших и малых, входят в сеть Комитета 300, включая Banca Commerciale d'Italia, Banca Privata, Banco Ambrosiano (Роберто Кальви - читайте книгу Дэвида Яллопа *"Во имя Бога"*), Netherlands Bank, Barclays Bank, Banco del Colombia, Banco de Ibero-America. Особый интерес представляет Банк итальянской Швейцарии (Banca del la Svizzeria Italiana, BSI), который управляет инвестициями капитала в США и из США - в основном в долларах и американских облигациях - расположенный и изолированный в "нейтральном" городе Лугано, центре сосредоточения капитала венецианской черной знати. Лугано не находится ни в Италии, ни в Швейцарии и является своего рода серой зоной для сомнительных операций по отвлечению капитала. Джордж Болл, владеющий крупным пакетом акций BSI, является ведущим "инсайдером" и представителем банка в США.

BCCI, BNL, Banco Mercantil de Mexico, Banco Nacional de Panama, Bangkok Metropolitan Bank, Bank Leumi, Bank Hapoalim, Standard Bank, Bank of Geneva, Bank of Ireland, Bank of Scotland, Bank of Montreal, Bank of Nova Scotia, Bank of Paris and the Netherlands, British Bank of the Middle-East и Royal Bank of Canada, и это лишь немногие из "специализированных" банков.

Оппенгеймеры из Южной Африки - гораздо большие "тяжеловесы", чем Рокфеллеры. Например, в 1981 году Гарри Оппенгеймер, председатель гигантской корпорации Anglo American, которая контролирует добычу, продажу и распределение золота и алмазов по всему миру, заявил, что собирается выйти на банковский рынок Северной Америки. Компания Oppenheimer оперативно инвестировала 10 миллиардов долларов в компанию специального назначения, созданную для покупки крупнейших банков США, включая Citicorp. Инвестиционная компания Оппенгеймера называется Minorco и базируется на Бермудских островах, которые являются заповедником британской королевской семьи. В совет директоров Minorco входили Уолтер Уристон из Citicorp и Роберт Клэр, главный юридический советник компании.

Единственной другой компанией, которая могла соперничать с Oppenheimer в области драгоценных металлов и минералов, была Consolidated Gold Fields из Южной Африки, но Oppenheimer взяла под контроль 28% акций, став крупнейшим акционером. В результате золото, алмазы, платина, титан, танталит, медь, железная руда, уран и уран были приобретены компанией Oppenheimer.

Еще 52 металла и минерала, многие из которых имеют абсолютно жизненно важное стратегическое значение для США, перешли в руки Комитета 300.

Таким образом, видение одного из первых южноафриканских членов Комитета 300, Сесила Джона Родса, было полностью реализовано; видение, которое началось с пролития крови тысяч и тысяч белых фермеров и их семей в Южной Африке, известных в истории как "буры". Пока Соединенные Штаты, как и весь остальной мир, бездействовали, эта маленькая нация подверглась самой жестокой войне геноцида в истории. Соединенные Штаты подвергнутся такому же обращению со стороны Комитета 300, когда придет наша очередь, а она придет скоро.

Страховые компании играют ключевую роль в деятельности Комитета 300, включая ведущие страховые компании, такие как Assicurazioni Generali of Venice и Riunione Adriatica di Sicurta, крупнейшая и вторая по величине страховые компании в мире, которые ведут свои банковские счета в Банке международных расчетов в швейцарских франках. Оба контролируют множество инвестиционных банков, оборот акций которых на Уолл-стрит в два раза превышает оборот американских инвесторов.

Среди членов правления этих двух страховых гигантов есть члены Комитета 300: Семья Джустиниани, черная аристократия Рима и Венеции, чья родословная восходит к императору Юстиниану; сэр Джослин Хамбро из банка "Хамброс (Мерчант)"; Пьерпаоло Луццатти Фекиз, чья родословная восходит на шесть веков к старейшему Луццато, черной аристократии Венеции, и Умберто Ортолани из старой одноименной семьи черной аристократии.

Другие представители древней черной венецианской знати из Комитета 300 и члены совета директоров ASG и RAS - семья Дориа, финансисты испанских Габсбургов, Эли де Ротшильд из французской ветви семьи Ротшильдов, барон Август фон Финк (Finck, второй по богатству человек в Германии, ныне покойный), Франко Орсини Бонакасси из древней черной аристократии Орсини, которые ведут свою родословную от бывшего римского сенатора с таким же именем, Альбы, чей род восходит к великому герцогу Альбы, и барон Пьер Ламберт, двоюродный брат бельгийской семьи Ротшильдов.

Британские компании, контролируемые британской королевской семьей, - Eagle Star, Prudential Assurance Company, Prudential Insurance Company, которые владеют и контролируют большинство американских страховщиков, включая Allstate Insurance. На вершине списка находится Eagle Star, вероятно, самое мощное "прикрытие" шестого управления военной разведки (MI6). Eagle Star, хотя и не так важна, как Assicurazioni Generale, но, возможно, не менее важна просто потому, что ею владеют члены семьи королевы Англии, и, будучи титульным главой Комитета 300, Eagle Star имеет огромное влияние. Eagle Star - это не просто важное "прикрытие" для MI6, это также "прикрытие" для крупных британских банков, включая Hill-Samuels, N. M. Rothschild and Sons (один из "фиксаторов" цен на золото, которые ежедневно встречаются в Лондоне) и Barclays Bank (один из спонсоров Африканского национального конгресса - АНК). Можно с высокой степенью точности утверждать, что самые влиятельные британские олигархические семьи создали Eagle Star как средство для "черных операций" против тех, кто выступает против политики Комитета 300.

В отличие от ЦРУ, по британским законам назначение сотрудников МИ-6 является серьезным преступлением. Поэтому ниже приведен лишь неполный список "старших офицеров" МИ-6, которые также являются (или являлись) членами Комитета 300:

- Лорд Хартли Шоукросс.
- Сэр Брайан Эдвард Маунтин.
- Сэр Кеннет Кит.
- Сэр Кеннет Стронг.
- Сэр Уильям Стефенсон.
- Сэр Уильям Уайзман.

Все вышеперечисленные лица, как мы увидим, в значительной степени вовлечены (или были вовлечены) в ключевую деятельность Комитета из 300 компаний, которые взаимодействуют с тысячами компаний, занятых во всех отраслях деловой активности.

Среди них - Rank Organisation, Xerox Corporation, ITT, IBM, RCA, CBS, NBC, BBC и CBC в сфере коммуникаций, Raytheon, Textron,

Bendix, Atlantic Richfield, British Petroleum, Royal Dutch Shell, Marine Midland Bank, Lehman Brothers, Kuhn Loeb, General Electric, Westinghouse Corporation, United Fruit Company и многие другие.

МИ-6 управляла многими из этих компаний через британские спецслужбы, размещенные в здании RCA в Нью-Йорке, где находилась штаб-квартира ее генерального директора сэра Уильяма Стефенсона. Радиокорпорация Америки (RCA) была создана компаниями G.E., Westinghouse, Morgan Guarantee and Trust (действующей от имени британской короны) и United Fruit в 1919 году как британский разведывательный центр. Первым председателем RCA был Оуэн Янг из J.P. Morgan, в честь которого и был назван план Янга. В 1929 году Дэвид Сарнофф был назначен главой RCA. Сарнофф был помощником Янга на Парижской мирной конференции в 1919 году, где павшая Германия получила удар в спину от победивших "союзников".

Сеть банков и брокерских контор Уолл-стрит обслуживает фондовый рынок для Комитета, среди наиболее важных - Blyth, Eastman Dillon, Morgan Groups, Lazard Frères и Kuhn Loeb Rhodes. На Уолл-стрит не происходило ничего, что не контролировалось бы Банком Англии, чьи инструкции передавались группами Моргана, а затем выполнялись крупными брокерскими домами, чьи руководители несли конечную ответственность за выполнение директив Комитета.

Прежде чем превысить лимиты, установленные Morgan Guarantee, Drexel Burnham Lambert была фаворитом Комитета 300, а к 1981 году почти все крупные брокерские дома Уолл-стрит продались Комитету, при этом Phibro слилась с Salomon Brothers. Phibro - торговое подразделение Оппенгеймеров из корпорации Anglo American. С помощью этого механизма контроля Комитет 300 гарантирует, что его члены и их удаленные торговые компании делают свои инвестиции на Уолл-стрит в два раза быстрее, чем "обычные" иностранные инвесторы.

Помните, что некоторые из самых богатых семей в мире живут в Европе, поэтому вполне естественно, что они имеют преобладающее число членов в Комитете. Семья фон Турн и Таксис, которая когда-то владела почтовой франшизой Германии, делает Дэвида Рокфеллера похожим на очень бедного родственника. Династия фон Турн унд Таксис насчитывает 300 лет, и члены этой семьи занимали места в Комитете из поколения в поколение и занимают их до сих пор. Мы уже упомянули несколько самых богатых представителей аристократии фон Турн в Комитете 300, и еще больше имен будет добавлено по мере того, как мы будем встречать их в различных сферах их деятельности. Теперь мы расскажем о некоторых американских членах Комитета 300 и попытаемся проследить их аффилиации и связи с британской короной.

Как можно проверить эти факты? Некоторые из них невозможно точно проверить, поскольку информация поступает непосредственно из файлов разведки, но при большой работе можно найти много источников, которые могут подтвердить хотя бы некоторые факты. Эта работа включает в себя кропотливое изучение корпоративного справочника Dun and Bradstreet, Standard and Poors, британского и американского "Кто есть кто", долгие часы напряженной работы по сверке имен с их корпоративной принадлежностью.

Комитет, состоящий из 300 корпораций, банков и страховых компаний, действует под единым командованием, охватывающим все мыслимые аспекты стратегии и слаженных действий. Комитет - это ЕДИНСТВЕННАЯ в мире организованная иерархия власти, которая превосходит все правительства и отдельных людей, какими бы могущественными и защищенными они себя ни чувствовали. Она охватывает вопросы финансов, обороны и политических партий всех цветов и типов.

Нет такой структуры, которую Комитет не мог бы охватить и контролировать, и это включает в себя организованные религии мира. Итак, это всемогущая ОЛИМПИЙСКАЯ ГРУППА, чья база власти находится в Лондоне и финансовых центрах Лондонского Сити, с ее удушающим контролем над минералами, металлами и драгоценными камнями, кокаином, опиумом и наркотиками, финансовыми банкирами-рантье, культовыми промоутерами и основателями рок-музыки. Британская корона - это точка управления, от которой все исходит. Как говорится, "у них есть палец в каждом пироге".

Очевидно, что сфера коммуникаций жестко контролируется. Возвращаясь к RCA, мы видим, что ее руководство состоит из британско-американских истеблишментов, которые занимают видное место в других организациях, таких как CFR, НАТО, Римский клуб, Трехсторонняя комиссия, масонство, "Череп и кости", "Бильдербергеры", Круглый стол, Общество Милнера и

Общество Иезуитов-Аристотеля. Среди них Дэвид Сарнофф переехал в Лондон в то же время, когда сэр Уильям Стивенсон переехал в здание RCA в Нью-Йорке.

Все три основные телевизионные сети выросли из RCA, в частности, Национальная вещательная компания (NBC), которая была первой, а за ней в 1951 году последовала Американская вещательная компания (ABC). Третьей крупной телевизионной сетью была Columbia Broadcasting System (CBS), в которой, как и в ее родственных компаниях, доминировала и до сих пор доминирует британская секретная служба. Уильям Пейли прошел обучение методам массового промывания мозгов в Тавистокском институте, прежде чем его сочли подходящим для руководства CBS. Итак, если мы, граждане Соединенных Штатов, не знали, все наши основные телевизионные сети находятся под британским наблюдением, и информация, которую они предоставляют, сначала отправляется в Лондон для проверки. Интересно отметить, что документ Тавистокской разведки, написанный Стэнфордским исследовательским институтом и обычно называемый "Аквариумным заговором", финансировался за счет пожертвований трех крупнейших телевизионных сетей.

В Комитете 300 представлены все три крупные сети, которые связаны с гигантом массовых коммуникаций, корпорацией Xerox из Рочестера, штат Нью-Йорк, место в которой занимает Роберт М. Бек. Бек также является директором компании Prudential Life Insurance Company, которая является дочерней компанией London Prudential Assurance Company Limited.

Среди других членов совета директоров Xerox - Говард Кларк из компании American Express, одного из основных каналов передачи денег за наркотики через дорожные чеки, Уильям Саймон, бывший министр финансов, и Сол Линовиц, который вел переговоры по договорам о Панамском канале для Комитета. Линовиц важен для Комитета из-за его многолетнего опыта в отмывании денег от наркотиков через Marine Midland и Hong Kong and Shanghai Bank.

Другим членом совета директоров Xerox является Роберт Спроулл, который представляет реальный интерес, поскольку, будучи президентом Рочестерского университета, он позволил Тавистокскому институту через ЦРУ использовать помещения университета для проведения экспериментов с ЛСД в рамках программы MK-Ultra, которые продолжались 20 лет. Около 85 других университетов в США также разрешили использовать свои помещения таким образом. Какой бы огромной ни была компания Xerox, ее затмевает Rank Organisation, лондонский конгломерат, полностью контролируемый членами ближайшего окружения королевы Елизаветы.

Заметными членами Совета директоров Rank Organisation, которые также являются членами Комитета 300, являются

Лорд Хелсби, председатель Мидлендского банка, расчетного центра для денег наркоторговцев. Среди других должностей Хелсби - директор гигантской компании Imperial Group и Корпорации промышленного и коммерческого финансирования.

Сэр Арнольд Франс, директор компании Tube Investments, которая управляет лондонским метрополитеном. Франс также является директором Банка Англии, который имеет такой большой контроль над Федеральными резервными банками.

Сэр Деннис Маунтин, председатель влиятельной компании Eagle Star Group и директор English Property Corp, одной из финансовых и аннуитетных компаний британской королевской семьи. Один из этих членов - достопочтенный Ангус Огилви, "Принц компаний", который женат на Ее Королевском Высочестве принцессе Александрии, сестре герцога Кентского, главе Шотландского обряда масонства, который заменяет королеву, когда она находится за пределами Великобритании. Огилви является директором Банка Англии и председателем гигантского конгломерата LONRHO. Именно ЛОНРХО положил конец правлению Яна Смита в Родезии, чтобы на смену ему пришел Роберт Мугабе. На кону стояли хромовые рудники Родезии, где добывается лучшая в мире высокосортная хромовая руда.

Сирил Гамильтон, председатель Standard and Chartered Bank (бывший банк лорда Милнера-Сесила Родса) и член правления Банка Англии. Гамильтон также является директором Xerox Corporation, Malta International Banking Corporation (банк Мальтийских рыцарей), директором Standard Bank of South Africa - крупнейшего банка этой страны, и директором Belgian Bank of Africa.

Лорд О'Брайен из Лотерби, бывший председатель Британской ассоциации банкиров, директор Morgan Grenfell - влиятельного банка, директор Prudential Assurance, директор J. P. Morgan, директор Банка Англии, член правления Банка международных расчетов, директор гигантского конгломерата Unilever.

Сэр Рей Геддес, председатель совета директоров шинных гигантов Dunlop и Pirelli, директор банков Midland и International, директор Банка Англии. Обратите внимание, сколько из этих влиятельных людей являются директорами Банка Англии, что облегчает контроль над фискальной политикой США.

Многие из этих организаций и учреждений, компаний и банков настолько переплетены и взаимозависимы, что распутать их практически невозможно. В совет директоров RCA входит Торнтон Брэдшоу, председатель Atlantic Richfield и член НАТО, Всемирного фонда дикой природы, Римского клуба, Аспенского института гуманистических исследований и Совета по международным отношениям. Брэдшоу также является президентом NBC. Самой важной функцией RCA остается его служба в британской разведке.

Неизвестно, насколько важен был Комитет 300 в прекращении расследования ЦРУ, которое почти удалось организовать сенатору Маккарти. Если бы Маккарти удалось добиться успеха, вполне вероятно, что президент Джон Ф. Кеннеди был бы жив и сегодня.

Когда Маккарти объявил, что собирается вызвать Уильяма Банди в суд, чтобы тот предстал перед его комиссией по расследованию, паника охватила Вашингтон и Лондон. Банди, если бы его вызвали для дачи показаний, скорее всего, сломался бы и открыл дверь в "особые отношения", существовавшие между британскими олигархическими кругами и их кузенами в правительстве США.

Такая возможность не могла быть предусмотрена. Чтобы положить конец Маккарти, был вызван Королевский институт международных отношений. RIIA выбрала Аллена Даллеса, человека, полностью очарованного декадентским британским обществом, чтобы атаковать Маккарти с ног до головы. Даллес назначил Патрика Лаймана и Ричарда Хелмса для ведения дела Маккарти. Позднее Хелмс был вознагражден за свои заслуги в борьбе с Маккарти назначением на пост главы ЦРУ.

Генерал Марк Кларк, член CFR и популярный в лондонских кругах военный, был назначен генералом Эйзенхауэром, чтобы отбить полномасштабную атаку Маккарти на ЦРУ. Маккарти был опережен, когда Кларк объявил о назначении специального комитета для проверки деятельности агентства. Кларк, по поручению RIIA, рекомендовал создать надзорный комитет Конгресса, чтобы "периодически проверять работу правительственных разведывательных агентств". Все это было большой трагедией для Америки и победой англичан, которые боялись, что Маккарти случайно наткнется на Комитет 300 и его контроль над всеми аспектами американских дел.

Бывший председатель совета директоров Lehman Brothers-Kuhn Loeb Питер Г. Петерсон служил под началом бывшего главы MI6 сэра Уильяма Уайзмана и поэтому был не чужд британской королевской власти. Петерсон связан с Аспенским институтом, еще одним филиалом британской секретной службы.

Джон Р. Петти является президентом Морского Мидланд Банка - банка, имеющего прочные связи с торговлей наркотиками задолго до того, как он был поглощен Гонконгским и Шанхайским банком, вероятно, ведущим банком в торговле опиумом, который он занимает с 1814 года.

Но лучшее доказательство существования Комитета 300, которое я могу предложить, - это организация Rank, которая вместе с Eagle Star является британской короной. Он также является центром черных операций МИ-6 (SIS). Между собой эти компании Комитета 300 контролируют Доминион Ее Величества Канаду, используя семью Бронфман, "hofjuden", для выполнения своих приказов.

Trizec Holdings, якобы принадлежащая семье Бронфман, на самом деле является главным активом английской королевы в Канаде. Вся торговля опиумом в Юго-Восточной Азии связана с империей Бронфманов и является одним из способов доставки героина в Америку. В каком-то смысле Канада похожа на Швейцарию: нетронутые снежные пейзажи, большие города, место огромной красоты, но под ним лежит глубокий слой грязи и нечистот от массовой торговли героином.

Семья Бронфман - это "силуэты", то, что в МИ-6 называют "соломенными человечками", управляемыми из Лондона сотрудниками МИ-6[22] , на жаргоне разведки - контролерами из

---

[22] Государственные служащие, NDT.

штаб-квартиры. Эдгар Бронфман, глава семьи, неоднократно направлялся в "Московский центр" - так называлась штаб-квартира КГБ на площади Дзержинского, 2 в Москве.

На более низком уровне Бронфман, вероятно, был очень полезен как человек, поддерживающий связь с Москвой. Бронфман никогда не был контрактником МИ-6 и поэтому никогда не носил титул "Слова", ключевого слова разведки для взаимной идентификации агентов, что стало большим разочарованием для главы семьи Бронфманов. В какой-то момент, когда некоторые члены семьи стали вести себя подозрительно, к семье Бронфманов были приставлены "наблюдатели" - на жаргоне спецслужб сотрудники, следящие за отдельными лицами, - и выяснилось, что один из Бронфманов похвастался перед американским "кузеном" (термин, используемый МИ-6 для обозначения ЦРУ), который не знал о роли Эдгара Бронфмана. Это было быстро исправлено.

Два директора Eagle Star, которые также являлись двумя главными агентами МИ-6, захватили семью Бронфман примерно через шесть месяцев после окончания войны. Сэр Кеннет Кит и сэр Кеннет Стронг, с которыми мы уже встречались, узаконили семью Бронфман, создав компанию Trizec Holdings. В мире нет никого, кто бы лучше справлялся с "подставной" работой через компании, чем МИ-6...

Однако, как и Швейцария, Канада имеет грязную сторону, которая хорошо скрывается Комитетом 300 под прикрытием Закона о государственной тайне - углеродной копии британского закона, принятого в 1913 году. Наркотики, отмывание денег, преступность и рэкет - все это подпадает под действие этого печально известного закона.

Многие не знают, что если их обвинят по Закону о государственной тайне, который агенты Короны могут трактовать по своему усмотрению, им грозит смертная казнь. Как я уже неоднократно говорил с 1980 года, Канада не является государством, подобным Южной Африке, Голландии или Бельгии; она всегда была и остается привязанной к фартуку английской королевы. Канада, как мы видим, всегда первой выполняет пожелания королевы Елизаветы. Канадские войска участвовали во всех войнах Ее Величества, включая Бурскую войну (1899-1903 гг.).

Как и его американский аналог, Канадский институт международных отношений является детищем Королевского института международных отношений (RIIA) и руководит политикой Канады. Его члены занимают должность государственного секретаря с момента основания в 1925 году. Институт тихоокеанских отношений, организация, которая способствовала нападению на Перл-Харбор, была принята в Канаде после того, как Оуэн Латтимор и его коллеги были разоблачены за предательскую деятельность в 1947 году и покинули США до того, как им было предъявлено обвинение.

Канадский институт международных отношений связан с организацией Rank через сэра Кеннета Стронга, который был заместителем главы MI6 в конце Второй мировой войны. Будучи членом Ордена Святого Иоанна Иерусалимского, Стронг является номером два в Канаде по вопросам ранга и коммерческих интересов британской короны. Он входит в совет директоров Банка Новой Шотландии, одного из самых плодовитых наркобанков в мире после Гонконгского и Шанхайского банков, через который проходят доходы от торговли героином в Канаде.

Первым в очереди стоит сэр Брайан Эдвард Маунтин, самый старший член Рыцарей Святого Иоанна Иерусалимского. Стоит вспомнить, что когда британская корона хотела, чтобы Соединенные Штаты вступили во Вторую мировую войну, она послала лорда Бивербрука и сэра Брайана Маунта на встречу с президентом Рузвельтом, чтобы передать приказ короны по этому поводу. Рузвельт подчинился, приказав ВМС США действовать с базы в Гренландии, откуда за девять месяцев до Перл-Харбора были совершены нападения на немецкие подводные лодки. Это было сделано без ведома или согласия Конгресса.

Еще одним громким именем в связке Ранк - Канада был сэр Кеннет Кит, директор канадского аналога Банка Гонконга и Шанхая, Банка Новой Шотландии, который был вовлечен в отмывание денег от наркотиков. Он также входил в совет директоров старейшей и наиболее почтенной британской газеты "*Лондон Таймс*" и "*Санди Таймс*". На протяжении более 100 лет газета "*Таймс*" *была* голосом короны в вопросах внешней политики, финансов и политической жизни Англии.

Как и многие члены Комитета 300, сэр Кеннет перемещался

между МИ-6 и цепочкой поставок опиума, цепочкой командования в Гонконге и Китае, якобы от имени Канадского института международных отношений, членом которого он являлся. Более того, как директор банковского дома Hill Samuel, его присутствие в Китае и Гонконге можно было легко объяснить. Одним из его ближайших помощников вне кругов МИ-6 был сэр Филипп де Зулета, непосредственный контролер всех британских премьер-министров, как консерваторов, так и лейбористов, по линии Комитета 300. Сэр Кеннет Стронг связал все спицы наркоколеса, включая терроризм, производство опиума, рынки золота, отмывание денег и банковское дело, с его центральным ядром - британской короной.

На вершине контроля британской короны над Канадой находится Уолтер Гордон. Бывший член надзорного комитета королевы, также известного как Тайный совет, Гордон спонсировал Институт тихоокеанских отношений через Канадский институт международных отношений. Будучи бывшим министром финансов, Гордон смог разместить комитет из 300 отобранных бухгалтеров и юристов в трех крупнейших чартерных банках: Bank of Nova Scotia, Canadian Imperial Bank и Toronto Dominion Bank.

Через эти три "Коронных банка" сеть из 300 агентов, ответственных перед Гордоном, контролировала вторую по величине в мире операцию по отмыванию денег и наркотиков с прямым выходом в Китай. До своей смерти Гордон контролировал Джеймса Эндикотта, Честера Роннинга и Пола Линна, которых МИ-6 называла лучшими "специалистами по Китаю" в Канаде. Эти три человека тесно сотрудничали с Чжоу Энь Лаем, который однажды сказал Гамалю Абдулу Насеру, что он сделает с Великобританией и США то же, что они сделали с Китаем - превратит их в страны, зависимые от героина. Чжоу Энь Лай сдержал свое обещание, начав с американских солдат во Вьетнаме. Другими близкими сотрудниками канадской героиновой наркогруппировки были Джон Д. Гилмер и Джон Роберт Николсон, оба члены ордена рыцарей Святого Иоанна Иерусалимского. Лорд Хартли Шоукросс, который, как считается, подчинялся непосредственно королеве Елизавете II, входил в совет директоров Королевского института международных отношений и был канцлером Университета Сассекса, где находится печально известный Тавистокский институт человеческих отношений, имеющий обширные связи в

Канаде.

В деятельности Rank в США ни одна компания не была столь успешной для Rank, как Corning Group, владелец Metropolitan Life Insurance Company и New York Life Insurance Company. Комитет из 300 членов Амори Хоутон и его брат Джеймс Хоутон долгое время служили британской короне через вышеупомянутые страховые компании, а также через компании Corning Glass, Dow Corning и Corning International. Оба входят в советы директоров IBM и Citicorp. Джеймс Хоутон - директор Принстонского института перспективных исследований, директор Библиотеки Дж. Пьерпонта Моргана, оплота RIIA и CFR, а также директор CBS.

Именно братья Хоутон пожертвовали сотни акров земли, известной как плантация Уай в Мэриленде, Аспенскому институту британской короны. Епископ архиепархии англиканской (епископальной) церкви Бостона также входит в совет директоров компании Corning Glass. Все это придает группе столь желанную респектабельность, которую должны носить руководители страховых компаний, и, как мы увидим, помимо Джеймса Хоутона, Кит Фанстон и Джон Харпер, оба члены совета директоров Corning, управляют страховой компанией Metropolitan Life Insurance Company.

МАССОВОЕ объединение в сеть и взаимодействие этого одного подразделения Комитета 300 даст нам хорошее представление об огромной власти, доступной иерархии заговорщиков, перед которыми склоняются все колени, включая колени президента Соединенных Штатов, кем бы он ни был.

Важно отметить, как эта американская компания, одна из сотен, связана с британской секретной службой, Канадой, Дальним Востоком и Южной Африкой, не говоря уже о сети правительственных чиновников и руководителей корпораций, которая затрагивает все аспекты американского бизнеса и политики.

Хотя компания Metropolitan Life Insurance Company не сравнима с гигантской Assicurazioni Generale Комитета 300, она, тем не менее, является хорошим показателем того, как власть Хоутонов распространяется на весь спектр бизнеса в США и Канаде. Начиная с R. H. Macy (сотрудники которой больше не носят красные гвоздики в честь связи компании с коммунизмом), Royal

Bank of Canada, National and Westminster Bank, Intertel (злобное и мерзкое частное разведывательное агентство), Canadian Pacific, The Reader's Digest, RCA, AT&T, Harvard Business School, W. R. Grace Shipping Company, Ralston Purina Company, U.S. Steel, Irving Trust, Consolidated Edison of New York и ABC, электросеть Хоутонов простирается до Гонконгского и Шанхайского банка.

Еще одной успешной рантьевой компанией в США является Reliance Insurance Group. В рамках исследования стратегических бомбардировок компания Reliance создала первоначальную структурную основу для промывания мозгов, формирования общественного мнения, опросов, анкетирования и системного анализа, используемых Тавистокским институтом в США. Страховая компания Reliance, расположенная в Филадельфии, создала корпоративную структуру, позволившую обратить стратегическое бомбометание против народа Соединенных Штатов, который, хотя и не знает об этом, подвергается жестокой психологической войне на протяжении последних 45 лет.

Одним из ключевых игроков в этом нападении на США был Дэвид Бялкин из юридической фирмы Wilkie, Farr and Gallagher, Комитет 300. Бялкин много лет возглавлял Антидиффамационную лигу (ADL). АДЛ - это британская разведка, основанная в США МИ-6 и управляемая Солом Стейнбергом и Эриком Тристом из Тавистока. Сол Стейнберг - представитель и деловой партнер лондонской семьи Якоба де Ротшильда в США.

Корпорация Reliance является штаб-квартирой Карла Линднера, который сменил Илая Блэка, когда тот "выпал" из окна на 44 этаже нью-йоркского небоскреба. Компания Reliance связана с могущественной United Fruit Company из Бостона и Нового Орлеана, возглавляемой Максом Фисбером, который до того, как у него отобрали овцу, был известной фигурой в преступном мире Детройта. United Fruit Company уже давно является перевозчиком героина и кокаина в США, благодаря опыту Мисбулама Риклиса из Rapid American Corporation, который организует поставки из Канады в США. Помните, что все это происходит под эгидой одной компании, которая связана с огромным количеством более мелких компаний и операций, чтобы обеспечить Комитету 300 полный контроль над множеством операций, каждая из которых тщательно интегрирована в сеть.

Reliance Group является побочным подразделением материнской

компании, чья функция заключается в промывании мозгов американского народа через сеть следователей и лиц, формирующих общественное мнение, и использует исследование операций для установления прямых связей с Тавистокским институтом. Другой ассоциированной компанией является Leasco, которая тесно связана с AT&T, Disclosure Incorporated, Western Union International, Imbucon Ltd и Yankelovich, Skelly and White.

Даниэль Янкелович - император корпоративной структуры опросов/согласований в США, огромного аппарата, который обеспечивает "общественное мнение по существенным социальным, экономическим и политическим вопросам", по выражению Эдварда Бернейса. Именно этот огромный аппарат превратил большинство американцев, которые никогда не слышали о Саддаме Хусейне и смутно знали, что Ирак - это страна где-то на Ближнем Востоке, в людей, воющих о его крови и уничтожении Ирака как государства.

Янкелович в полной мере использовал все знания, приобретенные им во время Второй мировой войны. Как воину во втором поколении, Янкеловичу нет равных, поэтому опросы ABC, проводимые его компанией, всегда находятся в авангарде "общественного мнения". Население США было выбрано той же мишенью, что и немецкий рабочий класс, путем атаки на чувство реальности. Эта техника, конечно, является стандартной подготовкой для некоторых разведывательных групп, включая ЦРУ.

Задачей Янкеловича было разрушить традиционные американские ценности и заменить их ценностями нового времени, Эры Водолея. Как высший лидер общественного мнения Комитета 300, никто не может сомневаться, что Янкелович проделал превосходную работу.

Лучший способ объяснить используемые методы и ожидаемые результаты - это, вероятно, процитировать работу Джона Нейсбита, изложенную в его "Отчете о тенденциях". Нейсбитт был советником Линдона Джонсона, Eastman Kodak, IBM, American Express, Центра изучения политики, Chase Manhattan, General Motors, Louis Harris Polls, Белого дома, Института страхования жизни, Американского Красного Креста, Mobil Oil, B.P., а также множества компаний и учреждений, входящих в Комитет 300. Его методология, заимствованная из тавистокских процедур МИ-6, конечно, не уникальна:

> "Я кратко представлю нашу методологию. При разработке отчета о тенденциях для наших клиентов мы опираемся в первую очередь на систему отслеживания местных событий и поведения. Мы очень впечатлены тем, насколько мобильна эта компания, поэтому мы следим за тем, что происходит на местном уровне, а не в Вашингтоне или Нью-Йорке. Все начинается в Лос-Анджелесе, Тампе, Хартфорде, Уичите, Портленде, Сан-Диего и Денвере. Это общество "снизу вверх".
>
> "Концепция отслеживания, используемая для определения этих тенденций, берет свое начало во Второй мировой войне. Во время войны эксперты разведки пытались найти метод получения информации о вражеских странах, которую обычно предоставляют опросы общественного мнения. Под руководством Пола Лазарсфельда и Гарольда Ласвелла был разработан метод мониторинга происходящего в этих обществах путем анализа содержания ежедневной прессы.
>
> "Пока этот метод мониторинга общественной мысли остается выбором разведывательного сообщества, страна ежегодно тратит миллионы долларов на анализ содержания газет во всех частях света.

Причина, по которой эта система отслеживания изменений в обществе работает так хорошо, заключается в том, что "новостные дыры" в газетах - это закрытая система. По экономическим причинам объем площади, отводимой под новости в газете, не меняется с течением времени.

> Таким образом, когда что-то новое вводится в эту информационную дыру, что-то или какая-то комбинация вещей должна выйти или быть опущена". Принцип, задействованный здесь, классифицируется как принудительный выбор в закрытой системе. В этой вынужденной ситуации общество добавляет новые заботы и забывает старые. Мы следим за тем, какие из них добавляются, а какие выбывают.
>
> "Очевидно, что общества похожи на людей. Я не знаю, каково это число, но человек может держать в голове только определенное количество проблем и забот в любой момент времени. Если добавляются новые проблемы или заботы, некоторые из них приходится отбрасывать. Мы отслеживаем,

> что американцы отдали и что забрали обратно.
>
> "Соединенные Штаты быстро переходят от массового индустриального общества к информационному обществу, и конечное воздействие будет более глубоким, чем переход в 19 веке от сельскохозяйственного общества к индустриальному. Начиная с 1979 года, профессией номер один в Соединенных Штатах стал офисный работник, вытеснив рабочих ручного труда и фермеров. В этом последнем утверждении заключается краткая история Соединенных Штатов".

Не случайно Нейсбит является членом Римского клуба и, как таковой, старшим сотрудником Комитета 300, а также старшим вице-президентом компании Yankelovich, Skelly and White. Нейсбитт не предсказывает тенденции, а РАЗРУШАЕТ их. Мы видели, как была разрушена промышленная база США, начиная со сталелитейной промышленности. В 1982 году я написал книгу "*Смерть сталелитейной промышленности*", в которой утверждал, что к середине 1990-х годов производство стали в США сократится до точки невозврата, а автомобильная и жилищная промышленность последуют этому примеру.

Все это произошло, и то, что мы наблюдаем сегодня (1992 год) - это экономический спад, вызванный не только ошибочной экономической политикой, но и намеренно спланированным разрушением нашей промышленной базы - а вместе с ней и разрушением уникального американского среднего класса - основы страны - который зависит от прогрессивной промышленной экспансии для роста и стабильной занятости.

Это одна из причин того, что рецессия, начавшаяся всерьез в январе 1991 года, переросла в депрессию, из которой Соединенные Штаты, какими мы их знали в 1960-х и 1970-х годах, вероятно, никогда не вернутся. Экономика не выйдет из депрессии 1991 года по крайней мере до 1995-96 годов, и к этому времени США станут совершенно другим обществом, чем были в начале рецессии. . [23]

Формирование общественного мнения сыграло важную роль в этой войне против США; нам необходимо изучить роль Комитета

---

[23] Предсказание доктора Коулмана сбылось. Посмотрите на электронную коммерцию. Н/Д.

300 в осуществлении этих глубоких изменений и то, как социальные инженеры использовали анализ центральных систем, чтобы не дать общественному мнению выразить ничего, кроме политики невидимого правительства. Как и где все это началось?

Из документов, относящихся к Первой мировой войне, которые мне удалось собрать и изучить в Военном министерстве в Уайтхолле, Лондон, следует, что Королевский институт международных отношений был уполномочен Комитетом 300 провести исследование по манипулированию военной информацией. Это задание было поручено лорду Нортклиффу, лорду Ротмиру и Арнольду Тойнби, который был агентом МИ-6 в RIIA. Семья лорда Ротмира владела газетой, которая использовалась для поддержки различных позиций правительства, поэтому считалось, что СМИ могут изменить общественное восприятие, особенно в рядах растущей оппозиции войне.

Проект был размещен в Веллингтон Хаус, названном в честь герцога Уэлсли. Среди американских экспертов, привлеченных для помощи лордам Ротмиру и Нортклиффу, были Эдвард Бернейс и Уолтер Липпманн. Группа проводила "мозговые штурмы" для разработки методов мобилизации масс на войну, особенно среди рабочего класса, чьи сыновья должны были отправиться на поля сражений во Фландрии в рекордном количестве.

Используя дневник лорда Ротмира, были опробованы новые манипулятивные техники, и спустя примерно 6 месяцев было установлено, что они успешны. Исследователи обнаружили, что лишь очень небольшая группа людей понимает процесс рассуждения и способность наблюдать за проблемой, а не высказывать свое мнение о ней. По словам лорда Ротмира, именно так к войне отнеслись 87% британской общественности, и тот же принцип применим не только к войне, но и ко всем мыслимым проблемам в обществе в целом.

Таким образом, иррациональность была поднята на высокий уровень общественного сознания. Затем манипуляторы воспользовались этим, чтобы подорвать и отвлечь внимание общественности от реальности, которая управляет любой ситуацией, и чем сложнее становились проблемы современного индустриального общества, тем легче было обеспечить все больше и больше отвлекающих факторов, так что в конце концов абсолютно бессодержательные мнения масс людей, созданные искусными манипуляторами, заняли место научных фактов.

Буквально споткнувшись о такой глубокий вывод, манипуляторы проверяли его один за другим во время войны, так что, несмотря на сотни тысяч молодых британцев, убитых на полях сражений во Франции, не было практически никакого противодействия кровавой войне. Документы того времени показывают, что в 1917 году, незадолго до вступления Соединенных Штатов в войну, 94% британского рабочего класса, который нес на себе основную тяжесть войны, не имели ни малейшего представления о том, за что они сражаются, кроме образа, созданного манипулятивными СМИ, что немцы - это ужасная раса, стремящаяся уничтожить их монарха и страну, и их следует стереть с лица земли.

Конечно, ничего не изменилось, потому что в 1991 году у нас была точно такая же ситуация, созданная средствами массовой информации, которая позволила президенту Бушу грубо нарушить Конституцию, развязав геноцидную войну против иракской нации с полного согласия 87% американского народа. Вудро Вильсону можно поставить в заслугу - если это подходящая фраза - то, что он вскочил на полосу манипулирования общественным мнением и использовал ее для продвижения целей, о которых ему нашептывал на ухо его контролер, полковник Хаус.

По указанию президента Вильсона, а точнее полковника Хауса, была создана Комиссия Крила, и, насколько можно судить, Комиссия Крила была первой организацией в Соединенных Штатах, которая использовала технику и методологию опроса RIIA и массовой пропаганды. Эксперименты по психологической войне, усовершенствованные в Веллингтон Хаус, с таким же успехом применялись во время Второй мировой войны и постоянно использовались в массированной психологической войне против США, которая началась в 1946 году. Методы не изменились, изменилась только цель. Теперь в центре атаки находится уже не жилье немецкого рабочего класса, а средний класс США.

Как это часто бывает, заговорщики не могли сдержать своей радости. После Первой мировой войны, а точнее в 1922 году, Липпманн подробно описал работу, проделанную RIIA, в книге под названием "*Общественное мнение*":

> "Общественное мнение имеет дело с косвенными, невидимыми и запутанными фактами, и в них нет ничего очевидного. Ситуации, к которым относится общественное мнение, известны только как мнения, образы в головах людей, образы себя, других, своих потребностей, целей и отношений, являются их общественными мнениями. Эти образы, по которым действуют группы людей или отдельные лица, выступающие от имени групп, представляют собой ПУБЛИЧНОЕ МНЕНИЕ с большой буквы. Внутренний образ в их головах часто вводит мужчин в заблуждение в их отношениях с внешним миром".

Неудивительно, что Липпманн был выбран для того, чтобы заставить народ Соединенных Штатов "полюбить" "Битлз", когда они прибыли на наши берега и были навязаны ничего не подозревающей стране. Добавьте к этому пропаганду, которая днем и ночью транслировалась по радио и телевидению, и "Битлз" понадобилось относительно немного времени, чтобы стать "популярными". Техника, когда радиостанции получали сотни запросов на музыку "Битлз" от воображаемых слушателей, привела к созданию чартов и рейтингов "топ-10", а затем к постепенному перерастанию в 1992 году в чарты "топ-40".

В 1928 году соотечественник Липпмана, Эдвард Бернейс, написал книгу под названием "*Кристаллизация общественного мнения"*, а в 1928 году вышла вторая его книга под простым названием "*ПРОПАГАНДА"*. В этой книге Бернейс описывает свой опыт работы в Веллингтон Хаус. Бернейс был близким другом мастера манипуляций Уэллса, чьи многочисленные квази-романы были использованы Бернейсом для того, чтобы помочь ему сформулировать методы массового контроля сознания.

Уэллса не смущала его ведущая роль в изменении общества низших классов, главным образом потому, что он был близким другом членов британской королевской семьи и проводил много времени с некоторыми из самых высокопоставленных политиков того времени, такими как сэр Эдвард Грей, лорд Холдейн, Роберт Сесил, еврейской семьи Сесилов, которая контролировала британскую монархию с тех пор, как Сесил стал личным секретарем и любовником королевы Елизаветы I, Лео Амери, Хэлфорда Макиндера, сотрудника МИ-6 и позже директора Лондонской школы экономики, чей ученик Брюс Локхарт станет контролером Ленина и Троцкого в МИ-6 во время большевистской революции, и даже самого великого человека, лорда Альфреда Милнера. Одним из любимых мест Уэллса был престижный отель St Ermins, место встреч Coefficient Club - клуба, в который принимали только дипломированных джентльменов и где они встречались раз в месяц. Все вышеупомянутые мужчины были членами, а также членами клуба "Души". Уэллс утверждал, что любую нацию можно победить не путем прямого противостояния, а путем понимания человеческого разума - того, что он называл "психическим фоном, скрытым за личностью".

Имея такую мощную поддержку, Бернейс чувствовал себя достаточно уверенно, чтобы запустить свою *ПРОПАГАНДУ:*

> "По мере усложнения цивилизации и все большего *проявления необходимости в невидимом правительстве* (выделено автором) были изобретены и разработаны технические средства, *с помощью которых можно управлять общественным мнением* (выделено автором). Благодаря печатному станку и газетам, телефону, телеграфу, радио и самолету, идеи могут быстро, даже мгновенно, распространяться по всей Америке".

Бернейс еще не знал, насколько лучше телевидение, которое должно было последовать за ним, справится с этой задачей.

> "Сознательное и умное манипулирование организованными привычками и мнениями масс является важным элементом демократического общества. Те, кто манипулирует этим невидимым механизмом общества, составляют НЕЗРИМОЕ ПРАВИТЕЛЬСТВО, которое и является реальной властью в нашей стране".

В поддержку своей позиции Бернейс цитирует статью Г. Г. Уэллса в *"Нью-Йорк Таймс", в которой* Уэллс с энтузиазмом поддерживает идею о том, что современные средства коммуникации "открывают новый мир политических процессов, которые будут документировать и поддерживать общую цель против извращений и предательства" (невидимого правительства).

В продолжение откровений, содержащихся в книге "*ПРОПАГАНДА*":

> "Нами управляют, формируют наше сознание, наши вкусы, наши идеи, в основном, люди, о которых мы никогда не слышали. Как бы кто ни относился к этой ситуации, факт

> остается фактом: почти в каждом действии нашей повседневной жизни, будь то в политике или бизнесе, в нашем социальном поведении или в нашем этическом мышлении, над нами доминирует относительно небольшое число людей, незначительная часть из ста двадцати миллионов (в 1928 году), которые понимают психические процессы и социальные модели масс. Именно они дергают за нити, управляющие общественным сознанием, используют старые социальные силы и изобретают новые способы связывать и направлять мир".

Бернейсу не хватило смелости рассказать миру, кто "ОНИ", которые "дергают за ниточки, управляющие умами публики...", но в этой книге мы восполним его намеренный недосмотр, раскрыв существование этого "относительно небольшого числа людей", Комитета 300. Бернейс получил одобрение за свою работу от CFR, члены которого проголосовали за то, чтобы поставить его во главе CBS. Уильям Пейли стал его "учеником" и в конечном итоге заменил Бернейса, получив глубокое понимание новой науки формирования общественного мнения, что сделало CBS лидером в этой области, роль, которую сетевое телевидение и радио CBS никогда не оставляло.

Политический и финансовый контроль "относительно немногих", как называл их Бернейс, осуществляется через ряд тайных обществ, в частности, Шотландский обряд масонства, и, возможно, самое главное, через Подхалимский орден рыцарей Святого Иоанна Иерусалимского, древний орден офицеров, отобранных британским монархом за их опыт в областях, жизненно важных для дальнейшего контроля Комитета.

В своей книге *"Орден святого Иоанна Иерусалимского"*, опубликованной в 1986 году, я описал орден следующим образом

> "...Таким образом, он не является тайным обществом, за исключением тех случаев, когда его цели были извращены во внутренних советах, как, например, Орден Подвязки, который является проституированным олигархическим творением британской королевской семьи, что является насмешкой над тем, что представляет собой Суверенный Орден Святого Иоанна Иерусалимского.
>
> "В качестве примера можно привести атеиста лорда Питера Каррингтона, который утверждает, что он англиканский христианин, но является членом Ордена Осириса и других

> демонических сект, включая масонство, принятого в рыцари Подвязки в часовне Святого Георгия, Виндзорский замок, Ее Величеством, королевой Англии Елизаветой II, из дворянства Черной Гвельфии, также главой англиканской церкви, которую она глубоко презирает".

Каррингтон был выбран Комитетом 300 для того, чтобы свергнуть правительство Родезии, поставить минеральные богатства Анголы и Юго-Западной Африки под контроль лондонского Сити, уничтожить Аргентину и превратить НАТО в левую политическую организацию на деньги Комитета 300.

Еще одно странное лицо, которое мы видим прикрепленным к Святому христианскому ордену Святого Иоанна Иерусалимского, и я использую слово "странный", поскольку оно используется в оригинальном иврите Ветхого Завета для обозначения родословной человека, - это майор Луис Мортимер Блумфилд, человек, который помог спланировать убийство Джона Ф. Кеннеди. Мы видим фотографии этого "странного" человека, гордо носящего Мальтийский крест, тот самый крест, который носят на рукаве рыцари Подвязки.

Нам промыли мозги, заставив поверить, что британская королевская семья - это просто милое, безобидное, красочное учреждение, и мы не осознаем, насколько коррумпирован и, следовательно, очень опасен этот институт под названием британская монархия. Рыцари Подвязки - это ближний круг самых коррумпированных чиновников, которые полностью предали доверие, оказанное им их страной, их народом.

Кавалеры Ордена Подвязки возглавляют Комитет 300, самый доверенный "Тайный совет" королевы Елизаветы II. Когда несколько лет назад я исследовал Орден Святого Иоанна Иерусалимского, я поехал в Оксфорд, чтобы поговорить с одним из магистров, специалистом по древним и современным британским традициям. Он рассказал мне, что рыцари Подвязки - это внутренний санктум, элита элиты досточтимого Ордена Его Величества Святого Иоанна Иерусалимского. Позвольте мне сказать, что это *не* оригинальный орден, основанный истинным христианским воином Питером Джерардом, но он типичен для многих прекрасных учреждений, которые захватываются и разрушаются изнутри, хотя непосвященным *кажется*, что это оригинал.

Из Оксфорда я отправился в Музей Виктории и Альберта и получил доступ к бумагам лорда Пальмерстона, одного из основателей опиумной династии в Китае. Пальмерстон, как и многие ему подобные, был не только масоном, но и преданным служителем гностицизма... Как и нынешняя "королевская семья", Пальмерстон притворялся христианином, но на самом деле был слугой сатаны. Многие сатанисты стали правителями британской аристократии и сколотили состояние на торговле опиумом в Китае.

Из музейных документов, носящих имя Виктории, я узнал, что в 1885 году она изменила название Ордена Святого Иоанна Иерусалимского, чтобы порвать с католической связью основателя ордена, Питера Жерара, и переименовала его в "Почтеннейший протестантский Иерусалимский орден". Членство было открыто для всех олигархических семей, сделавших состояние на торговле опиумом в Китае, и все совершенно декадентские семьи получили место в "новом порядке".

Многие из этих почтенных джентльменов курировали эпоху сухого закона в Соединенных Штатах из Канады, где несколько членов этой организации поставляли виски, который отправлялся в США. Среди этой группы был член Комитета 300 Эрл Хейг, который передал свою франшизу на виски старине Джо Кеннеди. И запрет, и винокурни, удовлетворявшие спрос на алкоголь, были творением британской короны, действовавшей через Комитет 300. Это был эксперимент, ставший предшественником сегодняшней торговли наркотиками, и уроки, извлеченные из эпохи запрета, применяются к легализованной торговле наркотиками в ближайшее время.

Канада - самый важный маршрут, используемый дальневосточными поставщиками героина. Британская монархия гарантирует, что эта информация никогда не будет обнародована. Благодаря своим полномочиям королева Елизавета управляет Канадой через генерал-губернатора (интересно, как современные канадцы могут мириться с такой архаичной схемой), который является ЛИЧНЫМ представителем королевы, а затем через Тайный совет (еще один архаичный пережиток колониальной эпохи) и рыцарей Святого Иоанна Иерусалимского, которые контролируют все аспекты канадской торговли. Оппозиция против британского правления подавляется. В Канаде действуют одни из самых ограничительных законов в мире, включая так называемые законы о "преступлениях на почве ненависти", навязанные стране еврейскими членами Палаты лордов в Англии. В настоящее время в Канаде на разных стадиях находятся четыре крупных судебных процесса над людьми, обвиняемыми в "преступлениях на почве ненависти". Это дела Финта, Кигстры, Зунделя и Росса. Любой, кто осмелится попытаться показать доказательства еврейского контроля над Канадой (который осуществляют Бронфманы), будет немедленно арестован и обвинен в так называемых "преступлениях на почве ненависти". Это дает нам представление о масштабах влияния Комитета 300, который буквально стоит на вершине всего в этом мире.

Это подтверждается тем, что Комитет 300 создал Международный институт стратегических исследований (IISS) под эгидой Круглого стола. Этот институт является проводником черной пропаганды МИ-6 и Тавистока и "мокрых дел" (так разведка называет кровавые операции),[24] ядерных и террористических, которые распространяются в мировой прессе, а также среди правительств и военных учреждений.

Членами IISS являются представители 87 крупнейших информационных агентств и ассоциаций, а также 138 редакторов и обозревателей международных газет и журналов. Теперь вы знаете, где ваш любимый обозреватель получает всю свою информацию и мнения. Вспомните Джека Андерсона, Тома Уикера, Сэма Дональдсона, Джона Чанселора, Мэри МакГрори, Сеймура Херша, Флору Льюис и Энтони Льюиса и др. Информация, предоставляемая IISS, особенно такие сценарии, как те, что подготовлены для очернения президента Хусейна, оправдания предстоящего нападения на Ливию и осуждения ООП, - все это специально подобрано для данного случая. История о бойне в Май Лай, опубликованная Сеймуром Хершем, поступила прямо из IISS, на случай, если мы ошибочно полагаем, что такие люди, как Херш, проводят собственные исследования.

Международный институт стратегических исследований - это не что иное, как формирователь общественного мнения высшего уровня в понимании Липпмана и Бернейса. Вместо того чтобы писать книги, газеты сообщают мнения, представленные

[24] Буквально работа, где нужно быть мокрым... NDT.

избранными обозревателями, а IISS был создан для того, чтобы стать центром не только для создания мнений, но и для распространения этих мнений и сценариев гораздо быстрее и среди более широкой аудитории, чем это можно было бы сделать с помощью книги. IISS является хорошим примером создания сетей и взаимодействия между учреждениями Комитета 300.

Идея создания IISS родилась на встрече Бильдербергеров в 1957 году. Напомним, что конференция Бильдербергеров была создана МИ-6 под руководством Королевского института международных отношений. Идея принадлежит Аластеру Бьюкену, сыну лорда Твидсмуира. В то время Бьюкен был председателем совета директоров, членом правления RIIA и членом Круглого стола, который, как говорят, очень близок к британской королевской семье. Это была та самая конференция, которая приняла в свои ряды лидера Лейбористской партии Денниса Хили. Среди других участников был Франсуа Дюшен, чей наставник, Жан Моне Дюшен, возглавлял Трехстороннюю комиссию под руководством Г. В. Дикса из Центра Колумба в Тавистоке.

В совет директоров этой гигантской машины пропаганды и формирования общественного мнения входят следующие люди:

- Фрэнк Китсон, бывший контролер ИРА ПРОВИЗИОНАЛОВ, человек, который начал повстанческое движение Мау-Мау в Кении.
- Lazard Frères, представлял Роберт Эллсворт.
- N. M. Ротшильд, представленный Джоном Лаудоном.
- Пол Нитце, представитель банка "Шредер".

Нитце сыграл очень важную и существенную роль в вопросах соглашения о контроле над вооружениями, которые ВСЕГДА находились под руководством РИИА.

- С. Л. Сульцбергер из газеты "*Нью-Йорк Таймс*".
- Стэнсфилд Тернер, бывший директор ЦРУ.
- Питер Кальвокоресси, представитель Penguin Books.
- Королевский институт международных отношений, представленный Эндрю Шенбергом.

- Колумнисты и репортеры, представленные Флорой Льюис, Дрю Миддлтон, Энтони Льюис, Макс Франкель.
- Дэниел Эллсберг.
- Генри Киссинджер.
- Роберт Боуи, бывший директор Национальной разведывательной оценки ЦРУ.

После встречи Бильдербергеров в 1957 году Киссинджер получил приказ открыть офис "Круглого стола" на Манхэттене, ядро которого составляли Хейг, Эллсберг, Гальперин, Шлессинджер, Макнамара и братья Макбанди. Киссинджеру было приказано заполнить все высшие посты в администрации Никсона членами Круглого стола, лояльными к РИИА и, следовательно, к английской королеве. Не случайно Киссинджер выбрал бывшее логово президента Никсона, отель "Пьер", в качестве центра своих операций.

Значение операции "Круглый стол - Киссинджер" заключалось в следующем: По приказу президента РИИА Эндрю Шёберга всем агентствам, занимающимся разведкой, было запрещено предоставлять информацию президенту Никсону. Это означало, что Киссинджер и его команда получали ВСЕ данные разведки, внешней и внутренней, правоохранительных органов и службы безопасности, включая 5-й отдел ФБР, прежде чем они попадали к президенту. Это гарантировало, что все террористические операции, контролируемые МИ-6 в США, не будут иметь шансов быть раскрытыми. Это была сфера деятельности Гальперина.

Используя эту методику, Киссинджер сразу же установил свою гегемонию над президентством Никсона, а после того, как Никсон был опозорен группой Киссинджера и изгнан с поста, Киссинджер появился с беспрецедентными полномочиями, равных которым не было ни до, ни после Уотергейта. Некоторые из этих редко перечисляемых полномочий:

Киссинджер приказал, чтобы Меморандум № 1 о решении по национальной безопасности был составлен Гальпериным, который получил фактическую формулировку непосредственно от RIIA через круги Круглого стола. В меморандуме Киссинджер был назначен высшей инстанцией США и председателем группы по проверке. Все переговоры по SALT проводились одними и теми же органами, возглавляемыми Паулем Нитце, Паулем

Варнке и группой предателей в женевской миссии по контролю над вооружениями.

Кроме того, Киссинджер был назначен членом Специальной исследовательской группы по Вьетнаму, которая контролировала и оценивала все отчеты, гражданские и военные, включая отчеты разведки Вьетнама. Киссинджер также потребовал и получил надзор над "Комитетом 40", суперсекретным агентством, в обязанности которого входит решать, когда и где начинать тайные действия, а затем контролировать ход операций, которые он запускает.

Тем временем Киссинджер приказал ФБР установить лавину прослушек даже своих ближайших помощников, чтобы создать впечатление, что он все знает. Большинству из его окружения сообщили, что их прослушивают. Это чуть не обернулось против него, когда агент МИ-6 по имени Генри Брэндон получил приказ о прослушивании, но не был проинформирован Киссинджером. Брэндон выдавал себя за репортера *лондонской "Таймс"*, и Киссинджера чуть не уволили, потому что в *лондонской "Таймс"* никто так не поступает.

Полная история взлома Эллсберга и последующего Уотергейтского скандала Никсона слишком длинна, чтобы приводить ее здесь. Достаточно сказать, что Киссинджер контролировал Эллсберга со дня его вербовки во время учебы в Кембридже. Эллсберг всегда был ярым сторонником войны во Вьетнаме, но постепенно его "обратили" в радикального левого активиста. Его "обращение" было едва ли менее чудесным, чем опыт Святого Павла на Дамасской дороге.

Весь спектр новых левых в США был делом рук британской секретной службы (МИ-6), действующей через агентов "Круглого стола" и Института политических исследований (ИПС). Как и во всех странах с республиканской основой, чья политика нуждалась в изменении, IPS играла ведущую роль, как это происходит сегодня в Южной Африке и Южной Корее. Многое из работы IPS объясняется в моей книге *IPS Revisited*, опубликованной в 1990 году.

У IPS была одна главная функция - сеять раздор и распространять дезинформацию, вызывая тем самым хаос. Одна из таких программ, ориентированная на американскую молодежь, была посвящена наркотикам. С помощью ряда фронтов ИПС, таких действий, как забрасывание камнями кортежа Никсона и большое количество взрывов, была эффективно создана атмосфера обмана, заставившая большинство американцев поверить, что США угрожают КГБ, ГРУ и кубинский ИМБ. Ходили слухи, что многие из этих мнимых агентов имели тесные связи с демократами через Джорджа Макговерна. На самом деле это была образцовая кампания по дезинформации, которой по праву славится МИ-6.

Холдеман, Эрлихман и ближайшие помощники Никсона не имели представления о том, что происходит, в результате чего Белый дом разразился шквалом заявлений о том, что Восточная Германия, Советский Союз, Северная Корея и Куба готовят террористов и финансируют их операции в США. Я сомневаюсь, что Никсон много знал о СПИ, не говоря уже о том, что подозревал, как это повлияло на его президентство. Мы страдали от такого же рода дезинформации во время войны в Персидском заливе, когда ходили слухи, что террористы со всех сторон собираются вторгнуться в США и взорвать все на своем пути.

Президент Никсон был буквально оставлен в неведении. Он даже не знал, что Дэвид Янг, ученик Киссинджера, работал в подвале Белого дома, наблюдая за "утечками". Янг был выпускником Оксфорда и давним соратником Киссинджера через такие активы "Круглого стола", как юридическая фирма Milbank Tweed. Президент Никсон не мог сравниться с силами, развернутыми против него под руководством МИ-6 от имени Королевского института международных отношений и, таким образом, британской королевской семьи. Единственное, в чем Никсон был виновен, если говорить об Уотергейте, - это его незнание того, что происходило вокруг него. Когда Джеймс Маккорд "признался" судье Джону Сирике, Никсон должен был в одно мгновение понять, что Маккорд ведет двойную игру. Он должен был на месте рассказать Киссинджеру о его отношениях с Маккордом. Это поставило бы точку в деле и сорвало бы всю операцию МИ-6 - Уотергейт.

Никсон не злоупотреблял своими президентскими полномочиями. Его преступлением было не защищать Конституцию Соединенных Штатов Америки и не обвинять миссис Кэтрин Мейер Грэм и Бена Брэдли в заговоре с целью совершения мятежа. Родословная г-жи Кэтрин Мейер Грэм весьма сомнительна, как быстро обнаружила бы "Джессика

Флетчер" из сериала "Убийство, которое она написала". Но даже зная это, контролеры г-жи Грэм в "Круглом столе" изо всех сил старались бы сохранить тайну. Роль *Washington Post* заключалась в том, чтобы поддерживать кипение в котле, генерируя одно "откровение" за другим, создавая тем самым атмосферу общественного недоверия к президенту Никсону, хотя не было ни малейших доказательств каких-либо правонарушений с его стороны.

Тем не менее, это показывает огромную силу прессы, как справедливо предвидели Липпманн и Бернейс, в том, что миссис Грэм, давно подозреваемая в убийстве своего мужа Филипа Л. Грэма - официально классифицированном как "самоубийство" - должна была сохранить некоторое доверие. Другими предателями, которых следовало бы обвинить в мятеже и государственной измене, были Киссинджер, Хейг, Гальперин, Эллсберг, Янг, Маккорд, Джозеф Калифано и Чомски из IPS и те агенты ЦРУ, которые пришли в дом Маккорда и сожгли все его бумаги. Еще раз стоит повторить, что Уотергейт, как и многие другие операции, которые мы не имеем возможности включить сюда, продемонстрировал ПОЛНЫЙ КОНТРОЛЬ, осуществляемый над Соединенными Штатами Комитетом 300.

Хотя Никсон общался с такими людьми, как Эрл Уоррен и некоторые из мафиози, которые построили дом Уоррена, это не означает, что он должен был быть опозорен Уотергейтским делом. Моя неприязнь к Никсону проистекает из его готовности подписать печально известный договор по ПРО в 1972 году и его слишком близких отношений с Леонидом Брежневым. Одной из самых прискорбных ошибок Совета меньшинств была его отвратительная неспособность разоблачить грязную роль, сыгранную INTERTEL, ужасным частным разведывательным агентством Corning Group, с которым мы уже встречались, в "сливе" большей части Уотергейта Эдварду Кеннеди. Частные разведывательные агентства, подобные INTERTEL, не имеют права на существование в Соединенных Штатах. Они являются угрозой нашему праву на частную жизнь и оскорблением для всех свободных людей во всем мире.

Вина также лежит на тех, кто должен был защитить президента Никсона от той стальной сети, которая была наброшена вокруг него, чтобы изолировать его. Сотрудники разведки, окружавшие Никсона, не имели представления о суровости операций британской разведки; более того, они не имели представления о том, что Уотергейт был полностью операцией британской разведки. Уотергейтский заговор был переворотом против Соединенных Штатов Америки, как и убийство Джона Кеннеди. Хотя сегодня этот факт не признается таковым, я убежден, что когда все секретные документы будут наконец открыты, история зафиксирует, что два переворота, один против Кеннеди, другой против Никсона, действительно имели место, и что они привели к жесточайшему изнасилованию и нападению на институты, на которых держится Республика Соединенных Штатов.

Человек, наиболее заслуживающий звания предателя и наиболее виновный в подстрекательстве к мятежу, - генерал Александр Хейг. Этот канцелярский полковник, чья карьера карандашника не включала командование войсками в бою, внезапно оказался в центре внимания невидимого параллельного правительства на самом верху. Президент Никсон однажды описал его как человека, которому приходится спрашивать разрешения у Киссинджера, чтобы сходить в туалет.

Хейг - продукт "Круглого стола". Его заметил видный член Джозеф Калифано, один из самых доверенных представителей Ее Величества в Соединенных Штатах. Джозеф Калифано, юрисконсульт Демократической национальной конвенции, за месяц до ограбления беседовал с Альфредом Болдуином, одним из водопроводчиков. Калифано был достаточно глуп, чтобы написать меморандум о своем интервью с Болдуином, в котором он подробно рассказал о прошлом Маккорда и о том, почему Маккорд выбрал Болдуина в "команду".

Что еще более важно, меморандум Калифано содержал все детали расшифровки прослушки разговоров между Никсоном и комитетом по переизбранию, и все это ДО того, как произошел взлом. Калифано должен был быть обвинен во множестве федеральных преступлений; вместо этого ему удалось выйти невредимым из своей преступной деятельности. Ханжеский Сэм Эрвин отказался разрешить советнику меньшинства Фреду Томпсону представить эти крайне предвзятые доказательства на слушаниях по Уотергейту - на том надуманном основании, что они были "слишком спекулятивными".

По указанию "Круглого стола" Киссинджер повысил Хейга с полковника до четырехзвездного генерала, что стало самым стремительным взлетом, когда-либо зафиксированным в анналах военной истории США, в ходе которого Хейг превзошел 280 генералов и старших офицеров армии США.

Во время и в результате "повышения" Хейга 25 старших генералов были вынуждены уйти в отставку. В награду за предательство президента Никсона и Соединенных Штатов Хейг получил пост главнокомандующего силами Организации Североатлантического договора (НАТО), несмотря на то, что он был наименее квалифицированным командующим, когда-либо занимавшим этот пост. И снова его опередили 400 старших генералов из стран НАТО и США.

Когда весть о его назначении дошла до Верховного командования советских вооруженных сил, маршал Оргаков вызвал трех своих лучших генералов Варшавского договора из Польши и Восточной Германии, и до поздней ночи было много ликования, звона бокалов и распития шампанского. На протяжении всего пребывания Хейга на посту командующего силами НАТО элитные профессиональные кадры советских вооруженных сил, люди, которые никогда не были никем иным, как профессиональными военными, относились к Хейгу с величайшим презрением и открыто называли его "офисным менеджером НАТО". Они знали, что своим назначением Хейг обязан RIIA, а не вооруженным силам США.

Но прежде чем военное повышение вывело его из Вашингтона, Александр Хейг вместе с Киссинджером практически уничтожил офис президента США и его правительство. Насколько мне известно, хаос, оставленный Киссинджером и Хейгом после Уотергейта, никогда не освещался в хронике. По настоянию RIIA Хейг фактически взял на себя руководство правительством США после апрельского переворота 1973 года. Привлекая 100 отобранных агентов Круглого стола из Института Брукингса, Института политических исследований и Совета по международным отношениям, Хейг заполнил сотню самых важных постов в Вашингтоне людьми, которые, как и он, были преданы иностранной державе. В ходе последовавшего за этим фиаско пострадала администрация Никсона, а вместе с ней и Соединенные Штаты.

Помимо благочестивых банальностей и позерства в защиту Конституции, сенатор Сэм Эрвин сделал больше для изменения Соединенных Штатов, чем все, что мог бы сделать президент Никсон, а Соединенные Штаты до сих пор не оправились от почти смертельной раны, нанесенной Уотергейтом, операцией, спонсированной Комитетом 300 и проведенной Королевским институтом международных отношений, Круглым столом и американскими агентами МИ-6.

То, как президент Никсон был сначала изолирован, окружен предателями, а затем сбит с толку, полностью соответствовало тавистокскому методу установления полного контроля над человеком в соответствии с методикой, изложенной главным теоретиком Тавистока, доктором Куртом Левиным. Я подробно описал методологию Льюина в других частях этой книги, но в связи с изучением случая с президентом Ричардом М. Никсоном, я думаю, что ее стоит повторить:

> "Одним из основных методов разрушения морального духа с помощью стратегии террора является именно эта тактика: держать человека в состоянии неопределенности относительно его ситуации и того, чего он может ожидать. Более того, если частые колебания между жесткими дисциплинарными мерами и обещаниями хорошего обращения, а также распространение противоречивых новостей делают когнитивную структуру этой ситуации совершенно неясной, человек может даже перестать понимать, приведет ли тот или иной план его к цели или отдалит от нее. В этих условиях даже те люди, которые имеют четкие цели и готовы рисковать, оказываются парализованными из-за серьезного внутреннего конфликта по поводу того, что делать.

Киссинджер и Хейг в точности следовали учебным пособиям Тавистока. В результате президент Никсон был обескуражен, растерян, напуган и деморализован, единственным вариантом действий которого, как сказал ему Хейг, была отставка. В 1983 году я написал две книги, "*Тавистокский институт: зловещий и смертоносный*" и "*Тавистокский институт: британский контроль над политикой США*",[25] , основанные на секретных руководствах Тавистока, которые попали ко мне в руки. Методы и действия Тавистокского института подробно описаны в этих двух книгах.

---

[25] См. обновление этих книг в *The Tavistock Institute of Human Relations*, Omnia Veritas Ltd, www.omnia-veritas.com.

Методы Тавистока были настолько успешно применены для отстранения президента Никсона, что народ этой страны полностью поверил в ложь, искажения и сфабрикованные ситуации заговорщиков как в правду, тогда как на самом деле Уотергейт был дьявольской ложью насквозь. Важно отметить это, поскольку мы, конечно, не видели конца операций типа "Уотергейт".

Каковы были предполагаемые преступления, подлежащие импичменту, совершенные президентом Никсоном, и так называемый "дымящийся пистолет", который должен был подтвердить эти обвинения? Во-первых, "дымящийся пистолет". Это ФИКЦИОННОЕ произведение было создано Киссинджером и Хейгом вокруг пленки от 23 июня, которую Хейг заставил Никсона передать Леону Яворскому.

Хейг часами убеждал президента Никсона, что эта пленка его потопит, поскольку она "без тени сомнения" доказывает, что Никсон виновен в серьезных нарушениях и был соучастником Уотергейтского взлома. Первой реакцией президента Никсона было сказать Хейгу: "Совершенно абсурдно делать из этого большое дело", но Хейг продолжал работать, пока Никсон не убедился, что он не сможет успешно защищаться перед Сенатом только на основании этой конкретной записи от 23 июня!

Как Хейг выполнил свою миссию? Играя по сценарию, подготовленному для него наблюдателями "Круглого стола", Хейг получил неотредактированную стенограмму записи "дымящегося пистолета"[26] , набранную его сотрудниками. На самом деле, на пленке не было ничего, что президент Никсон не мог бы объяснить. Почувствовав это, Хейг распространил свою неавторизованную и неотредактированную расшифровку пленки среди самых ярых сторонников Никсона в Палате представителей и Сенате, а также среди высшего руководства Республиканской партии. Посыпанные мыслями о "дымящемся пистолете" и "разрушительном" эффекте, который он, несомненно, произведет. Исходящая от доверенного помощника Никсона, стенограмма произвела эффект ястреба, поражающего стаю голубей; сторонники Никсона запаниковали и укрылись.

---

[26] "Smoking gun" - термин, являющийся синонимом неопровержимых доказательств.

После того, как он поднял мятеж и восстание, Хейг вызвал к себе в кабинет конгрессмена Чарльза Уиггинса, убежденного сторонника Никсона, который согласился возглавить борьбу в Палате представителей, чтобы избежать процедуры импичмента. В откровенной лжи Хейг сказал Уиггинсу: "Борьба проиграна. После этого Уиггинс потерял интерес к защите Никсона, полагая, что Никсон сам согласился отказаться от участия в выборах. Затем Хейг точно так же обошелся с сенатором Гриффином, одним из ключевых сторонников президента в Сенате. В результате подстрекательской и предательской деятельности Хейга сенатор Гриффин немедленно написал письмо президенту Никсону с просьбой отправить его в отставку.

ТРИ МЕСЯЦА назад Институт политических исследований, контролируемый "Круглым столом", детищем Джеймса Варбурга, основателем и членом Маркусом Раскиным, выдвинул точно такой же ультиматум президенту Никсону с требованием уйти в отставку, используя пропагандистскую газету британской секретной службы "*Нью-Йорк Таймс*" от 25 мая. Уотергейтская трагедия стала шагом в необратимом переходе к варварству, которое охватывает Соединенные Штаты и ведет нас к Единому мировому правительству/Новому мировому порядку. Соединенные Штаты сейчас находятся на той же стадии, что и Италия, когда Альдо Моро пытался спасти ее от созданной им нестабильности.

В каких правонарушениях обвиняли Никсона? Джон Доар, чья прямота идеально подходила для его задачи по выдвижению статей импичмента против президента, был автором и завершил одну из крупнейших НЕЗАКОННЫХ операций по внутреннему наблюдению и контрразведке, когда-либо проводившихся в США.

Будучи руководителем Межведомственной разведывательной группы (IDIU), Доар собирал информацию от всех возможных агентств федерального правительства, включая Службу внутренних доходов. Программа была связана с Институтом политических исследований. Одним из самых ярких моментов в карьере Доара было предоставление ЦРУ - которому по закону запрещено заниматься внутренним наблюдением - от 10 000 до 12 000 имен граждан, которых он подозревал в том, что они являются политическими диссидентами, для дальнейшего расследования.

18 июля 1974 года этот великий защитник закона со сдержанной помпезностью огласил "обвинения" против президента Никсона, и этот эпизод транслировался по телевидению на всю страну. Однако не было ни малейших доказательств того, что Никсон совершил что-либо предосудительное, что могло бы привести к его импичменту; на самом деле, жалкое перечисление Доаром предполагаемых "преступлений" Никсона было настолько тривиальным, что удивительно, что разбирательство зашло дальше этого пункта. Фальсификация подоходного налога, несанкционированная бомбардировка Камбоджи и расплывчатое обвинение в "злоупотреблении властью", которое никогда не было бы подтверждено в суде, - это лучшее, что смог сделать Доар. Когда 8 августа 1974 года президент Никсон подал в отставку, Соединенные Штаты были так нестабильны, как никогда ранее.

Нигде больше, чем в нашей экономической и фискальной политике. В 1983 году международные банкиры встретились в Вильямсбурге, штат Вирджиния, чтобы разработать стратегию подготовки США к полному распаду банковской системы. Это запланированное мероприятие должно было подтолкнуть Сенат США к принятию контроля над нашей денежной и фискальной политикой со стороны Международного валютного фонда (МВФ). Деннис Уэзерстон из Morgan Guarantee на Уолл-стрит сказал, что он убежден, что это единственный способ, которым США могут спасти себя.

Это предложение было одобрено Группой Дитчли, которая возникла в мае 1982 года в Дитчли-Парке, Лондон. 10 и 11 января 1983 года эта группа чужаков собралась в Вашингтоне, округ Колумбия, в нарушение антитрестовского закона Шермана и закона Клейтона, и вступила в сговор с целью подрыва суверенитета Соединенных Штатов Америки в их денежной и финансовой свободе. Генеральному прокурору США было известно о встрече и ее цели. Вместо того чтобы обвинить группу в сговоре с целью совершения федерального преступления, он просто смотрел в другую сторону.

Согласно вышеупомянутым законам, для признания виновным в совершении тяжкого преступления достаточно доказать наличие сговора, а доказательств того, что сговор имел место, было предостаточно. Но поскольку встреча Фонда Дитчли состоялась по просьбе Королевского института международных отношений и была организована Круглым столом, ни у кого в Министерстве юстиции не хватило смелости действовать так, как того требуют те, кто поклялся соблюдать законы Соединенных Штатов.

План Дитчли, целью которого было взять под контроль фискальную и монетарную политику США, был детищем сэра Гарольда Левера, ярого сторонника сионизма, близкого доверенного лица британской королевской семьи и члена Комитета 300. Сэр Гарольд Левер был директором гигантского конгломерата UNILEVER, одной из основных компаний Комитета 300. План Левера предусматривал расширение влияния МВФ, чтобы он мог влиять на центральные банки всех стран, включая США, и направлять их в руки единого мирового правительственного банка.

Это был важный шаг на пути к тому, чтобы МВФ стал верховным арбитром мировой банковской системы. Сверхсекретной встрече в январе предшествовала другая встреча в октябре 1982 года, на которой присутствовали представители 36 крупнейших банков мира, собравшиеся в отеле Vista в Нью-Йорке. Безопасность на семинаре 26-27 октября была такой жесткой, как никогда не было в "Большом яблоке". Эта более ранняя встреча группы Дитчли также нарушила законодательство США.

Выступая на встрече, сэр Гарольд Левер заявил, что до 2000 года необходимо покончить с национальным суверенитетом как архаичным пережитком.

> "США скоро придется осознать, что они будут жить не лучше, чем любая страна третьего мира, когда МВФ возьмет их под свой контроль", - сказал сэр Гарольд.

Позднее делегаты узнали, что планы по назначению МВФ в качестве контролера фискальной политики США готовятся к представлению в Сенат США к 2000 году.

Риммер де Врис, выступая от имени Morgan Guarantee, заявил, что США давно пора стать членом Банка международных расчетов. "Колебания США в течение последних 50 лет должны быть пересмотрены", - сказал де Врис. Некоторые британские и немецкие банкиры, опасаясь возможных нарушений американского законодательства, заявили, что группа Дитчли - это не более чем комитет по урегулированию проблем, связанных с обменными курсами. Феликс Рохатин также говорил о большой необходимости изменить банковское законодательство США, чтобы МВФ мог играть большую роль в этой стране. Рохатин был главой Lazard Frères, банка Римского клуба, входящего в группу Eagle Star, с которой мы уже встречались ранее.

Представители Круглого стола Уильям Огден и Вернер Станг с энтузиазмом выступили за передачу фискального суверенитета США Международному валютному фонду и Банку международных расчетов. Делегаты, представляющие Alpha Ranking Group, масонский банк P2, заявили, что США должны быть вынуждены подчиниться "высшей власти мирового банка", прежде чем будет достигнут какой-либо прогресс на пути к Новому мировому порядку.

8 января 1983 года, перед их большой встречей 10-11 января, Ханс Фогель, ведущий член Римского клуба, был принят в Белом доме. Президент Рональд Рейган пригласил Джорджа Шульца, Каспара Уайнбергера, Джорджа Кеннана и Лейна Киркланда на встречу с Фогелем, который объяснил президенту Рейгану цели и задачи группы Дитчли. С этого дня президент Рейган развернулся и стал работать с различными агентствами Комитета 300, чтобы продвинуть Международный валютный фонд и Банк международных расчетов в качестве органа, определяющего внутреннюю и внешнюю денежную политику США.

Невидимое правительство Комитета 300 оказало огромное давление на Америку, чтобы заставить ее изменить свои пути - к худшему. Америка - это последний бастион свободы, и если наши свободы не будут отняты, то продвижение к единому мировому правительству значительно замедлится. Такое предприятие, как Единое мировое правительство - это масштабное мероприятие, требующее большого мастерства, организаторских способностей, контроля над правительствами и их политикой. Единственная организация, которая могла бы взяться за эту гигантскую задачу с надеждой на успех, - это Комитет 300, и мы видели, как далеко он продвинулся к полному успеху.

Это, прежде всего, духовная борьба. К сожалению, христианские церкви стали не более чем социальными клубами, управляемыми бесконечно плохим Всемирным советом церквей (ВСЦ), истоки которого находятся не в Москве, а в лондонском Сити, как мы видим на схеме в конце книги, где представлена структура Единой церкви мирового правительства. Этот орган был создан в 1920-х годах как проводник политики Единого мирового правительства и является памятником способности Комитета 300 к долгосрочному планированию.

Другой коррумпированной организацией, похожей по структуре и дизайну на ВКК, является Союз обеспокоенных ученых, созданный Трехсторонней комиссией и финансируемый Фондом Карнеги, Фондом Форда и Аспенским институтом. Именно эта группа возглавила борьбу за то, чтобы помешать США создать эффективное средство сдерживания против советских "Космосфер" - лазерного оружия космического базирования, способного уничтожать выбранные цели в США или других странах из космоса.

Американская программа SDI была разработана для противодействия угрозе, исходящей от советских космолетов, угрозе, которая все еще существует, несмотря на заверения в том, что "коммунизм мертв". Советский пресс-секретарь Георгий Арбатов заявил на встрече Союза обеспокоенных ученых, что для них важно выступить против программы SDI, потому что если программа SDI начнет действовать, "это будет военная катастрофа". Год за годом Союз обеспокоенных ученых выступал против всех бюджетов, включающих средства на жизненно важную программу SDI, пока к концу 1991 года денег не хватило даже на финансирование дополнительных исследований, которые все еще необходимы, не говоря уже о выводе системы на орбиту. Союз обеспокоенных ученых управляется Королевским институтом международных отношений и сильно инфильтрирован агентами МИ-6, британской разведывательной службы.

Нет ни одного аспекта жизни в Америке, который бы не контролировался, не направлялся в "правильном" направлении, не манипулировался и не контролировался невидимым правительством Комитета 300. Нет ни одного избранного чиновника или политического лидера, который бы не подчинялся его власти. До сих пор никто не смог бросить вызов нашим тайным правителям, которые без колебаний могут сделать "отвратительный пример" из любого, включая президента Соединенных Штатов Америки.

С 1776 года, когда Джереми Бентам и Уильям Петти, граф Шелбурн, свежие после триумфа Французской революции, которую они планировали и направляли, были завербованы британской короной, чтобы применить свой опыт на благо колонистов; до 1812 года, когда британцы разграбили и сожгли Вашингтон, уничтожив секретные документы, которые могли бы раскрыть предательство зарождающихся Соединенных Штатов Америки; до Уотергейта президента Никсона и убийства президента Кеннеди; рука Комитета 300 четко прослеживается. Эта книга - попытка открыть глаза американскому народу на страшную правду: мы *не* являемся независимой нацией и *никогда не* сможем ею стать, пока нами правит невидимое правительство - Комитет 300.

Прошлое и настоящее учреждений/организаций, находящихся под непосредственным влиянием Комитета 300

- Академия современных проблем.
- Африканский фонд.
- Агентство международного развития.
- Фонд Альбера Превина.
- Универсальный Израильский Альянс.
- Американский союз гражданских свобод
- Американский совет по расовым отношениям.
- Американское оборонное общество.
- Американский институт прессы.
- Американская защитная лига.
- Институт социальных исследований.
- Институт будущего.
- Институт мирового порядка.
- Институт по наркотикам, преступности и правосудию.
- Интер-альфа.
- Межамериканский институт социального развития.
- Международный институт стратегических исследований.
- Межрелигиозный мирный коллоквиум.
- Иргун.

- Антидиффамационная лига.
- Арабское бюро.
- Арабский высший комитет.
- Фонд ARCA.
- Исследовательский фонд Armour Research Foundation.
- Контроль над вооружениями и внешняя политика
- Фракция.
- Артур Д. Литтл, Инк.
- Азиатский исследовательский институт.
- Аспенский институт.
- Ассоциация гуманистической психологии.
- Исследовательский центр аугментации.
- Фонд барона де Хирша.
- Мемориальный институт Баттелла.
- Национальный фонд Бергера.
- Берлинский центр исследований будущего.
- Бильдерберги.
- Рыцари Мальты.
- Лига Наций.
- Институт управления логистикой.
- Лондонский совет депутатов британских евреев.
- Лондонская школа экономики.
- Компания "Мэри Картер Пэйнт".
- Массачусетский технологический институт.
- Институт Меллона. Метафизическое общество.
- Группа Милнера.
- Mocatto Metals.
- Общество Маунт Пелерин.
- NAACP.
- Национальное исследование действий по военно-промышленному комплексу.
- Институт Национального центра производительности .
- Национальный совет

- Черный орден.
- Конференция "Бойкот японских товаров".
- Корпорация "Бритиш Ньюфаундленд".
- Британское королевское общество.
- Братство Кооперативного Бюро Международного Содружества.
- Революционная пропаганда.
- Канадский еврейский конгресс.
- Собор Святого Иоанна Божественного, Нью-Йорк.
- Центр перспективных исследований в области поведенческих наук.
- Центр конституционных прав.
- Центр кубинских исследований.
- Центр демократических институтов.
- Центр международной политики.
- Центр по изучению церквей.
- Национальный центр изучения общественного мнения.
- Национальные учебные лаборатории.
- Новая демократическая коалиция.
- Фонд "Новый мир".
- Нью-Йоркский институт Рэнд.
- НОРМЛ. Организация Североатлантическо го договора (НАТО).
- Одд Феллоуз. Орден Святого Иоанна Иерусалимского.
- Орден Золотой Зари. OXFAM.
- Оксфорд Юнивак.
- Центр тихоокеанских исследований.
- Фонд Палисадеса.
- Компания Peninsula and Orient Navigation Company (P&O.).
- ПЕРМИНДЕКС.
- Принстонский университет.

ответственного права.

- Христианская социалистическая лига.
- Фонд Чини.
- Римский клуб. Коминформ.
- Комитет на следующие тридцать лет.
- Комитет четырнадцати.
- Комитет по национальной морали.
- Комитет по разработке всемирной конституции.
- Коммунистическая лига.
- Конгресс промышленных организаций.
- Совет по международным отношениям.
- Дэвид Сассун Компания.
- De Beers Consolidated Mines.
- Демократическая лига Брюсселя.
- Восточная Индия Комитет 300.
- Экономический и
- Рэнд Корпорейшн.
- Школа социальных наук Рэнд.
- Институт "Исследовательский треугольник".
- Комитет по стипендиям Родса.
- Цинковая компания "Рио Тинто".
- Программа разоружения церкви Риверсайд.
- Круглый стол.
- Королевский институт международных отношений.
- Фонд Рассела Сейджа.
- Фонд Сан-Франциско.
- Приход Шарпс Пиксли.
- Совет по исследованию социальных наук.
- Социалистический Интернационал.
- Социалистическая партия США.
- Общество содействия изучению религий.

социальный контроль (ЭКОСОС).

- Экологический фонд.
- Environmetrics Inc.
- Институт Эсален.
- Фабианское общество.
- Федерация американских сионистов.
- Братство за христианский социальный порядок.
- Братство примирения.
- Фонд Форда.
- Университет Фордхэм Учреждение
- Образовательные исследования.
- Фонд национального прогресса.
- Фонд Гарленда.
- Германский фонд Маршалла.
- Руководящий орган израильтян
- Религиозная община.
- Научно-исследовательский институт южного залива.
- Хагана. Гарвардский университет.
- Общество Небес (TRIADS).
- Советский государственный комитет по науке и технике.
- Стэнфордский исследовательский институт.
- Стокгольмский международный институт исследования проблем мира.
- Общество Сунь Ят Сена.
- Корпорация по разработке систем.
- Тавистокский институт человеческих отношений.
- Корпорация "Темпо".
- The High Twelve International.
- Фонд "Общественная повестка дня".
- Институт качества жизни.
- Теософское общество.
- Общество Туле.
- Трансатлантический

- Клуб "Адский огонь".
- Лига Хораса Манна.
- Гудзонская гильдия.
- Гудзоновский институт.
- Компания Гудзонова залива.
- Имперский колледж Лондонского университета.
- Промышленное христианское братство.
- Институт исследования мозга.
- Институт тихоокеанских отношений.
- Институт политических исследований.

совет.

- Трехсторонняя комиссия.
- Ассоциация США Римского клуба.
- Институт мира США.
- Союз обеспокоенных ученых.
- ЮНИТАР.
- Уортонская школа Университета Пенсильвании.
- Варбург, Джеймс П. и семья.
- Западные учебные лаборатории.
- Уилтон Парк.
- Женский Христианский Союз Воздержания.
- Компания "Вонг Хонг Хон".
- Институт "Работа в Америке".
- Всемирный совет церквей.

Специальные фонды и группы интересов

- Арабское бюро.
- Аристотелевское

- Общество народов, находящихся под

общество.

- Азиатский исследовательский институт.
- Фонд мира Бертрана Рассела.
- Бритиш Американ Канадская корпорация.
- Братство вечной любви.
- Кембриджские апостолы.
- Канадская кампания Гистадрута.
- Canadian Pacific Ltd.
- Карибско-Центральноамериканская группа действий.
- China Everbright Holdings Ltd.
- Китайский народный институт иностранных дел.
- Совет Южной Америки.

угрозой исчезновения.

- English Property Corporation Ltd.
- Хоспис Инк.
- Международное братство бригадиров.
- Международный Красный Крест.
- Иерусалимский фонд, Канада.
- Kissinger Associates.
- Торговая палата Коулуна.
- Организация американских государств.
- Комитет по делам зарубежных китайцев.
- Радиокорпорация Америки (RCA).
- Королевская полиция Гонконга. YMCA.

БАНКИ

- American Express.
- Банк итальянской Швейцарии.
- Банк Андиоино.
- Банк д'Америка д'Италия.
- Banca Nazionale del Lavoro.
- Banca Privata.
- Банк Амброзиано.
- Банк Карибе.
- Banco Commercial Mexicana.
- Banco Consolidato.
- Банко д'Эспана.
- BCCI.[27] Канадский имперский банк торговли.
- Centrust Bank.
- Чартерный банк.
- Чартерхаус Джафет Банк.
- Чейз Манхэттен Банк.
- Химический банк.
- Ситибанк.
- Citizens and Southern Bank of Atlanta.
- Городской национальный банк Майами.

---

[27] BCCI. Этот банк неоднократно обвиняли в том, что он принимает активное участие в отмывании денег, полученных от продажи наркотиков, по всему миру. В его структуру входят все операции Комитета 300. Интересна его корпоративная структура. Middle East Interests, 35% акций, принадлежащих :

- Царствующая семья Бахрейна.
- Правящая семья Шарджи.
- Правящая семья Дубая.
- Правящая семья Саудовской Аравии.
- Правящая семья Ирана.
- Группа ближневосточных бизнесменов.
- BCCI Каймановы острова 41%.
- Bank of America 24%.

BCCI Каймановы острова и BCCI Люксембург открыли агентские офисы в Майами, Бока-Ратоне, Тампе, Нью-Йорке, Сан-Франциско и Лос-Анджелесе.

- Банк Колумбии.
- Банк Коммерции.
- Иберо-американский банк.
- Банко де ла Насьон.
- Банк дель Эстада.
- Banco Internacional.
- Banco Latino.
- Банко Меркантиле де Мексико.
- Национальный банк Кубы.
- Banco Nacional de Panama и более мелкие панамские банки.
- Бангкок Коммершиал д'Итали.
- Бангкокский столичный банк.
- Банк аль-Мешрек.
- Банк Америка.
- Банк международных расчетов.
- Банк "Хапоалим".
- Банковский лей.
- Банк Леуми.
- Банк Бангкока.
- Банк Бостона.
- Кларидон Банк.
- Кливлендский национальный городской банк.
- Корпоративный банк и трастовая компания.
- Credit and Commerce American Holdings.
- Кредитные и торговые холдинги,
- Нидерландские Антильские острова.
- Credit Suisse.
- Национальный банк Крокер. де'Нойфлиз, Шлюмберже, Маллет Банк.
- Дрезденский банк.
- Дюссельдорфский глобальный банк.
- Литекс Банк.
- Люблянский банк.
- Lloyds Bank.
- Морской Мидленд Банк.
- Мидленд Банк.
- Морган Банк.
- Морган и Ко.
- Морган Гренфелл Бэнк.
- Народный банк.

- Банк Канады.
- Банк кредита и коммерции
- Банк Восточной Азии.
- Международный.
- Банк Англии.
- Банк Эскамбии.
- Банк Женевы.
- Банк Ирландии.
- Лондонский банк и Мексика.
- Банк Монреаля.
- Банк Норфолка.
- Банк Новой Шотландии.
- Банк Огайо.
- Банк Брюссель-Ламбер.
- Арабский коммерческий банк.
- Международный кредитный банк.
- Банк де Пари и Нидерланды.
- Французский и итальянский банк для Южной Америки.
- Парижский банк Луи Дрейфуса.
- Национальный банк Кливленда.
- Национальный банк Флориды.
- Национальный Вестминстерский банк.
- Орион Банк.
- Паравичини Банк Лтд.
- Республиканский национальный банк.
- Королевский банк Канады.
- Банк Шредера.
- Банк Селигман.
- Шанхайский коммерческий банк.
- Банк Сунг.
- Standard и Chartered Bank.
- Стандартный банк.
- Швейцарская банковская корпорация.
- Швейцарско-израильский торговый банк.
- Банк развития торговли.
- Юнибанк.
- Union Bank of Israel.

- Private Banking.
- Banques Sud Ameris.
- Барклайс Банк.
- Банк "Бэринг Бразерс".
- Барнетт Бэнкс.
- Базелер Хандеслбанк.
- Базельский комитет по банковскому надзору.
- Союзный банк Швейцарии.
- Банк "Ваньинг".
- Банк "Уайт Велд".
- Всемирный банк.
- Всемирный коммерческий банк Нассау.
- Всемирный торговый банк.
- Возчод Хандельсбанк.

Примечание: За исключением Базельского комитета по банковскому делу, каждый из упомянутых выше банков был и, возможно, до сих пор участвует в торговле наркотиками, алмазами, золотом и оружием.

Юридические ассоциации и адвокаты

- Американская ассоциация юристов.
- Клиффорд и Уорнке.
- Братья Кудерт.
- Крейвит, Суэйн и Мур.
- Уилки, Фарр и Галлахер.

Бухгалтеры/аудиторы

- Прайс, Уотерхаус.

Тавистокские институты в США

Получает контракты от Национального института здравоохранения.

- КОРПОРАЦИЯ "МЕРЛ ТОМАС

Получает контракты от ВМС США, анализирует спутниковые данные.

- ВАЛЬДЕНСКИЕ ИССЛЕДОВАНИЯ

Работает в области контроля загрязнения окружающей среды.

- ИССЛЕДОВАТЕЛЬСКАЯ КОРПОРАЦИЯ ПО ПЛАНИРОВАНИЮ, АРТУР Д. ЛИТТЛ, Г.Е. "ТЕМПО", OPERATIONS RESEARCH INC.

Они входят в число примерно 350 компаний, которые проводят исследования и опросы и дают рекомендации правительству. Они являются частью того, что президент Эйзенхауэр назвал "возможной опасностью для государственной политики, которая сама может оказаться в плену у научно-технической элиты".

- ИНСТИТУТ БРУКИНГСА

Посвятил свою работу тому, что он называл "национальной повесткой дня". Написал программу президента Гувера, "Новый курс" президента Рузвельта, программу "Новые рубежи" администрации Кеннеди (отклонение от нее стоило Джону Ф. Кеннеди жизни) и "Великое общество" президента Джонсона. Брукингс указывал правительству США, как вести свои дела, на протяжении последних 70 лет и продолжает делать это от имени Комитета 300.

- ГУДЗОНСКИЙ ИНСТИТУТ

Под руководством Германа Хана этот институт сделал больше для формирования того, как американцы реагируют на политические и социальные события, думают, голосуют и ведут себя в целом, чем любой другой институт, кроме "Большой пятерки". Хадсон специализируется на исследованиях в области оборонной политики и отношений с СССР. Большая часть его военной работы засекречена как SECRET. (Некоторые из его ранних работ назывались "Стабильность и спокойствие среди старых наций" и "Аналитическое резюме вопросов политики национальной безопасности США". Хадсон гордится своей разносторонностью; он помогал НАСА с его космическими программами и способствовал продвижению новых молодежных причуд и идей, молодежного бунтарства и отчуждения для Комитета 300, якобы финансируемого компанией *Coca Cola*.

Хадсон по праву может быть причислен к Комитету 300, занимающемуся промыванием мозгов. Некоторые из его сценариев ядерной войны представляют собой очень интересное чтение, и, если вы сможете достать их, я рекомендую "6 основных термоядерных угроз" и возможные исходы термоядерной войны", а также один из его более пугающих документов под названием "Израильско-арабская ядерная война". Хадсон также консультирует комитет из 300 компаний, Rank, Xerox, General Electric, IBM и General Motors, и это лишь некоторые из них, но ее самым крупным клиентом остается Министерство обороны США, которое занимается вопросами гражданской обороны, национальной безопасности, военной политики и контроля над вооружениями. На сегодняшний день она еще не приступила к созданию "мокрого НАСА", т.е. Национального океанографического агентства.

- НАЦИОНАЛЬНЫЕ УЧЕБНЫЕ ЛАБОРАТОРИИ

NTL также известен как Международный институт прикладных поведенческих наук. Этот институт, несомненно, является центром промывания мозгов, основанным на принципах Курта Левина, который включает в себя так называемые Т-группы (тренинговые группы), искусственный стрессовый тренинг, в котором участники внезапно погружаются в защиту себя от злобных обвинений. NTL является домом для Национальной ассоциации образования, крупнейшей группы учителей в США.

Несмотря на официальное осуждение "расизма", интересно отметить, что NTL в сотрудничестве с NEA подготовила документ, предлагающий образовательные ваучеры, которые отделяли бы трудных в обучении детей от более способных, а средства выделялись бы в зависимости от количества трудных детей, которые были бы отделены от тех, кто развивается нормально. Это предложение не было принято.

- УНИВЕРСИТЕТ ШТАТА ПЕНСИЛЬВАНИЯ, УОРТОНСКАЯ ШКОЛА ФИНАНСОВ И КОММЕРЦИИ

Основанный Эриком Тристом, одним из "мозгов" Тавистока, Уортон стал одним из самых важных учреждений Тавистока в США для "поведенческих исследований". Уортон привлекает таких клиентов, как Министерство труда США - в Wharton Econometric Forecasting Associates Incorporated учат, как производить "приготовленную" статистику. Этот метод пользуется большим спросом, поскольку мы приближаемся к концу 1991 года, когда безработных стало на миллионы больше, чем отражает статистика USDL.

Экономическое моделирование Уортона используется всеми крупными компаниями в США и Западной Европе, а также Международным валютным фондом, Организацией Объединенных Наций и Всемирным банком. Уортон выпустил таких замечательных людей, как Джордж Шульц и Алан Гринспен.

- ИНСТИТУТ СОЦИАЛЬНЫХ ИССЛЕДОВАНИЙ

Это институт, созданный "мозговыми трестами" Тавистока - Ренсисом Лайкертом, Дорвином Картрайтом и Рональдом Липпертом. Среди его исследований - "Человеческий смысл социальных изменений", "Молодежь в переходный период" и "Как американцы относятся к своему психическому здоровью". Среди клиентов Института - Фонд Форда, Министерство обороны США, Почтовая служба США и Министерство юстиции США.

- ИНСТИТУТ БУДУЩЕГО

Это не типичный институт Тавистока, поскольку он финансируется Фондом Форда, но он черпает свою методологию долгосрочного прогнозирования у матери всех аналитических центров. Институт будущего прогнозирует изменения, которые, по его мнению, произойдут в течение пятидесяти лет. Предполагается, что институт сможет прогнозировать социально-экономические тенденции и указывать на любые отклонения от того, что он считает нормальным. Институт будущего считает возможным и нормальным вмешиваться сейчас и принимать решения на будущее. Дельфийские группы решают, что нормально, а что нет, и готовят документы с изложением позиции, чтобы "направить" правительство в нужном направлении и не дать группам устроить гражданские беспорядки. [Это могут быть патриотические группы, призывающие к отмене прогрессивных налогов или требующие не нарушать их "право на ношение оружия"]. Институт рекомендует такие действия, как либерализация законов об абортах, употреблении наркотиков и пошлины за въезд автомобилей в город, преподавание контрацепции в государственных школах, требование регистрации оружия, легализация гомосексуализма, оплата студентам за успехи в учебе, государственный контроль за зонированием, предоставление стимулов для планирования семьи и, наконец, предложение, по примеру Пол Пота в Камбодже, создавать новые общины в сельской местности. Как видно, многие из целей Института будущего уже более чем достигнуты.

- ИНСТИТУТ ПОЛИТИЧЕСКИХ ИССЛЕДОВАНИЙ (ИПС)

Одна из "большой тройки", IPS формировала и перестраивала американскую политику, внешнюю и внутреннюю, с момента ее основания Джеймсом П. Варбургом и структурами Ротшильдов в США при поддержке Бертрана Рассела и британских социалистов через свои сети в Америке, включающие Лигу промышленной демократии, в которой Леонард Вудкок играл ведущую, хотя и закулисную, роль. Среди ключевых местных игроков Лиги за промышленную демократию были "консервативная" Джин Киркпатрик, Ирвин Суолл (из АДЛ), Юджин Ростоу (участник переговоров по контролю над вооружениями), Лейн Киркланд (лидер лейбористов) и Альберт Шенкер.

Для справки: IPS была создана в 1963 году Маркусом Раскиным и Ричардом Барнеттом, выпускниками Тавистокского института. Большая часть средств поступила от связанных с Ротшильдами лиц в Америке, таких как семья Джеймса Варбурга, фонд семьи Стерн и фонд Самуэля Рубина. Самуэль Рубин был зарегистрированным членом Коммунистической партии, который украл имя Фаберже [Фаберже был "ювелиром российского императорского двора"] и сделал состояние на имени Фаберже.

Цели ИПС вытекали из программы, разработанной британским Круглым столом, который, в свою очередь, исходил из Тавистокского института, одной из самых заметных из них было создание "Новых левых" как популярного движения в США. ИТП должна была создавать конфликты и беспорядки, распространять хаос, как неконтролируемый лесной пожар, распространять "идеалы" левого нигилистического социализма, поддерживать неограниченное употребление наркотиков всех видов и быть "большой дубиной", которой можно бить политический истеблишмент США.

Барнетт и Раскин контролировали такие разные элементы, как "Черные пантеры", Дэниел Эллсберг, член Совета национальной безопасности Гальперин, подпольная группа Weathermen, группа Venceramos и предвыборный штаб кандидата Джорджа Макговерна. Ни один проект не был слишком большим для IPS и ее контроллеров, чтобы взять его на себя и управлять им.

Возьмем заговор с целью "похищения" Киссинджера, который находился в руках Экбала Ахмеда, офицера британской разведки МИ-6 пакистанского происхождения, прошедшего через "ТРОТС" (лондонских троцкистских террористов). Заговор" был "раскрыт" ФБР, чтобы он не зашел слишком далеко. Затем Ахмед стал директором одного из самых влиятельных агентств IPS, Транснационального института, который, как хамелеон, сменил свое прежнее название на Институт расовых отношений, когда агенты разведки BOSS (Бюро государственной безопасности) в Южной Африке разоблачили тот факт, что он был напрямую связан со стипендией Родса-Гарри Оппенгеймера и англо-американо-британскими горнодобывающими интересами в Южной Африке. В то же время BOSS дискредитировал Фонд Южной Африки.

Через свои многочисленные мощные лоббистские группы на Капитолийском холме, IPS неустанно использует свою "большую дубину", чтобы победить Конгресс. IPS имеет сеть лоббистов, все из которых якобы действуют независимо, но на самом деле действуют слаженно, так что члены Конгресса осаждаются со всех сторон, казалось бы, разными и разнообразными лоббистами. Таким образом, IPS была и остается в состоянии успешно влиять на отдельных представителей и сенаторов, чтобы они голосовали в пользу "тенденции, того, как идут дела". Используя ключевых людей на Капитолийском холме, IPS смогла проникнуть в саму инфраструктуру нашей законодательной системы и в то, как она работает.

Приведу лишь один конкретный пример того, о чем я говорю: в 1975 году сотрудник IPS убедил представителя Джона Конирса (D-Michigan) и сорок семь членов Палаты представителей попросить IPS подготовить бюджетное исследование, которое выступило бы против бюджета, подготовленного президентом Джеральдом Фордом. Хотя запрос не прошел, он был повторно представлен в 1976, 1977 и 1978 годах с новыми спонсорами.

Затем в 1978 году пятьдесят шесть членов Конгресса подписались за спонсирование исследования бюджета IPS. Его подготовил Маркус Раскин. Бюджет Раскина призывал к сокращению оборонного бюджета на 50%, социалистической жилищной программе, "которая будет конкурировать с частными рынками жилья и ипотеки и постепенно заменит их", национальной службе здравоохранения, "радикальным изменениям в системе образования, которые нарушат капиталистический контроль над распространением знаний", и ряду других радикальных идей.

Влияние IPS на переговоры по контролю над вооружениями стало основным фактором, заставившим Никсона подписать предательский договор по ПРО в 1972 году, который почти на десятилетие оставил Соединенные Штаты практически беззащитными перед атаками МБР. IPS стал и остается по сей день одним из самых престижных "мозговых центров", контролирующих внешнеполитические решения, которые, как мы, люди, глупо полагаем, принимаются нашими законодателями.

Спонсируя активизм внутри страны и поддерживая связи с революционерами за рубежом, организуя такие победы, как "Бумаги Пентагона", осаждая корпоративную структуру, преодолевая разрыв в доверии между подпольными движениями и приемлемым политическим активизмом, Проникая в религиозные организации и используя их, чтобы сеять раздор в Америке, например, радикальную расовую политику под прикрытием религии, используя установленные СМИ для распространения идей ИПС и затем поддерживая их, ИПС оправдала ту роль, ради которой была основана.

- СТЭНФОРДСКИЙ ИССЛЕДОВАТЕЛЬСКИЙ ИНСТИТУТ

Джесси Хобсон, первый президент Стэнфордского исследовательского института, в своей речи в 1952 году четко обозначил направления, по которым должно было следовать учреждение. Стэнфорд можно назвать одной из "жемчужин" в короне Тавистока в период его правления в Соединенных Штатах. Основанный в 1946 году, сразу после окончания Второй мировой войны, он был возглавлен Чарльзом А. Андерсоном и занимался вопросами развития университета. Она проходила под председательством Чарльза А. Андерсона и была посвящена исследованиям в области контроля сознания и "науки будущего". Фонд Чарльза Ф. Кеттеринга, разработавший "Меняющийся образ человека", на котором основан Аквариумный заговор, был включен в структуру Стэнфорда.

Некоторые из крупных клиентов и контрактов Стэнфорда изначально были ориентированы на оборонную промышленность, но по мере роста Стэнфорда разнообразие его услуг увеличивалось:

- Применение поведенческих наук в управлении исследованиями
- Управление по науке и технологиям.
- Программа экономической разведки SRI.
- Министерство обороны США Управление оборонных исследований и разработок.
- Управление аэрокосмических исследований Министерства обороны США.

Среди компаний, которые пользовались услугами Стэнфорда, были Wells Fargo Bank, Bechtel Corporation, Hewlett Packard, Bank of America, McDonnell-Douglas Corporation, Blyth, Eastman Dillon и TRW Company. Одним из самых секретных проектов Стэнфорда была обширная работа над химическим и бактериологическим оружием (CBW). Стэнфордский исследовательский центр связан по меньшей мере с 200 небольшими "мозговыми центрами", которые проводят исследования по всем аспектам жизни в Америке. Это называется ARPA networking и представляет собой начало, вероятно, самых масштабных усилий по контролю за окружающей средой каждого человека в стране. В настоящее время компьютеры Стэнфорда связаны с 2500 "родственными" исследовательскими консолями, включая Центральное разведывательное управление (ЦРУ), Bell Telephone Laboratories, армейскую разведку США, Управление военно-морской разведки (ONI), RANI, MIT, Гарвард и Калифорнийский университет. Стэнфорд играет ключевую роль в том, что он является "библиотекой", каталогизирующей всю документацию ARPA.

Другим агентствам - и здесь можно проявить фантазию - разрешено искать ключевые слова и фразы в "библиотеке" SRI, обращаться к источникам и обновлять свои собственные основные файлы с файлами Стэнфордского исследовательского центра. Пентагон, например, широко использует мастер-файлы

SRI, и нет сомнений, что другие правительственные агентства США делают то же самое. Проблемы "командования и управления" Пентагона решает Стэнфорд.

Хотя эти исследования якобы относятся только к оружию и солдатам, нет абсолютно никакой гарантии, что те же самые исследования не могут и не будут направлены на гражданское применение. Стэнфорд печально известен тем, что готов сделать все для кого угодно, и я убежден, что если Налоговое управление будет полностью раскрыто, то враждебность, которая возникнет в результате откровений о том, чем оно на самом деле занимается, скорее всего, заставит Налоговое управление закрыться.

- МАССАЧУСЕТСКИЙ ТЕХНОЛОГИЧЕСКИЙ ИНСТИТУТ, ШКОЛА МЕНЕДЖМЕНТА АЛЬФРЕДА П. СЛОАНА

Этот великий институт не признается частью Тавистока. Большинство людей считают его чисто американским институтом, но это далеко не так. MIT-Alfred Sloan можно условно разделить на несколько групп:

- Современные технологии.
- Промышленные отношения.
- Групповая психология по Левину.
- Лаборатории компьютерных исследований NASA-ERC.
- Группа Управления военно-морских исследований, психология.

Системная динамика. Форрестор и Медоуз написали исследование Римского клуба о нулевом росте под названием "Пределы роста".

В число клиентов MIT входят следующие компании:

- Американская ассоциация менеджмента.
- Американский Красный Крест.
- Комитет по
- Национальный совет церквей.
- Сильвания.
- TRW.
- Армия США.

экономическому развитию.

- ГТД.
- Институт оборонного анализа
- (IDA).
- НАСА.
- Национальная академия наук.
- Государственный департамент США.
- ВМС США.
- Казначейство США.
- Компания Volkswagen.

Сфера деятельности IDA настолько широка, что для описания деятельности, которой она занимается, потребовались бы сотни страниц.

- НАУЧНО-ИССЛЕДОВАТЕЛЬСКАЯ КОРПОРАЦИЯ РЭНД

Без сомнения, RAND - это мозговой центр, наиболее обязанный Тавистокскому институту, и, безусловно, самый престижный инструмент RIIA для контроля над политикой США на всех уровнях. Конкретная политика RAND, ставшая практической, включает нашу программу МБР, основные анализы для внешней политики США, инициатора космических программ, ядерную политику США, корпоративные анализы, сотни проектов для военных, Центральное разведывательное управление (ЦРУ) в отношении использования наркотиков, изменяющих сознание, таких как пейот, ЛСД (20-летняя секретная операция MK-Ultra).

В число клиентов RAND входят следующие:

- Американская телефонная и телеграфная компания (AT&T).
- International Business Machines (IBM).
- Чейз Манхэттен Банк.
- Национальный научный фонд.
- Республиканская партия.
- TRW.
- Военно-воздушные силы США.

- Министерство энергетики США.
- Министерство здравоохранения США.

Буквально ТЫСЯЧИ компаний, государственных учреждений и очень важных организаций пользуются услугами RAND, и перечислить их все было бы непосильной задачей. Среди "специальностей" RAND - исследовательская группа, которая прогнозирует время и направление термоядерной войны и разрабатывает множество сценариев на основе своих выводов. Однажды RAND обвинили в том, что СССР заказал разработку условий капитуляции правительства США, и это обвинение дошло до Сената США, где им занялся сенатор Саймингтон, а затем пало жертвой презрительных статей, которыми осыпала его истеблишментная пресса. Промывание мозгов остается главной функцией RAND.

Подводя итог, можно сказать, что основные тавистокские институты в США, которые занимаются промыванием мозгов на всех уровнях, включая правительство, армию, бизнес, религиозные организации и образование, следующие:

- Институт Брукингса.
- Гудзоновский институт.
- Институт политических исследований.
- Массачусетский технологический институт.
- Национальные учебные лаборатории.
- Rand Research and Development Corporation.
- Стэнфордский исследовательский институт.
- Уортонская школа при Университете Пенсильвании.

Согласно некоторым моим источникам, общее число людей, работающих в этих учреждениях, составляет около 50 000 человек, а объем финансирования приближается к 10 миллиардам долларов.

Некоторые из основных глобальных учреждений и

организаций Комитета 300

- Американцы за безопасный Израиль.
- Обзор библейской археологии.
- Бильдерберги.
- Бритиш Петролеум.
- Канадский институт международных отношений.
- Христианский фундаментализм.
- Совет по международным отношениям, Нью-Йорк.
- Египетское геологоразведочное общество.
- Imperial Chemical Industries.
- Международный институт стратегических исследований.
- Орден "Череп и кости".
- Фонд исследования Палестины.
- Бедные рыцари тамплиеров.
- Royal Dutch Shell Company.
- Фонд Храмовой горы.
- Клуб атеистов.
- Клуб "Четвертое состояние сознания".
- Герметический орден Золотой Зари.
- Группа Милнера.
- Принцы Наси.
- Орден Magna Mater.
- Орден божественного беспорядка.
- RIIA.
- Круглый стол.
- Трехсторонняя комиссия.
- Универсальное масонство.
- Универсальный сионизм.
- Vickers Armament Company.
- Комиссия Уоррена.
- Уотергейтский комитет.
- Уилтон Парк.
- Всемирный совет

- Социалистический Интернационал.
- Фонд Южной Африки.
- Тавистокский институт человеческих отношений.

церквей.

Прошлые и настоящие члены Комитета 300

- Абергавеми, маркиз де.
- Ачесон, Дин.
- Адеан, лорд Майкл.
- Аньелли, Джованни.
- Альба, герцог Олдингтон, лорд.
- Алеман, Мигель.
- Аллихон, профессор Т. Е.
- Наследник семьи Алсоп.
- Амори, Хаутон.
- Андерсон, Чарльз А.
- Андерсон, Роберт О.
- Андреас, Дуэйн.
- Асквит, лорд.
- Астор, Джон Джейкоб и его
- Кесвик, Уильям Джонстон.
- Кейнс, Джон Мейнард.
- Кимберли, Господи.
- Кинг, доктор Александр.
- Кирк, Грейсон Л.
- Киссинджер, Генри.
- Китченер, лорд Горацио.
- Констамм, Макс.
- Корш, Карл.
- Ламберт, барон Пьер.
- Лоуренс, Дж.
- Лазар. Леман, Льюис.
- Левер, сэр Гарольд.
- Левин, доктор Курт.
- Линовиц, С.

преемник Уолдорф.

- Аурангзеб, потомки.
- Остин, Пол.
- Бако, сэр Ранульф
- Бальфур, Артур.
- Балог, Лорд.
- Бэнкрофт, барон Стормонт.
- Бэринг.
- Барнато, Б.
- Барран, сэр Джон.
- Баксенделл, сэр Питер.
- Беатрис Савойская, принцесса.
- Бивербрук, лорд.
- Бек, Роберт.
- Били, сэр Гарольд.
- Бейт, Альфред.
- Бенн, Энтони Веджвуд.
- Беннет, Джон У.
- Бенеттон, Джильберто или Карло попеременно.
- Берти, Эндрю.
- Безант, сэр Уолтер.
- Бетал, лорд Николас.
- Липпманн, Уолтер.
- Ливингстон, Роберт Р. Представитель семьи.
- Локхарт, Брюс.
- Локхарт, Гордон.
- Лаудон, сэр Джон.
- Луццатто, Пьеипаоло.
- Маккей, лорд, из Клашферна.
- Маккей-Таллак, сэр Хью.
- Макиндер, Хэлфорд.
- Макмиллан, Гарольд.
- Мэтисон, Джардин.
- Мадзини, Гузеппи.
- Маклафлин, В. Е.
- МакКлой, Джон Дж.
- Макфадиан, сэр Эндрю.
- МакГи, Джордж.
- Макмиллан, Гарольд.
- Меллон, Эндрю.
- Меллон, Уильям Лаример или представитель семьи.

- Бялкин, Давид.
- Бяо, Кенг.
- Бингем, Уильям. Бинни, Дж. Ф.
- Блант, Уилфред.
- Бонакасси, Франко Орсини.
- Боттчер, Фриц.
- Брэдшоу, Торнтон.
- Брандт, Вилли.
- Брюстер, Кингман.
- Бьюкен, Аластер.
- Баффет, Уоррен.
- Буллит, Уильям К.
- Булвер-Литтон, Эдвард.
- Банди, Макджордж.
- Банди, Уильям.
- Буш, Джордж.
- Кэбот, Джон. Представитель семьи.
- Каччиа, барон Гарольд Энтони.
- Кэдман, сэр Джон.
- Калифано, Джозеф.
- Каррингтон, лорд.
- Картер, Эдвард.
- Кэтлин, Донат.
- Мейер, Фрэнк.
- Миченер, Роланд.
- Микован, Анастас.
- Милнер, лорд Альфред.
- Миттеран, Франсуа.
- Моне, Жан.
- Монтегю, Сэмюэль.
- Монтефиоре, лорд Себаг или епископ Хью.
- Морган, Джон П.
- Мотт, Стюарт.
- Маунтин, сэр Брайан Эдвард.
- Маунтин, сэр Деннис.
- Маунтбаттен, лорд Луис.
- Мунте, А., или представитель семьи.
- Нейсбит, Джон.
- Нееман, Юваль.
- Ньюбиггинг, Дэвид.
- Николс, лорд Николас Бетальский.
- Норман, Монтегю.
- О'Брайен из Лотерби, лорд.

- Катто, Лорд.
- Кавендиш, Виктор К. У., герцог Девонширский.
- Чемберлен, Хьюстон Стюарт. Чанг, В. Ф.
- Чечирин, Георгий или указанная семья.
- Черчилль, Уинстон.
- Чичирени, В. или назначенная семья.
- Чини, граф Витторио.
- Кларк, Говард.
- Кливленд, Амори.
- Кливленд, Харланд.
- Клиффорд, Кларк.
- Кобольд, лорд.
- Коффин, преподобный Уильям Слоан.
- Константи, дом Оранж.
- Купер, Джон. Названная семья.
- Куденхове-Калерги, граф.
- Каудрей, лорд.
- Кокс, сэр Перси.
- Кромер, лорд
- Огилви, Ангус.
- Окита, Сабуро.
- Олдфилд, сэр Моррис.
- Оппенгеймер, сэр Эрнест, и его преемник Гарри.
- Ормсби Гор, Дэвид (лорд Харлеч).
- Орсини, Франко Бонакасси.
- Ортолани, Умберто.
- Ostiguy, J.P.W.
- Пейли, Уильям С. Паллавачини.
- Пальме, Олаф.
- Палмерстон.
- Пальмстьерна, Якоб.
- Рао, Y.K.
- Пиз, Ричард Т.
- Печчеи, Ауреллио.
- Пик, сэр Эдмунд.
- Пеллегрено, Майкл, кардинал.
- Перкинс, Нельсон.
- Пестель, Эдуард.
- Петерсон, Рудольф.
- Петтерсон, Питер Г.
- Петти, Джон Р.

Эвелин Баринг.

- Краутер, сэр Эрик.
- Камминг, сэр Мэнсфилд.
- Кертис, Лайонел.
- д'Арси, Уильям К.
- Д'Авиньон, граф Этьен.
- Даннер, Жан Дюрок.
- Дэвис, Джон У. де Беннедитти, Карло.
- Де Брюйне, Дирк.
- Де Гунцберг, барон Ален.
- Из Ламатера, генерал-майор Уолтер.
- Де Мениль, Жан.
- Де Врис, Риммер.
- де Зулуэта, сэр Филипп.
- д'Аремберг, маркиз Шарль Луи.
- Делано. представитель семьи.
- Дент, Р.
- Детердинг, сэр Анри.
- ди Спадафорас, граф Гитиерес
- Филипп, принц, герцог Эдинбургский.
- Пирси, Джордж.
- Пинчотт, Гиффорд.
- Пратт, Чарльз.
- Прайс Уотерхаус, назначенный представитель.
- Радзивалл.
- Ренье, князь.
- Раскоб, Джон Джейкоб.
- Реканати.
- Рис, Джон.
- Риз, Джон Роулингс.
- Ренни, сэр Джон.
- Реттингер, Джозеф.
- Родс, Сесил Джон.
- Рокфеллер, Дэвид.
- Роль, лорд Эрик из Ипсдена.
- Розенталь, Мортон.
- Ростоу, Юджин.
- Ротмир, лорд.
- Ротшильд Эли де или Эдмон де и/или барон де Ротшильд
- Ранси, доктор Роберт.

(наследник)

- Дуглас-Хоум, сэр Алек.
- Дрейк, сэр Эрик.
- Дюшен, Франсуа.
- Дюпон. Эдуард, герцог Кентский.
- Айзенберг, Шауль.
- Эллиотт, Николас.
- Эллиотт, Уильям Яндель.
- Элсуорти, лорд.
- Фармер, Виктор.
- Форбс, Джон М.
- Фоскаро, Пьер.
- Франция, сэр Арнольд.
- Фрейзер, сэр Хью.
- Фредерик IX, король Дании, представляющий семью.
- Фрер, Лазард.
- Фрескобальди, Ламберто.
- Фрибур, Майкл.
- Габор, Деннис.
- Галлатин, Альберт. Представитель семьи
- Гарднер, Ричард.
- Рассел, лорд Джон.
- Рассел, сэр Бертран.
- Сен-Гуэрс, Жан.
- Солсбери, маркиза
- Роберт Гаскойн Сесил.
- Шелбурн, Лес Солсбери, лорд.
- Сэмюэл, сэр Маркус.
- Сандберг, М. Г.
- Сарнофф, Роберт.
- Шмидхейни, Стефан или альтернативные братья Томас, Александр.
- Шенберг, Эндрю.
- Шредер.
- Шульц, Джордж.
- Schwartzenburg, E.
- Шоукросс, сэр Хартли.
- Шеридан, Уолтер.
- Шилоах, Рубин.
- Силитоу, сэр Перси.
- Саймон, Уильям.
- Слоун, Альфред П.
- Сматтс, Ян.
- Спелман.

- Геддес, сэр Окленд.
- Геддес, сэр Рей.
- Джордж, Ллойд.
- Гиффен, Джеймс.
- Гилмер, Джон Д.
- Джустиниани, Джастин.
- Гладстон, лорд.
- Глостер, герцог Глостерский.
- Гордон, Уолтер Локхарт.
- Грейс, Питер Дж.
- Гринхилл, лорд Деннис Артур.
- Гринхилл, сэр Деннис.
- Грей, сэр Эдвард.
- Гилленхаммар, Камни.
- Хокон, король Норвегии.
- Хейг, сэр Дуглас.
- Хейлшем, лорд.
- Халдейн, Ричард Бердон.
- Галифакс, лорд.
- Холл, сэр Питер Викерс.
- Хэмбро, сэр Джослин.
- Спроулл, Роберт.
- Сталс, доктор К.
- Штамп, лорд-представитель семьи.
- Сталь, Дэвид.
- Стигер, Джордж.
- Стратмор, лорд.
- Стронг, сэр Кеннет.
- Стронг, Морис.
- Сазерленд.
- Сватовство, Лорд.
- Свайр, Дж. К.
- Tasse, G. или назначенная семья.
- Темпл, сэр Р.
- Томпсон, Уильям Бойс.
- Томпсон, Лорд.
- Тиссен-Борнамиса,
- Барон Ганс Генрих.
- Тревелин, лорд Хамфри.
- Тернер, сэр Марк.
- Тернер, Тед.
- Тайрон, лорд.
- Уркиди, Виктор.
- Ван Ден Брук, Х.
- Вандербильт.

- Гамильтон, Сирил.
- Гарриман, Эверилл.
- Харт, сэр Роберт.
- Хартман, Артур Х.
- Хили, Деннис.
- Хелсби, лорд.
- Ее Величество Королева Елизавета II.
- Ее Величество королева Юлиана.
- Ее Королевское Высочество принцесса Беатрикс.
- Ее Королевское Высочество королева Маргарета.
- Гессен, потомки великого герцога, представитель рода.
- Хеселтайн, сэр Уильям.
- Хоффман, Пол Г.
- Холланд, Уильям.
- Дом Браганса.
- Дом Гогенцоллернов.
- Хаус, полковник Мандель.
- Хау, сэр Джеффри.
- Хьюз, Томас Х.
- Вэнс, Сайрус.
- Верити, Уильям К.
- Ваше величество, лорд Амуэль.
- Викерс, сэр Джеффри.
- Вильерс, Джеральд Хайд Чередующаяся семья.
- Вольпи, граф.
- фон Финк, барон Август.
- фон Габсбург, эрцгерцог Отто, Габсбург-Лотарингский дом.
- Валленберг, Петер или представитель семьи.
- Фон Турн и Таксис, Макс.
- Ванг, Кван Ченг, доктор Кван Ченг
- Варбург, С. К.
- Уорд Джексон, леди Барбара.
- Уорнер, Роули.
- Варнке, Пол.
- Уоррен, Эрл.
- Уотсон, Томас.
- Уэбб, Сидней.

- Хьюго, Тиман.
- Хатчинс, Роберт М.
- Хаксли, Олдос.
- Инчкейп, лорд.
- Джеймисон, Кен.
- Иафет, Эрнст Исраэль.
- Джей, Джон. Представитель семьи.
- Джодри, Дж. Дж.
- Джозеф, сэр Кит.
- Кац, Милтон.
- Кауфман, Ашер.
- Кит, сэр Кеннет.
- Кесвик, сэр Уильям Джонстон, или Кесвик, Г.Н.Л.
- Вайль, Дэвид.
- Вайль, доктор Эндрю.
- Уайнбергер, сэр Каспар.
- Вейцман, Хаим.
- Уэллс, Х. Г.
- Уитмен, Пирсон (лорд Каудрей).
- Уайт, сэр Дик Голдсмит.
- Уитни, прямая.
- Уайзмен, сэр Уильям.
- Виттельсбах.
- Вулфсон, сэр Исаак.
- Вуд, Чарльз.
- Янг, Оуэн.

Библиография

ПРОЕКТ 1980-х годов, Вэнс, Сайрус и Янкелович, Дэниел.

1984, Оруэлл, Джордж.

ПОСЛЕ ДВАДЦАТИ ЛЕТ: УПАДАНИЕ НАТО И ПОИСК НОВОЙ ПОЛИТИКИ В ЕВРОПЕ, Раскин, Маркус и Барнетт, Ричард.

ВОЗДУШНАЯ ВОЙНА И СТРЕСС, Янус, Ирвинг.

АМЕРИКАНСКАЯ КОМПАНИЯ; ТРАГЕДИЯ ОБЪЕДИНЕННЫХ ФРУКТОВ, Скаммел, Генри и МакКанн, Томас.

ВВЕДЕНИЕ В ПРИНЦИПЫ И МОРАЛЬ ЗАКОНОДАТЕЛЬСТВА, Бентам, Джереми. В этой работе, написанной в 1780 году, Бентам утверждает, что "природа поставила человечество под управление двух суверенных господ, боли и удовольствия..... Они управляют нами во всем, что мы делаем". Бентам продолжал оправдывать ужасы якобинских террористов времен Французской революции.

ГОДОВОЙ ОТЧЕТ БАНКА ЛЕУМИ, 1977 ГОД.

AT THAT POINT IN TIME: THE INSIDE STORY OF THE SENATE WATERGATE COMMITTEE, Thompson, Fred. Бернард Баркер, один из взломщиков Уотергейта, сказал мне, где найти Томпсона, который был советником меньшинства в комитете Эрвина. Моя встреча с Баркером состоялась возле супермаркета A&P, расположенного довольно близко к загородному клубу Coral Gables Country Club в Корал Гейблс, штат Флорида. Баркер сказал, что Томпсон был со своим юридическим партнером, который наносил короткий визит своей матери в Корал Гейблс, который находится всего в пяти минутах езды от супермаркета A&P. Я поехал туда и встретился с Томпсоном. Я поехал туда и встретился с Томпсоном, который выразил свое разочарование тем, что Эрвин наложил такие жесткие ограничения на доказательства, которые он, Томпсон, мог признать.

БАКУ ИСТОРИЯ, Генри, Дж. Д.

ЗВЕРИ АПОКАЛИПСИИ, О'Грейди, Оливия Мария. Эта замечательная книга рассказывает о широком круге исторических личностей, включая Уильяма К. Буллита, который вступил в сговор с Ллойд Джорджем, чтобы выдернуть ковер из-под ног Европейского Союза.

Белые русские генералы Денекин и Рангле в то время, когда они держали большевистскую Красную армию на грани поражения. Он также предоставляет много информации о полностью коррумпированной нефтяной промышленности. Особый интерес представляет представленная им информация о сэре Мозесе Монтефиоре, представителе древнего черного венецианского дворянства Монтефиоре.

Бравый новый мир", Олдос Хаксли.

БРИТАНСКАЯ ОПИУМНАЯ ПОЛИТИКА В КИТАЕ, Оуэн, Дэвид Эдвард.

БРИТАНСКАЯ ОПИУМНАЯ ПОЛИТИКА, Ф. С. Тернер.

СЕСИЛ РОДЕС, Флинт, Джон.

СЕСИЛ РОДИС, АНАТОМИЯ ИМПЕРИИ, Марлоу, Джон.

КОНФЕРЕНЦИЯ ПО ТРАНСАТЛАНТИЧЕСКОМУ ИМБАЛАНСУ И КОЛЛАБОРАЦИИ, Раппапорт, д-р Анатоль.

КОНВЕРСАЦИИ С ДЗЕРЖИНСКИМ, Рейли, Сидней. О неопубликованных документах Британской секретной службы.

СОЗДАНИЕ ЧАСТИЧНОЙ ПОведенческой СТРУКТУРЫ, Картрайт, Дорвин.

КРИСТАЛЛИЗАЦИЯ ОБЩЕСТВЕННОГО МНЕНИЯ, Бернейс, Эдвард.

ДЕМОКРАТИЧЕСКИЕ ИДЕАЛЫ И РЕАЛЬНОСТЬ, Макиндер, Хэлфорд.

ЭРВИН, СЕНАТОР СЭМ. Помимо того, что Эрвин препятствовал представлению жизненно важных доказательств на слушаниях по Уотергейту, он, по моему мнению, выставляя себя в качестве конституционного авторитета, последовательно предавал нашу нацию, выступая против помощи религиозным школам, ссылаясь на судебные заключения по делу Эверсона. Эрвин, масон

Шотландского обряда - что, как я полагаю, объясняет, почему ему было поручено председательство в Уотергейтском комитете - наконец-то был удостоен чести, получив престижную награду Шотландского обряда "За поддержку индивидуального права". В 1973 году Эрвин устроил обед в столовой Сената в честь Суверенного Великого Командора Клаузена.

ЭВЕРСОН VS. СОВЕТ ПО ОБРАЗОВАНИЮ, 33 O U.S. I, 1947.

Документы Фрэнкфуртера, ящик 99 и ящик 125, *"КОРРЕСПОНДЕНЦИЯ ХУГО ЧЕРНОГО. "*

ГНОСТИЦИЗМ, МАНИХЕЙИЗМ, КАТАРИЗМ, Новая Колумбийская энциклопедия

ГОЛЫ МАНЛЛ, Лазло, Эрнин.

БАНКЕР БОГА, Корнуэлл, Руперт. В этой книге дается обзор P2 и убийства Роберто Кальви - масонство P2.

КАЧЕСТВО ЧЕЛОВЕКА, Печчеи, А.

МЕЖДУНАРОДНЫЙ ЖУРНАЛ ЭЛЕКТРОНИКИ.

ВВЕДЕНИЕ В СОЦИОЛОГИЮ МУЗЫКИ, Адорно, Тео. Адорно был изгнан Гитлером из Германии из-за его музыкальных экспериментов, посвященных культу Диониса. Оппенгеймеры перевезли его в Англию, где британская королевская семья предложила ему условия в школе Гордонстаун и поддержку. Именно здесь Адорно усовершенствовал "битлмьюзик-рок", "панк-рок", "хэви-металл-рок" и весь тот декадентский шум, который сегодня выдается за музыку. Интересно отметить, что название "The Beatles" было выбрано, чтобы показать связь между современным роком, культом Изиды и скарабеем, религиозным символом Древнего Египта.

Вторжение с Марса, Кантрил. В этой книге Кантрил анализирует поведенческие модели людей, которые в панике бежали после эксперимента Орсона Уэллса по массовой истерии, используя "Войну миров" Уэллса.

РАССЛЕДОВАНИЕ УБИЙСТВА КЕННЕДИ, НЕОФИЦИАЛЬНЫЙ ДОКЛАД О ВЫВОДАХ ДЖИМА ГАРРИСОНА. Париж, Фламмонд.

IPS REVISITED, Coleman, Dr John.

ISIS UNVEILED, A MASTER KEY TO THE ANCIENT AND MODERN SCIENCE AND THEOLOGY, Blavatsky, Madame Helena.

ДЖОН ДЖАКОБ АСТОР, БИЗНЕСМЕН, Портер, Кеннет Уиггинс.

JUSTICE BLACK'S PAPERS, Box 25, General Correspondence, Davies.

KING MAKERS, KING BREAKERS, THE STORY OF THE CECIL FAMILY, Coleman, Dr John.

ТЕОЛОГИЯ ОСВОБОЖДЕНИЯ. Информация была почерпнута из работ Хуана Луиса Сегундо, который, в свою очередь, в значительной степени опирался на труды Карла Маркса. Сегундо яростно атаковал наставления Католической церкви против теологии освобождения, содержащиеся в "Инструкции о некоторых аспектах "теологии освобождения"", опубликованной 6 августа 1984 года.

ЛОЖЬ ЯСНЕЕ ИСТИНЫ, Барнетт, Ричард (член-основатель ИПС). Журнал McCalls, январь 1983 года.

McGRAW HILL GROUP, ASSOCIATED PRESS. Части репортажей из 28 журналов, принадлежащих McGraw Hill, и статьи из AP.

Мемуары британского агента, Локхарт, Брюс. В этой книге рассказывается о том, как большевистская революция контролировалась из Лондона. Локхарт был представителем лорда Милнера, который ездил в Россию, чтобы контролировать инвестиции Милнера в Ленина и Троцкого. Локхарт имел доступ к Ленину и Троцкому в любой момент, несмотря на то, что у Ленина часто была приемная, полная высокопоставленных чиновников и иностранных делегатов, некоторые из которых ждали встречи с ним по пять дней. Однако Локхарту никогда не приходилось ждать более нескольких часов, чтобы увидеть кого-либо из этих людей. Локхарт имел при себе письмо, подписанное Троцким, в котором он сообщал всем большевистским чиновникам, что Локхарт имеет особый статус и что ему должно быть оказано максимальное содействие в любое время.

MIND GAMES, Мерфи, Майкл.

MISCELLANEOUS OLD RECORDS, Документы Дома Индии, Лондон.

MK ULTRA LSD EXPERIMENT, файлы ЦРУ 1953-1957 гг.

МР. УИЛЬЯМ СЕСИЛ И КОРОЛЕВА ЭЛИЗАБЕТТА, Читайте, Конайерс.

Убийство, Анслингер, Генри. В свое время Анслингер был агентом номер один Агентства по борьбе с наркотиками, и его книга содержит серьезную критику так называемой войны правительства США с наркотиками.

Мой отец, воспоминания, Блэк, Хьюго Л., мл.

NATIONAL COUNCIL OF CHURCHES, Джозефсон, Эммануэль в своей книге "РОККЕФЕЛЛЕР, ИНТЕРНАЦИОНАЛИСТ".

НЕФТЯНОЙ ИМПЕРИАЛИЗМ, МЕЖДУНАРОДНАЯ БОРЬБА ЗА ПЕТРОЛЕУМ, Фишер, Луис.

PAPERS OF SIR GEORGE BIRDWOOD, India House Documents, London.

ПАТТЕРНЫ В ТЕСТАХ НА УСПЕВАЕМОСТЬ ЧТЕНИЯ ПО ТИТУЛУ I EASDEA, Стэнфорд. Научно-исследовательский институт.

БОМБА НАСЕЛЕНИЯ, Эрлих, Пол.

ПРОФЕССОР ФРЕДЕРИК УЭЛЛС УИЛЬЯМСОН, Документы Дома Индии, Лондон.

ФОНД "ОБЩЕСТВЕННАЯ ПОВЕСТКА ДНЯ". Основана в 1975 году Сайрусом Вэнсом и Даниэлем Янкеловичем.

ОБЩЕСТВЕННОЕ МНЕНИЕ, Липпманн, Уолтер.

REVOLUTION THROUGH TECHNOLOGY, Coudenhove Kalergi, Count.

РОКФЕЛЛЕР, ИНТЕРНАЦИОНАЛИСТ. Джозефсон подробно рассказывает о том, как Рокфеллеры использовали свои богатства, чтобы проникнуть в христианскую церковь в Америке, и как они затем использовали своего агента номер один Джона Фостера Даллеса, который был их родственником, чтобы сохранить свою власть над всеми аспектами церковной жизни в этой стране.

ROOM 3603, Хайд, Монтгомери. В книге приводятся некоторые подробности операций британской разведывательной службы МИ-6, которой руководил сэр Уильям Стивенсон из здания RCA в Нью-Йорке; но, как это обычно бывает в "историях прикрытия", реальные события опущены.

СПЕЦИАЛЬНЫЕ ОТНОШЕНИЯ: АМЕРИКА В МИРЕ И ВОЙНЕ, Уилер-Беннет, сэр Джон.

Ступени к экологии разума, Бейтсон, Грегори. Бейтсон был одним из пяти самых важных ученых в новой науке по мнению Тавистока. В более поздние годы он сыграл важную роль в разработке и ведении 46-летней войны Тавистока против Америки.

СТЕРЛИНГ ДРУГ. Уильям К. Буллит был членом совета директоров компании, а также членом совета директоров I.G. Farben.

ТЕХНОТРОНИЧЕСКАЯ ЭРА, Бжезинский, З.

ТЕРРОРИЗМ В СОЕДИНЕННЫХ ШТАТАХ ВКЛЮЧАЯ НАПАДЕНИЯ НА АГЕНТСТВА РАЗВЕДКИ США: файлы ФБР № 100-447935, № 100-447735 и № 100-446784.

КАИРСКИЕ ДОКУМЕНТЫ, Хайкал, Мухаммед. Хайкал был дедушкой египетской журналистики и присутствовал на интервью Насера с Чжоу Энь Лаем, в котором китайский лидер поклялся отомстить Великобритании и США за торговлю опиумом в Китае.

ЧАСМ ВПЕРЕДИ, Печчеи, А.

Дневники сэра Брюса Локхарта, Локхарт, Брюс.

ИНЖИНИРИНГ СОГЛАСИЯ, Бернейс. В этой книге 1955 года Бернейс описывает методы убеждения целевых групп изменить свое мнение по важным вопросам, которые могут изменить национальную ориентацию страны. В книге также обсуждается развязывание психиатрических шоковых войск, таких как те, что находятся в организациях лесбиянок и геев, экологических группах, группах за права аборта и т.д. "Психиатрические шоковые войска" - это концепция, разработанная Джоном Роулингсом Ризом, основателем Тавистокского института человеческих отношений.

ФЕДЕРАЛЬНЫЙ БЮДЖЕТ И СОЦИАЛЬНАЯ РЕКОНСТРУКЦИЯ, стипендиаты IPS Раскин и Барнетт. Список членов Конгресса, которые попросили IPS подготовить исследование альтернативного бюджета и/или поддержали его, слишком длинный, чтобы приводить его здесь, но он включает такие известные имена, как Том Харкнесс, Генри Руесс, Патриция Шредер, Лес Аспин, Тед Вайс, Дон Эдвардс, Барбара Микульски, Мэри Роуз Окар, Рональд Делламс и Питер Родино.

Хаксли, Кларк.

IMPERIAL DRUG TRADE, Rowntree.

Иезуиты, Мартин, Малахия.

ПОСЛЕДНИЕ ЦЕЦИЛИ, Роуз, Кеннет.

ЛЕГАЦИЯ МАЛЬТУСА, Чейз, Аллан.

Управление устойчивым ростом, Кливленд, Харлан. Кливленд получил заказ от НАТО на составление отчета о степени успеха проекта Римского клуба по созданию постиндустриального общества с нулевым ростом, направленного на уничтожение промышленной базы Америки. Этот шокирующий документ должен прочитать каждый патриотичный американец, который чувствует острую необходимость объяснить, почему США находятся в глубокой экономической депрессии с 1991 года.

Люди, которые правили Индией, Вудрафф, Филип.

ОТКРЫТАЯ КОНСПИРАЦИЯ, Уэллс, Г. Г. В этой книге Уэллс описывает, как в Новом мировом порядке (который он называет Новой Республикой) будут избавляться от "бесполезных едоков", то есть от избыточного населения:

> "Люди Новой Республики не будут бояться смотреть в лицо смерти или причинять ее... У них будет идеал, который делает убийство достойным; подобно Аврааму, у них будет вера в убийство, и у них не будет суеверий относительно смерти...... Они будут считать, я предвижу, что определенная часть населения существует только благодаря страданиям, жалости и терпению, и, если они не будут распространяться, а я не предвижу причин для противодействия, они, не колеблясь, будут убивать, когда злоупотребляют этими страданиями...". Все такие убийства будут совершаться с помощью опиатов... Если в кодексе будущего будут использоваться сдерживающие наказания, то сдерживающим фактором будет не смерть и не увечье тела... а хорошая боль, вызванная научным способом".

В Соединенных Штатах очень большой контингент новообращенных, которые без колебаний последуют диктату

Уэллса, как только Новый мировой порядок станет реальностью. Уолтер Липпманн был одним из самых ярых последователей Уэллса.

ПОЛИТИКА ЭКСПЕРИМЕНТА, Лаинг, Р.Д. Лаинг был штатным психологом в Тавистоке и, при Эндрю Шофилде, членом совета директоров.

ПОЛИТИКА ГЕРОИНА В ЮГО-ВОСТОЧНОЙ АЗИИ, МакКой, Альфред В., Рид, К.Б. и Адамс, Леонард П.

ПРОБЛЕМА КИТАЯ, Рассел, Бертран.

КОНФЕРЕНЦИИ ПУГВАШ, Бертран Рассел. В начале 1950-х годов Рассел возглавил движение за ядерное нападение на Россию. Когда об этом стало известно, Сталин предупредил, что без колебаний примет ответные меры. Рассел изменил свое мнение и в одночасье стал пацифистом, что дало начало кампании "Запретить бомбу" (CND) за ядерное разоружение, из которой вышли антиядерные ученые Пагуоша. В 1957 году первая группа собралась в доме Сайруса Итона в Новой Шотландии, давнего американского коммуниста. Пагуошские товарищи занимались антиядерными и экологическими проблемами и были занозой в боку американских усилий по разработке ядерного оружия.

Движение "Круглый стол" и Имперский союз, Кендл, Джон.

СТРУКТУРА ПОПУЛЯРНОЙ МУЗЫКАЛЬНОЙ ИНДУСТРИИ; ПРОЦЕСС ФИЛЬТРАЦИИ, КОГДА РЕКОРДЫ ОТБИРАЮТСЯ ДЛЯ ОБЩЕСТВЕННОГО ПОТРЕБЛЕНИЯ, Институт социальных исследований. Эта книга объясняет, как "хит-парады", "Топ-10" - теперь расширенный до "Топ-40" - и другие шарады, построенные для того, чтобы обмануть слушателей и убедить их, что то, что они слышат, нравится "САМИМ"!

THE WORKS OF JEREMY BENTHAM, Bowering, John. Бентам был либералом своего времени и агентом лорда Шелбурна, премьер-министра Великобритании в конце американской войны за независимость. Бентам считал, что человек - не более чем обычное животное, и теории Бентама были позже подхвачены его протеже Дэвидом Юмом. Об инстинктах у животных Юм писал:

> "... которыми мы так быстро восхищаемся как необычными и необъяснимыми. Но наше удивление, возможно, прекратится или уменьшится, если мы подумаем, что само

> экспериментальное рассуждение, которым мы обладаем совместно со зверями и от которого зависит все поведение жизни, есть не что иное, как разновидность инстинкта, или механической силы, которая действует в нас без нашего ведома... Хотя инстинкты бывают разные, это все же инстинкт".

ВРЕМЕННАЯ ПЕРСПЕКТИВА И МОРАЛЬ, Левин Б.

К ГУМАНИСТИЧЕСКОЙ ПСИХОЛОГИИ, Кантрил.

TREND REPORT, Naisbitt, John.

КОНГРЕСС США, КОМИТЕТ ПАЛАТЫ ПРЕДСТАВИТЕЛЕЙ ПО ВНУТРЕННЕЙ БЕЗОПАСНОСТИ, ОТЧЕТ ИНСТИТУТА ПОЛИТИЧЕСКИХ ИССЛЕДОВАНИЙ (ИПС) И ДОКУМЕНТЫ ПЕНТАГОНА. Весной 1970 года агент ФБР Уильям МакДермотт обратился к Ричарду Бесту, в то время главному сотруднику службы безопасности Рэнд, чтобы предупредить его о возможности того, что Эллсберг изъял материалы Рэнд по изучению Вьетнама и скопировал их за пределами помещения Рэнд. Бест отвел Макдермотта к доктору Гарри Роуэну, который возглавлял Rand и был одним из самых близких друзей Эллсберга. Роуэн сообщил ФБР, что ведется расследование Министерства обороны, и по его заверению ФБР, очевидно, прекратило свое расследование в отношении Эллсберга. На самом деле, никакого расследования не проводилось, и Минобороны никогда не проводило его. Эллсберг сохранил свой допуск в Rand и продолжал демонстративно удалять и копировать документы о войне во Вьетнаме, пока не был разоблачен в деле Pentagon Papers, которое потрясло администрацию Никсона до основания.

ПОНИМАНИЕ СОЦИАЛЬНОГО ПОВЕДЕНИЯ ЧЕЛОВЕКА, Кантрил. Кантрил является главным основателем Ассоциации гуманистической психологии, расположенной в Сан-Франциско, которая обучает методам Тавистока. Именно в учреждениях такого типа грань между чистой наукой и социальной инженерией становится совершенно размытой. Термин "социальная инженерия" охватывает все аспекты методов, используемых Тавистоком для достижения массовых изменений в ориентации групп на социальные, экономические, религиозные и политические события и промывания мозгов целевых групп, чтобы они поверили, что выраженные мнения и принятые взгляды являются их собственными. Отобранные люди были подвергнуты такому же тавистокскому лечению, что привело к значительным изменениям в их личности и поведении. Последствия этого на национальной арене были и остаются разрушительными и являются одним из основных факторов, приведших Соединенные Штаты к сумеречному состоянию упадка и падения, в котором страна оказалась в конце 1991 года. Об этом национальном состоянии я писал в статье "Сумерки, упадок и падение Соединенных Штатов Америки", опубликованной в 1987 году. Ассоциация психологии человека была основана Авраамом Маселовым в 1957 году как проект Римского клуба. Райсис Лихерт и Рональд Липперт, назвав его Центром исследований по использованию научных знаний, создали в Тавистоке еще один исследовательский центр по принятию решений по заказу Римского клуба. Центр работал под руководством Дональда Майкла из Римского клуба. Центр был в значительной степени основан на базе Офиса по изучению общественного мнения, созданного в Принстонском университете в 1940 году. Именно там Кантрил преподавал многие из техник, которые используют современные опросчики.

ПУБЛИКОВАННЫЕ ПИСЬМА, Киплинг, Редьярд. Киплинг был учеником Уэллса и, как и он, верил в фашизм как средство контроля над миром. Киплинг принял крест-патти в качестве своей личной эмблемы. Позже этот крест был принят Гитлером и после небольших изменений превратился в свастику.

Неизданные письма, Уэллс, Г. Г. Приводятся интересные подробности того, как Уэллс продал права на "*Войну миров" компании* RCA.

Кто владеет МОНТРЕАЛОМ, Обен, Генри.

Иллюминаты и Совет по международным отношениям (CFR)

Майрон С. ФАГАН.

(Стенограмма)

Об авторе

Справочник "*Кто есть кто в театре*"[28] всегда был авторитетной библией театрального мира. Он никогда не восхваляет любимчиков, не говорит лжи и никого не превозносит. Это всегда была беспристрастная история мужчин и женщин театра. Он перечисляет только тех, кто доказал свою состоятельность на единственном и неповторимом полигоне театра. БРОДВЕЙ: В этом "Кто есть кто" перечислены пьесы, в которых Майрон С. Фаган писал, режиссировал и продюсировал... Драмы, комедии, мелодрамы, мистерии, аллегории, фарсы - многие из них были самыми громкими[29] хитами своего времени. Он появился на Бродвее в 1907 году, в возрасте 19 лет, став самым молодым драматургом в истории американского театра. В последующие годы он писал и ставил пьесы для большинства великих людей того времени... миссис Лесли Картер, Уилтон Лакей, Фриц Лейбер, Алла Назимова, Джек Бэрримор, Дуглас Фэрбенкс-старший, Э.Х. Саузерн, Джулия Марлоу, Хелен Морган и т.д. и т.п. Он руководил Чарльзом М. Фроманом, Беласко, Генри В.

[28] *Кто есть кто в театре*, в оригинале Ndt.

[29] "успех" NDT.

Сэвиджем, Ли Шубертом, Эйбом Эрлангером, Джорджем М. Коханом и др. В период с 1925 по 1930 год он написал, лично срежиссировал и поставил двенадцать пьес: "Белая роза", "Пальцы вниз", "Два незнакомца ниоткуда", "Несоответствие", "Очаровательный дьявол". "Маленькая ракета", "Жены Джимми", "Великая сила", "Неосмотрительность", "Частный роман Нэнси", "Умная женщина" и "Самолет Питера".[30]

В ранние годы Фаган также работал "редактором драмы" в *The Associated Newspapers*, включая *New York Globe* и различные газеты Hearst. Но в 1916 году он взял "академический отпуск" и работал "директором по связям с общественностью" у Чарльза Ивенса Хьюза, кандидата в президенты от республиканцев - он отказался от аналогичной должности, предложенной ему в кампании Гувера в 1928 году; таким образом, карьера г-на Фагана охватывала театр, журналистику и национальную политику, и он является признанным экспертом во всех этих областях.

В 1930 году г-н Фаган приехал в Голливуд, где работал в качестве "сценариста-режиссера" в компании Pathé Pictures, Inc., принадлежавшей в то время Джозефу П. Кеннеди, отцу покойного президента Джека Кеннеди, а также на 20th Century Fox и других голливудских киностудиях. Но он также продолжал работать в области легенд Бродвея.

В 1945 году по настоянию Джона Т. Флинн, известный автор книг "Миф о Рузвельте", "Пока мы спали", "Правдивая история Перл", журналист информационного агентства Университета Южной Калифорнии (U.S.A.S.S.), написал статью на эту тему.

Г-н Фаган присутствовал на встрече в Вашингтоне, где ему показали набор микрофильмов и записей секретных ялтинских встреч, на которых присутствовали только Франклин Рузвельт, Алджер Хисс, Гарри Хопкинс, Сталин, Молотов и Вишинский, когда они замышляли передать Сталину Балканы, Восточную Европу и Берлин. В результате этой встречи г-н Фаган написал две пьесы: "Красная радуга" (в которой он раскрыл весь заговор)

---

[30] "Белая роза", "Палец вниз", "Два незнакомца из ниоткуда", "Непохожие", "Очаровательный дьявол", "Маленький Спитфайр", "Женщины Джимми", "Великая сила", "Неосторожность", "Частный роман Нэнси", "Умная женщина" и "Питер летит высоко".

и "Рай для воров" (в которой он показал, как эти люди замышляли создать "Объединенные нации", чтобы стать "проводником" так называемого коммунистического мирового правительства).

В то же время г-н Фаган начал крестовый поход одного человека с целью разоблачения "красного заговора" в Голливуде и производства фильмов, которые помогли бы разоблачить заговор "ЕДИНОГО МИРОВОГО ГОСУДАРСТВА". Так родилось "CINEMA EDUCATIONAL GUILD". Результат работы этой организации "C.E.G." (под руководством г-на Фагана в 1947 году) были проведены слушания в Конгрессе, на которых более 300 самых известных звезд, писателей и режиссеров Голливуда (а также радио и телевидения) были разоблачены как ведущие активисты "красного заговора". Именно тогда печально известная "голливудская десятка"[31] была отправлена в тюрьму. Это было самое сенсационное событие десятилетия!

С тех пор г-н Фаган посвящает все свое время и усилия написанию ежемесячных "НОВОСТНЫХ БЮЛЛЕТЕНОВ"[32] для "C.E.G.", в которых он продолжает борьбу за предупреждение американского народа о заговоре с целью уничтожения суверенитета Соединенных Штатов Америки и порабощения американского народа в "Едином мировом правительстве" Объединенных Наций.

В своей сенсационной записи (эта стенограмма) он раскрывает начало заговора с целью порабощения единого мира, который был запущен два столетия назад неким Адамом Вайсхауптом, католическим священником-отступником, который, финансируемый Домом Ротшильда, создал то, что он назвал "ИЛЛЮМИНАТИ". Г-н Фаган описывает (с документальными доказательствами), как эта ИЛЛЮМИНАТИ стала инструментом Дома Ротшильдов для осуществления проекта "единого мирового правительства" и как каждая война за последние два столетия разжигалась этими ИЛЛЮМИНАТИ. Он описывает, как некий Джейкоб Х. Шифф был послан в США Ротшильдами для продвижения заговора ИЛЛЮМИНАТИ и как Шифф работал над

---

31 "Голливудская десятка", NDT.

32 "Бюллетень новостей".

тем, чтобы получить контроль над Демократической и Республиканской партиями. Как Шифф соблазнил наш Конгресс и президентов, чтобы получить контроль над всей нашей денежной системой и создать раковую опухоль подоходного налога, и как Шифф и его сообщники создали "Совет по международным отношениям"[33] для контроля над нашими выборными должностными лицами, чтобы постепенно вывести подоходный налог на более высокий уровень.

Таким образом, Соединенные Штаты стали подчиненным субъектом единого мира под эгидой правительства "Объединенных Наций".

Короче говоря, эта запись (стенограмма) - самый интересный и ужасающий - и фактический - рассказ о самом сенсационном сюжете в истории мира. Каждый, кто любит нашу страну, кто любит Бога, кто хочет спасти христианство, которое ИЛЛЮМИНАТИ поставили своей целью уничтожить, кто хочет спасти наших сыновей от гибели в Корее, Вьетнаме, Южной Африке и теперь на полях сражений Ближнего Востока, должен услышать эту запись. Нет никаких сомнений в том, что каждый, кто услышит (прочитает) эту удивительную историю, присоединится к борьбе за спасение нашей страны и молодежи нашего народа.

Запись Майрона Фагана состоялась в 1960-х годах. Пожалуйста, найдите время, чтобы "проверить" утверждения, сделанные в этом документе. Мы не ожидаем, что вы поверите мистеру Фагану на слово. Мы предлагаем вам посетить юридические и депозитарные библиотеки в вашем штате. Номера телефонов и адреса, указанные в этом документе, вероятно, устарели, поскольку г-на Фагана больше нет с нами.

---

[33] CFR, Совет по международным отношениям.

"Вопрос о том, как и почему Организация Объединенных Наций находится в центре великого заговора с целью уничтожения суверенитета США и порабощения американского народа в рамках одномировой диктатуры ООН, является полной и неизвестной тайной для подавляющего большинства американского народа. Причина такого незнания пугающей опасности для нашей страны и всего свободного мира проста. Организаторы этого грандиозного заговора имеют абсолютный контроль над всеми нашими средствами массовой информации, особенно над телевидением, радио, прессой и Голливудом. Мы все знаем, что наш Госдепартамент, Пентагон и Белый дом нагло заявили, что они имеют право и власть управлять новостями, говорить нам не правду, а то, во что они хотят, чтобы мы верили. Они захватили эту власть по указанию своих великих мастеров заговора, и их цель - промыть людям мозги, чтобы они приняли фальшивую мирную наживку, чтобы превратить Соединенные Штаты в подчиненную единицу единого мирового правительства Организации Объединенных Наций.

"Прежде всего, не забывайте, что так называемая полицейская акция ООН в Корее, в которой воевали Соединенные Штаты и в которой 150 000 наших сыновей были убиты и искалечены, была частью заговора; точно так же, как необъявленная война Конгресса во Вьетнаме; а также заговор против Родезии и Южной Африки, также являются частью заговора, вынашиваемого ООН. Однако самое важное для всех американцев, всех матерей мальчиков, погибших в Корее и умирающих сейчас во Вьетнаме, знать, что наши так называемые лидеры в Вашингтоне, которых мы избрали для защиты нашей нации и нашей Конституции, являются предателями, и что за ними стоит относительно небольшая группа людей, единственной целью которых является порабощение всего мира и человечества в их сатанинском плане единого мирового правительства.

"Чтобы дать вам очень ясную картину этого сатанинского заговора, я собираюсь вернуться к его началу в середине 18 века и назвать людей, которые привели этот заговор в действие, а затем я собираюсь вернуть вас в настоящее время, к нынешнему состоянию этого заговора. Теперь, в качестве дополнительной информации, термин, используемый ФБР, позвольте мне уточнить значение фразы "он либерал". Враги, мировые заговорщики, воспользовались этим словом "либерал", чтобы скрыть свою деятельность. Это звучит так невинно и гуманно - быть либералом. Убедитесь, что человек, который называет себя либералом или описывается как либерал, на самом деле не является "красным".

"Этот сатанинский заговор был запущен в 1760-х годах, когда он появился под названием "Иллюминаты". Иллюминаты были организованы неким Адамом Вейсхауптом, который родился евреем, перешел в католичество и стал католическим священником, а затем, по приказу недавно организованного Дома Ротшильдов, отрекся от церкви и организовал иллюминатов. Естественно, Ротшильды финансировали эту операцию, и с тех пор все войны, начиная с Французской революции, продвигались иллюминатами, которые действуют под разными именами и маскировкой. Я говорю "под разными именами" и "в разных обличьях", потому что после того, как иллюминаты были разоблачены и стали известны, Вайсхаупт и его соучастники начали действовать под разными другими именами. В Соединенных Штатах сразу после Первой мировой войны они создали то, что они назвали "Совет по международным отношениям", широко известный как CFR, и этот CFR фактически является проводником Иллюминатов в Соединенных Штатах и их иерархией. Мозгом первоначальных заговорщиков Иллюминатов были иностранцы, но чтобы скрыть этот факт, большинство из них изменили свои первоначальные фамилии на американски звучащие имена. Например, настоящая фамилия Диллонов, Кларенса и Дугласа Диллонов (секретарь Министерства финансов США), - Лапоски. Я вернусь ко всему этому позже.

"В Англии существует аналогичное учреждение иллюминатов, работающее под названием "Королевский институт международных дел". (Подобные тайные организации иллюминатов существуют во Франции, Германии и других странах, действуя под разными названиями, и все эти организации, включая CFR, постоянно создают многочисленные дочерние или подставные организации, которые внедряются в каждую фазу дел различных государств. Но во все времена деятельность этих организаций направлялась и контролировалась банкирами-интернационалистами, которые, в свою очередь, контролировались и контролируются Ротшильдами (одним из главных агентов этого контроля является Международная ассоциация БАР и ее отколовшиеся группы, такие как Американская ассоциация БАР. Важно отметить, что сейчас почти в каждом государстве мира существуют ассоциации адвокатов, которые всегда подталкивают Организацию Объединенных Наций. У меня есть копия соглашения 1947 года, представленного БАР Америки, которое обязывает БАР поддерживать и продвигать Организацию Объединенных Наций по всей Америке).

"Одна ветвь семьи Ротшильдов финансировала Наполеона; другая ветвь Ротшильдов финансировала Британию, Германию и другие страны в наполеоновских войнах.

"Сразу после наполеоновских войн иллюминаты предположили, что все народы настолько обездолены и измучены войной, что будут рады любому решению. Поэтому лакеи Ротшильдов организовали так называемый Венский конгресс, на котором они попытались создать первую Лигу Наций, свою первую попытку единого мирового правительства, исходя из того, что все коронованные главы европейских правительств были настолько глубоко в долгу перед ними, что вольно или невольно стали бы их истуканами. Но царь России почуял заговор и полностью торпедировал его. Разъяренный Натан Ротшильд, тогдашний глава династии, поклялся, что однажды он или его потомки уничтожат царя и всю его семью, и его потомки выполнили эту угрозу в 1917 году. В этот момент следует помнить, что Иллюминаты не были созданы для работы в краткосрочной перспективе. Обычно заговорщик любого рода вступает в сговор с надеждой достичь своей цели при жизни. Но с иллюминатами дело обстояло иначе. Правда, они надеялись достичь своей цели при жизни, но, перефразируя "Шоу должно продолжаться", Иллюминаты действуют в очень долгосрочной перспективе. Независимо от того, потребуются ли на это десятилетия или даже столетия, они посвятили своих потомков в то, чтобы поддерживать кипение в котле до тех пор, пока, как они надеются, заговор не исполнится.

"Теперь давайте вернемся к рождению Иллюминатов. Адам Вейсхаупт был иезуитским профессором канонического права, преподававшим в университете Ингольштадта, когда он оставил христианство и принял люциферианский заговор. Именно в 1770 году профессиональные кредиторы, недавно организованный в то время Дом Ротшильдов, наняли его для пересмотра и модернизации вековых протоколов сионизма, который с самого начала был призван дать "синагоге сатаны", названной так Иисусом Христом [и являющейся "теми, кто называют себя евреями, но не являются ими" - *Откр. 2:9*], окончательное мировое господство с целью навязать люциферианскую идеологию тому, что останется от человеческой расы после окончательного социального катаклизма, посредством сатанинского деспотизма. Вайсхаупт выполнил свою задачу 1 мая[er] 1776 года. Теперь вы знаете, почему 1 мая[er] является великим днем всех коммунистических наций по сей день [1 мая[er] также является "Днем закона", объявленным Американской ассоциацией юристов]. [Празднование 1 мая[er] [Баала/Беалтина] уходит корнями в историю гораздо дальше, и этот день был выбран по древним причинам, которые проистекают из язычества; поклонение Баалу и вращается вокруг поклонения Сатане. Именно в этот день, 1 мая[er] 1776 года, Вайсхаупт завершил свой план и официально организовал иллюминатов для его осуществления. Этот план предусматривал уничтожение всех существующих правительств и религий. Это должно было быть достигнуто путем разделения масс людей, которых Вейсхаупт называл "гоями" [членами наций] или человеческим скотом, на противоборствующие лагеря с постоянно растущей численностью по политическим, социальным, экономическим и другим вопросам - те самые условия, которые мы испытываем в нашей стране сегодня. Затем противоборствующие лагеря должны были вооружиться, а происшествия должны были побудить их к борьбе, ослабить и постепенно уничтожить национальные правительства и религиозные институты. Повторяю, сами условия сегодняшнего мира.

"И в этот момент позвольте мне указать на ключевую особенность планов Иллюминатов. Когда и если их план мирового контроля, *Протоколы Сионских Старейшин*, будет обнаружен и разоблачен, они сотрут всех евреев с лица земли, чтобы отвести подозрения от себя. Если вы считаете это надуманным, вспомните, что они позволили Гитлеру, который сам был либеральным социалистом и финансировался коррумпированными Кеннеди, Варбургами и Ротшильдами, испепелить 600 000 евреев.

"Почему заговорщики выбрали слово "иллюминаты" для обозначения своей сатанинской организации? Сам Вайсхаупт говорил, что это слово происходит от имени Люцифер и означает: "обладатель света". Используя ложь о том, что его целью было создание единого мирового правительства, чтобы позволить людям с умственными способностями управлять миром и предотвратить все войны в будущем. Короче говоря, используя слова "мир на земле" как приманку, точно так же, как та же приманка "мир" была использована заговорщиками 1945 года для навязывания нам Организации Объединенных Наций, Вайсхаупт, финансируемый, повторяю, Ротшильдами, набрал около 2000 платных последователей. Среди них были самые умные люди в области искусства и литературы, образования, науки, финансов и промышленности. Затем он создал ложи Великого Востока, масонские ложи, которые должны были стать их тайными штаб-квартирами, и я снова повторяю, что во всем этом он действовал по приказу Дома Ротшильдов. Основные черты плана действий, который Вейсхаупт требовал от своих иллюминатов, заключались в том, чтобы сделать следующие вещи, которые помогут им достичь своей цели:

- Использование денежной и сексуальной коррупции для получения контроля над мужчинами, уже занимающими высокие посты на всех уровнях власти и в других сферах деятельности. Если влиятельные люди поддавались лжи, обману и соблазнам иллюминатов, их нужно было держать в рабстве, применяя политический шантаж и другие формы давления, угрожая финансовым крахом, публичным разоблачением и финансовым ущербом, и даже смертью для них самих и их любимых членов семьи.

Понимаете ли вы, сколько высших должностных лиц в нашем нынешнем правительстве в Вашингтоне контролируются таким образом CFR? Понимаете ли вы, сколько гомосексуалистов в Госдепартаменте, Пентагоне, во всех федеральных агентствах и даже в Белом доме контролируются таким образом?

- Иллюминаты и факультеты колледжей и университетов должны были выявлять студентов с исключительными умственными способностями из хорошо воспитанных семей с международными наклонностями и рекомендовать их для специального обучения интернационализму. Это обучение должно было осуществляться путем предоставления стипендий тем, кого отбирали иллюминаты.

"Это дает вам представление о том, что значит "стипендия Родса". Это означает внушение идеи о том, что только единое мировое правительство может положить конец постоянным войнам и конфликтам. Именно так Организация Объединенных Наций была продана американскому народу.

"Один из самых заметных стипендиатов Родса в нашей стране - сенатор Уильям Дж. Фулбрайт, которого иногда называют полубрайтом.[34] Все голоса, которые он записал, были голосами иллюминатов. Всех этих ученых нужно было сначала убедить, а затем убедить в том, что люди с особым талантом и мозгами имеют право управлять теми, кто менее одарен, на том основании, что массы не знают, что для них лучше в финансовом, умственном и духовном плане. Помимо стипендий Родса и других подобных стипендий, в настоящее время существуют три специальные школы иллюминатов, расположенные в Гордонстауне, Шотландия, Салеме, Германия и Аннаврайте, Греция. Эти три школы известны, но есть и другие, которые держатся в секрете. Принц Филипп, муж королевы Великобритании Елизаветы, получил образование в Гордонстауне (*как и принц Чарльз*) по инициативе лорда Луиса Маунтбаттена, своего дяди, родственника Ротшильдов, который стал адмиралом британского флота после окончания Второй мировой войны.

- Все влиятельные люди, которых обманом заставили перейти под контроль иллюминатов, а также студенты, получившие специальное образование и подготовку, должны были использоваться в качестве агентов и размещаться за кулисами всех правительств в качестве экспертов и специалистов, чтобы советовать лидерам проводить политику, которая в конечном итоге послужит тайным планам мирового заговора иллюминатов и приведет к разрушению правительств и религий, для которых они были избраны или назначены.

"Знаете ли вы, сколько таких людей работает в нашем

[34] Каламбур, "полуинтеллигент/просвещенный".

правительстве в данный момент? Раск, Макнамара, Хьюберт Хамфри, Фулбрайт, Кикл и многие другие.

➢ Возможно, самой важной директивой плана Вейсхаупта было получение абсолютного контроля над прессой, в то время единственным средством массовой коммуникации, для распространения информации среди населения, чтобы все новости и информация могли быть искажены для убеждения масс в том, что единое мировое правительство является единственным решением наших многочисленных и разнообразных проблем.

"Знаете ли вы, кто владеет и контролирует наши средства массовой информации? Я скажу тебе. Практически каждый кинотеатр в Голливуде принадлежит Lehman, Kuhn, Loeb and Company, Goldman Sachs и другим банкирам-интернационалистам. Все национальные радио- и телестанции принадлежат и контролируются этими же банкирами-интернационалистами. Как и все столичные сети газет и журналов, а также информационные агентства, такие как Associated Press, United Press, International и др. Так называемые лидеры всех этих СМИ являются лишь прикрытием для банкиров-интернационалистов, которые, в свою очередь, составляют иерархию CFR, сегодняшних иллюминатов в Америке.

"Теперь вы можете понять, почему пресс-атташе Пентагона Сильвестр так нагло провозгласил, что правительство имеет право лгать народу. На самом деле он имел в виду, что наше правительство, контролируемое CFR, обладает властью лгать американскому народу и чтобы ему верили.

"Давайте снова вернемся к ранним дням Иллюминатов. Поскольку Британия и Франция были двумя величайшими мировыми державами в конце XVIII века, Вейсхаупт приказал иллюминатам разжигать колониальные войны, включая нашу Революционную войну, чтобы ослабить Британскую империю и организовать Французскую революцию, которая должна была начаться в 1789 году. Однако в 1784 году в результате поистине Божьего промысла правительство Баварии получило доказательства существования иллюминатов, и эти доказательства могли бы спасти Францию, если бы французское правительство не отказалось в них поверить. Вот как произошло это деяние Божье. Именно в 1784 году Вейсхаупт отдал приказ о проведении Французской революции. Немецкий писатель по фамилии Цвейг переложил ее в форму книги. В нем содержалась вся история иллюминатов и планы Вейсхаупта. Копия этой книги была отправлена иллюминатам во Франции во главе с Робеспьером, которого Вейсхаупт делегировал для разжигания Французской революции. Курьер был поражен и убит молнией, когда проезжал через Регенсбург по пути из Франкфурта в Париж. Полиция обнаружила на его теле подрывные документы и передала их компетентным органам. После тщательного расследования заговора правительство Баварии приказало полиции провести обыски в недавно организованных ложах "Великого Востока" Вайсхаупта и в домах его самых влиятельных соратников. Все обнаруженные таким образом дополнительные доказательства убедили власти в том, что документы являются подлинными копиями заговора, с помощью которого иллюминаты планировали использовать войны и революции для создания единого мирового правительства, которое они намеревались, с Ротшильдами во главе, узурпировать, как только оно будет создано, точно так же, как и заговор Организации Объединенных Наций сегодня.

"В 1785 году правительство Баварии объявило иллюминатов вне закона и закрыло ложи "Великого Востока". В 1786 году они опубликовали все подробности заговора. Английское название этой публикации: "The Original Writings of the Order and the Sect of the Illuminati".[35] Копии всего заговора были разосланы всем главам церкви и государства в Европе. Но власть иллюминатов, которая на самом деле была властью Ротшильдов, была настолько велика, что это предупреждение было проигнорировано. Тем не менее, иллюминаты[36] стали грязным словом и ушли в подполье.

"В то же время Вейсхаупт приказал иллюминатам проникнуть в ложи "голубого масонства" и создать свои собственные тайные общества внутри всех тайных обществ. Только те масоны, которые показали себя интернационалистами, и те, чье поведение доказывало, что они отступили от Бога, были посвящены в Иллюминаты. С тех пор заговорщики прикрывались маской

---

[35] "Оригинальные труды ордена и секты иллюминатов.

[36] В то время их называли "просвещенными" - термин, ставший общепринятым. NDÉ.

филантропии и гуманизма, чтобы скрыть свою революционную и подрывную деятельность. Для того чтобы проникнуть в масонские ложи Великобритании, Вейсхаупт пригласил Джона Робисона в Европу. Робисон был масоном высокой степени "Шотландского обряда". Он был профессором натуральной философии в Эдинбургском университете и секретарем Эдинбургского королевского общества. Робисон не поддался на ложь о том, что целью Иллюминатов было создание благожелательной диктатуры; но он держал свои реакции при себе настолько хорошо, что ему дали копию пересмотренного заговора Вайсхаупта для изучения и хранения.

В любом случае, поскольку главы государства и церкви во Франции были обмануты и проигнорировали данные им предупреждения, революция разразилась в 1789 году, как и предсказывал Вейсхаупт. Чтобы предупредить правительства других стран об опасности, которой они подвергаются, Робисон в 1798 году опубликовал книгу под названием "Доказательства заговора с целью уничтожения всех правительств и всех религий", но его предупреждения были проигнорированы так же, как американский народ проигнорировал все предупреждения об Организации Объединенных Наций и Совете по международным отношениям (CFR).

"Вот то, что ошеломит и, скорее всего, возмутит многих, кто это услышит; но есть документальные свидетельства того, что наши Томас Джефферсон и Александр Гамильтон стали учениками Вейсхаупта. Джефферсон был одним из самых ярых сторонников Вейсхаупта, когда его правительство объявило его вне закона, и именно Джефферсон внедрил иллюминатов в недавно организованные ложи "Шотландского обряда" в Новой Англии. Вот доказательство.

"В 1789 году Джон Робисон предупредил всех масонских лидеров Америки о том, что иллюминаты проникли в их ложи. 19 июля 1789 года Дэвид Папен, президент Гарвардского университета, обратился к выпускникам с тем же предупреждением и объяснил им, как иллюминаты влияют на американскую политику и религию. Он написал три письма полковнику Уильяму Л. Стоуну, ведущему масону, в которых рассказал о том, как Джефферсон использовал масонские ложи в подрывных и иллюминистских целях. Эти три письма сейчас хранятся в Библиотеке Виттенбергской площади в Филадельфии. Короче говоря,

Джефферсон, основатель Демократической партии, был членом иллюминатов, что объясняет, по крайней мере частично, состояние партии в то время и, благодаря проникновению Республиканской партии, мы не имеем ничего от лояльного американизма сегодня. Этот катастрофический отпор на Венском конгрессе, созданный русским царем, никоим образом не разрушил заговор иллюминатов. Она просто заставила их принять новую стратегию, осознав, что идея единого мира на данный момент невозможна. Ротшильды решили, что для сохранения заговора им необходимо усилить контроль над денежной системой европейских государств.

"Ранее, путем уловки, был сфальсифицирован исход битвы при Ватерлоо, Ротшильд распространил историю о том, что Наполеон провел неудачное сражение, что вызвало ужасную панику на фондовом рынке в Англии. Все акции упали почти до нуля, и Натан Ротшильд купил все акции почти за пенни от их долларовой стоимости. Это дало ему полный контроль над экономикой Великобритании и практически всей Европы. Так, сразу после краха Венского конгресса Ротшильд заставил Британию создать новый "Банк Англии", над которым он имел абсолютный контроль, так же как позже он сделал это через Якоба Шиффа; он разработал наш собственный "Закон о Федеральной резервной системе", который дал дому Ротшильдов тайный контроль над экономикой в Соединенных Штатах. Но теперь, на минутку, давайте рассмотрим деятельность иллюминатов в Соединенных Штатах.

"В 1826 году капитан Уильям Морган решил, что его долг - сообщить всем масонам и широкой общественности правду об иллюминатах, их тайных планах, целях и раскрыть личность "мозга" заговора. Иллюминаты быстро провели заочный суд над Морганом и осудили его за государственную измену. Они приказали некоему Ричарду Говарду, английскому иллюминату, исполнить их приговор о казни как предателя. Морган был предупрежден и попытался бежать в Канаду, но Говард настиг его у границы, точнее, у Ниагарского ущелья, где и убил. Это подтверждается показаниями под присягой, сделанными в Нью-Йорке неким Эйвери Алленом, согласно которым он слышал отчет Говарда о казни на собрании "тамплиеров" в Сент-Джонс-холле в Нью-Йорке. Он также рассказал, как были приняты меры по отправке Говарда обратно в Англию. Это письменное показание Аллена находится в архиве мэрии Нью-Йорка. Очень немногие масоны и представители широкой общественности знают, что широкое неодобрение этого убийственного инцидента привело к отделению около половины масонов в северной юрисдикции Соединенных Штатов. Копии протоколов собрания, на котором обсуждался этот вопрос, до сих пор находятся в надежных руках, и вся эта секретность подчеркивает силу мозгов иллюминатов, чтобы не допустить преподавания таких ужасных исторических событий в наших школах.

"В начале 1850-х годов иллюминаты провели тайное собрание в Нью-Йорке, на котором присутствовал британский иллюминист по фамилии Райт. Присутствующие узнали, что иллюминаты организовали объединение нигилистов и атеистов со всеми другими подрывными группами в международную группу, известную как коммунисты. Именно в это время впервые появилось слово "коммунист", которому суждено было стать главным оружием и пугающим словом для устрашения всего мира и вовлечения терроризируемых народов в проект Иллюминатов по созданию единого мира. Этот проект "Коммунизм" должен был использоваться для того, чтобы иллюминаты могли разжигать будущие войны и революции. Клинтон Рузвельт, прямой предок Франклина Рузвельта, Гораций Грили и Чарльз Дана, ведущие редакторы газет того времени, были назначены главой комитета по сбору средств для этого нового предприятия. Конечно, большая часть средств была предоставлена Ротшильдами, и этот фонд использовался для финансирования Карла Маркса и Энгельса, когда они писали "Das Kapital" и "Коммунистический манифест" в Сохо, Англия. И это ясно показывает, что коммунизм - это не так называемая идеология, а секретное оружие; слово, служащее целям иллюминатов.

"Вейсхаупт умер в 1830 году; но перед смертью он подготовил пересмотренный вариант векового заговора "Иллюминаты", который под различными псевдонимами должен был организовать, финансировать, направлять и контролировать все международные организации и группы, располагая своих агентов на высших руководящих постах. В США яркими примерами являются Вудро Вильсон, Франклин Рузвельт, Джек Кеннеди, Джонсон, Раск, Макнамара, Фулбрайт, Джордж Буш и др. Более того, пока Карл Маркс писал "Коммунистический манифест" под руководством группы иллюминистов, профессор Карл Риттер из Франкфуртского университета писал антитезис под руководством другой группы. Идея заключалась в том, что те, кто управляет всемирным заговором, могли использовать различия между этими двумя так называемыми идеологиями для того, чтобы разделить все больше и больше людей на противоборствующие лагеря, чтобы вооружить и промыть им мозги для борьбы и уничтожения друг друга. И прежде всего, уничтожить все политические и религиозные институты. Работа, начатая Риттером, была продолжена после его смерти и завершена так называемым немецким философом Фридрихом Вильгельмом Ницше, который основал ницшеизм. Это ницшеанство позже переросло в фашизм, а затем в нацизм и было использовано для разжигания Первой и Второй мировых войн.

"В 1834 году итальянский революционный лидер, Джузеппе Мадзини, был выбран иллюминатами для руководства их революционной программой по всему миру. Он занимал эту должность до своей смерти в 1872 году, но за несколько лет до своей смерти Мадзини заманил в ряды иллюминатов американского генерала по имени Альберт Пайк. Пайк был увлечен идеей создания единого мирового правительства и в конце концов стал лидером этого люциферианского заговора. Между 1859 и 1871 годами Пайк составил военный план трех мировых войн и различных революций по всему миру, которые, по его мнению, позволят заговору достичь своей заключительной фазы в 20 веке. Я еще раз напоминаю вам, что эти заговорщики никогда не были озабочены немедленным успехом. Они также действовали в долгосрочной перспективе. Большую часть своей работы Пайк выполнял в своем доме в Литл-Роке, штат Арканзас. Но несколько лет спустя, когда Великие восточные ложи иллюминатов стали подозрительными и были отвергнуты из-за революционной деятельности Мадзини в Европе, Пайк организовал то, что он назвал Новым реформированным Палладианским обрядом. Он учредил три Верховных Совета: один в Чарльстоне, Южная Каролина, другой в Риме, Италия, и третий в Берлине, Германия. Он попросил Мадзини создать 23 подчиненных совета в стратегически важных местах по всему миру. С тех пор они являются тайным штабом мирового революционного движения.

"Задолго до того, как Маркони изобрел радио, ученые иллюминаты нашли способ тайной связи между Пайком и лидерами его Советов. Именно раскрытие этого секрета позволило агентам разведки понять, как, казалось бы, не связанные между собой происшествия, такие как убийство австрийского принца в Сербии, происходили одновременно по всему миру и оборачивались войной или революцией. План Пайка был настолько же прост, насколько эффективен. Она предусматривала, что коммунизм, нацизм, политический сионизм и другие международные движения будут организованы и использованы для разжигания трех мировых войн и по меньшей мере двух крупных революций.

"Первая мировая война должна была начаться, чтобы дать возможность иллюминатам уничтожить царизм в России, как обещал Ротшильд после того, как царь торпедировал его план на Венском конгрессе, и превратить Россию в бастион атеистического коммунизма. Разжигаемые агентами иллюминатов разногласия между Британской и Германской империями должны были быть использованы для разжигания этой войны. После окончания войны коммунизм должен был развиваться и использоваться для уничтожения других правительств и ослабления влияния религий на общество (особенно католической религии).

"Вторая мировая война, когда и если потребуется, должна была разжигаться с использованием противоречий между фашистами и политическими сионистами, и здесь следует отметить, что Гитлера финансировали Круппы, Варбурги, Ротшильды и другие банкиры-интернационалисты, и что гитлеровская резня предполагаемых 6 000 000 евреев нисколько не беспокоила еврейских банкиров-интернационалистов. Эта резня была необходима для того, чтобы вызвать ненависть немецкого народа во всем мире и тем самым спровоцировать войну против него. Короче говоря, вторая мировая война должна была вестись для уничтожения нацизма и усиления власти политического сионизма, чтобы в Палестине могло быть создано государство Израиль.

"В этой Второй мировой войне международный коммунизм должен был развиваться до тех пор, пока он не сравняется по силе с объединенным христианством. Как только эта точка была достигнута, ее нужно было сдерживать и держать под контролем до тех пор, пока она не понадобится для последнего социального катаклизма. Как мы теперь знаем, Рузвельт, Черчилль и Сталин проводили именно такую политику, и Трумэн, Эйзенхауэр, Кеннеди, Джонсон и Джордж Буш проводили такую же политику.

"Третья мировая война будет разжигаться, используя так называемые противоречия, агентами иллюминатов, действующими под любым новым именем, которые сейчас поляризованы между политическими сионистами и лидерами мусульманского мира. Эта война будет направлена таким образом, что ислам и политический сионизм (израильтяне) уничтожат друг друга, в то время как остальные народы, вновь разделенные по этому вопросу, будут вынуждены сражаться до полного истощения, физически, умственно, духовно и экономически.

"Может ли любой вдумчивый человек сомневаться в том, что заговор, разворачивающийся в настоящее время на Ближнем и Дальнем Востоке, предназначен для достижения этой сатанинской цели?

Пайк сам предсказал все это в заявлении, которое он сделал Мадзини 15 августа 1871 года. Пайк сказал, что после окончания Третьей мировой войны те, кто стремится к неоспоримому мировому господству, приведут к величайшему социальному катаклизму, который когда-либо знал мир. Цитируя свои собственные слова из письма, которое он написал Мадзини и которое сейчас хранится в Британском музее в Лондоне, Англия, он сказал:

> "Мы развяжем нигилистов и атеистов и приведем к великому социальному катаклизму, который во всем своем ужасе ясно покажет всем народам последствия абсолютного атеизма, истоки дикости и самых кровавых беспорядков. Тогда, повсюду, народы будут вынуждены защищаться от меньшинства мировых революционеров и уничтожат этих разрушителей цивилизации, а разочарованные толпы христианства, чьи умы к этому времени будут лишены направления и ориентиров, жаждущие идеала, но не знающие, куда направить свое поклонение, получат истинный свет через всеобщее проявление чистого учения Люцифера, наконец-то открытого свету дня. Проявление, которое станет результатом общего реакционного движения, которое последует за уничтожением христианства и атеизма; оба побеждены и истреблены сразу".

"Когда Мадзини умер в 1872 году, Пике сделал своим преемником другого революционного лидера, Адриано Леми.

Леми, в свою очередь, сменили Ленин и Троцкий, а затем Сталин. Революционная деятельность всех этих людей финансировалась британскими, французскими, немецкими и американскими международными банкирами, среди которых доминировал дом Ротшильдов. Мы должны верить, что современные международные банкиры, как и менялы времен Христа, являются лишь инструментами или агентами великого заговора, но на самом деле именно они стоят за всеми средствами массовой коммуникации, которые заставляют нас верить, что коммунизм - это движение так называемых рабочих; Дело в том, что британские и американские разведчики располагают подлинными документальными доказательствами того, что международные либералы, действующие через свои международные банкирские дома, особенно дом Ротшильдов, финансировали обе стороны каждой войны и революции с 1776 года.

"Те, кто сегодня составляют заговор (CFR в США и RIIA в Великобритании), управляют нашими правительствами, которые они держат в ростовщичестве с помощью таких методов, как Федеральная резервная система в Америке, чтобы вызвать войны, такие как Вьетнам (созданная Организацией Объединенных Наций), для продвижения планов иллюминатов Пайка довести мир до той стадии заговора, когда атеистический коммунизм и все христианство могут быть принуждены к тотальной третьей мировой войне в каждой оставшейся стране, а также на международном уровне.

"Штаб-квартира великого заговора в конце XVIII века находилась во Франкфурте, Германия, где дом Ротшильдов был основан Майером Амшелем Бауэром, который принял фамилию Ротшильд и объединился с другими международными финансистами, которые буквально продали свои души дьяволу. После того как в 1786 году правительство Баварии раскрыло это дело, заговорщики перенесли свою штаб-квартиру в Швейцарию, а затем в Лондон. После Второй мировой войны (после смерти Джейкоба Шиффа, ставленника Ротшильдов в Америке) штаб-квартира американского филиала находится в здании Гарольда Пратта в Нью-Йорке, а Рокфеллеры, первоначально ставленники Шиффа, взяли на себя манипулирование финансами в Америке от имени Иллюминатов.

"На последних стадиях заговора правительство объединенного мира будет состоять из короля-диктатора, главы ООН, CFR и нескольких миллиардеров, экономистов и ученых, доказавших свою преданность великому заговору. Все остальные должны быть интегрированы в огромный конгломерат человечества смешанной расы; по сути, это рабы. Теперь позвольте мне показать вам, как наше федеральное правительство и американский народ были втянуты в заговор с целью захвата мира великим заговором иллюминатов, и всегда помните, что Организация Объединенных Наций была создана, чтобы стать инструментом этого тоталитарного заговора. Реальные основы заговора по поглощению США были заложены в период нашей Гражданской войны. Не то чтобы Вейсхаупт и его первые вдохновители пренебрегали Новым Светом, как я уже указывал; Вейсхаупт внедрил сюда своих агентов еще во время революционной войны.

"Именно во время Гражданской войны заговорщики предприняли свои первые конкретные усилия. Мы знаем, что Джуда Бенджамин, главный советник Джефферсона Дэвиса, был агентом Ротшильдов. Мы также знаем, что в кабинете Авраама Линкольна были агенты Ротшильдов, которые пытались убедить его заключить финансовую сделку с Домом Ротшильдов. Но старый Эйб просек этот план и отверг его, заслужив тем самым вечную вражду Ротшильдов, как это сделал русский царь, торпедировав первую Лигу Наций на Венском конгрессе. В ходе расследования убийства Линкольна выяснилось, что убийца Бут был членом тайной заговорщической группы. Поскольку в деле были замешаны высокопоставленные чиновники, название группы так и не было раскрыто, и дело стало загадкой, как и убийство Джека (Джона Ф.) Кеннеди. Но я уверен, что это недолго останется тайной. В любом случае, окончание Гражданской войны временно уничтожило все шансы Дома Ротшильдов захватить нашу денежную систему, как это произошло в Великобритании и других европейских странах. Я говорю "временно", потому что Ротшильды и организаторы заговора никогда не сдавались, поэтому им пришлось начинать все сначала, но они не теряли времени, чтобы начать.

"Вскоре после Гражданской войны в Нью-Йорк прибыл молодой иммигрант, назвавшийся Якобом Х. Шиффом. Якоб был молодым человеком с поручением от Дома Ротшильдов. Якоб был сыном раввина, который родился в одном из домов Ротшильдов во Франкфурте, Германия. Я расскажу о его истории более подробно. Важно то, что Ротшильд распознал в нем не только потенциального денежного волшебника, но, что более важно, он также разглядел скрытые в Якобе макиавеллистские качества, которые могли, как он и сделал, сделать его бесценным функционером великого мирового заговора. После относительно короткого периода обучения в банке Ротшильдов в Лондоне Джейкоб отправился в Америку с инструкциями по покупке банковского дома, который должен был стать плацдармом для получения контроля над денежной системой США. На самом деле, Иаков пришел сюда для выполнения четырех конкретных миссий.

1. И самое главное - получить контроль над денежной системой США.

2. Найдите способных людей, которые за определенную плату готовы служить истуканами великого заговора, и продвиньте их на высокие посты в нашем федеральном правительстве, в Конгрессе, Верховном суде США и во всех федеральных агентствах.

3. Создавать конфликты между группами меньшинств во всех странах, особенно между белыми и черными.

4. Создал движение за уничтожение религии в Соединенных Штатах; но главной мишенью было христианство.

"В то время, когда Шифф появился на сцене, Kuhn and Loeb была известной частной банковской фирмой, и именно в этой фирме Джейкоб купил акции. Вскоре после того, как Шифф стал партнером Kuhn and Loeb, он женился на дочери Лоэба Терезе, а затем выкупил доли Kuhn и перевел компанию в Нью-Йорк. "Kuhn and Loeb" стала "Kuhn, Loeb, and Company", международной банковской компанией, единственным владельцем которой якобы был Якоб Шифф, агент Ротшильдов. И на протяжении всей своей карьеры эта смесь Иуды и Макиавелли, первый наследник великого заговора иллюминатов в Америке, выдавал себя за щедрого филантропа и человека великой набожности; политика иллюминатов - это политика сокрытия.

"Как я уже говорил, первым важным шагом заговора был захват нашей денежной системы. Чтобы достичь этой цели, Шифф должен был заручиться полным сотрудничеством крупных американских банковских структур того времени, что было легче сказать, чем сделать. Даже в те годы Уолл-стрит была сердцем американского денежного рынка, а J.P. Morgan - его диктатором. Затем были Дрексели и Биддлы из Филадельфии. Все остальные финансисты, крупные и мелкие, плясали под дудку этих трех домов, но особенно под дудку Моргана. Эти трое были гордыми, надменными, высокомерными владыками.

"Первые несколько лет они относились к маленькому человеку с усиками из немецких гетто с полным презрением, но Якоб знал, как это преодолеть. Он бросил им несколько костей Ротшильдов. Упомянутые кости - это распространение в Америке желательных европейских выпусков акций и облигаций. Затем он обнаружил, что в его руках находится еще более мощное оружие.

"Именно в десятилетия после гражданской войны начала развиваться наша промышленность. Нам предстояло построить большие железные дороги. Нефтяная, горнодобывающая, сталелитейная и текстильная промышленность росли как грибы. Все это требовало значительного финансирования, большая часть которого должна была поступать из-за рубежа, в основном от дома Ротшильда, и именно здесь отличился Шифф. Он вел очень хитрую игру. Он стал покровителем Джона Д. Рокфеллера, Эдварда Р. Гарримана и Эндрю Карнеги. Он финансировал Standard Oil Company для Рокфеллера, железнодорожную империю для Гарримана и сталелитейную империю для Карнеги. Но вместо того, чтобы передать все другие отрасли Kuhn, Loeb и Company, он открыл двери дома Ротшильдов для Моргана, Биддла и Дрекселя. В свою очередь, Ротшильд организовал создание лондонских, парижских, европейских и других филиалов для этих троих, но всегда в партнерстве с подчиненными Ротшильда, и Ротшильд дал понять всем этим людям, что Шифф должен быть боссом в Нью-Йорке.

"Таким образом, к началу века Шифф жестко контролировал всю банковскую братию Уолл-стрит, в которую с помощью Шиффа входили братья Леман, Goldman Sachs и другие интернационалистские банки, управляемые людьми, выбранными Ротшильдами. Короче говоря, это означало контроль над денежными полномочиями нации, и тогда она была готова к гигантскому шагу - запутыванию нашей национальной денежной системы.

"Согласно нашей Конституции, контроль над нашей денежной системой возложен исключительно на наш Конгресс. Следующим важным шагом Шиффа было склонить наш Конгресс к предательству этого конституционного указа, передав этот контроль иерархии великого заговора иллюминатов. Для того чтобы узаконить эту капитуляцию и сделать народ бессильным сопротивляться ей, Конгрессу необходимо принять специальное законодательство. Для этого Шиффу придется внедрить истуканов в обе палаты Конгресса. Достаточно влиятельные истуканы, чтобы подтолкнуть Конгресс к принятию такого закона. Не менее важно, если не более важно, ему нужно было поставить в Белый дом лазутчика, президента без порядочности и угрызений совести, который подписал бы такой закон. Для этого ему нужно было взять под контроль либо Республиканскую, либо Демократическую партию. Демократическая партия была более уязвимой, более амбициозной из двух партий. За исключением Гровера Кливленда, демократам не удавалось провести одного из своих людей в Белый дом со времен Гражданской войны. На это есть две причины:

1.Нищета партии.

2.Избирателей, придерживающихся республиканских взглядов, было гораздо больше, чем демократов.

"Проблема бедности не была большой проблемой, но проблема избирателей - это другая история. Но, как я уже говорил, Шифф был умным парнем. Вот зверский и убийственный метод, который он использовал для решения проблемы избирателей. Его решение подчеркивает, как мало заботятся еврейские банкиры-интернационалисты о своих собственных расовых собратьях, как вы увидите. Внезапно, примерно в 1890 году, по всей России прокатилась серия погромов. Несколько тысяч невинных евреев, мужчин, женщин и детей, были уничтожены казаками и другими крестьянами. Подобные погромы с аналогичными массовыми убийствами невинных евреев вспыхнули в Польше, Румынии и Болгарии. Все эти погромы разжигались агентами Ротшильдов. В результате испуганные еврейские беженцы из всех этих стран хлынули в Соединенные Штаты, и это продолжалось в течение следующих двух или трех десятилетий, потому что погромы продолжались все эти годы. Всем этим беженцам помогали самозваные гуманитарные комитеты, созданные Шиффом, Ротшильдами и всеми их аффилированными лицами.

"В основном беженцы стекались в Нью-Йорк, но гуманитарные комитеты Шиффа и Ротшильда нашли способы перевезти многих из них в другие крупные города, такие как Чикаго, Бостон,

Филадельфия, Детройт, Лос-Анджелес и др. Все они были быстро превращены в "натурализованных граждан" и обучены регистрироваться как демократы. Таким образом, все эти так называемые меньшинства стали солидными группами избирателей демократов в своих общинах, и все они контролировались и маневрировали своими так называемыми благодетелями. А вскоре после начала века они стали жизненно важными факторами в политической жизни нашей страны. Это был один из методов, использованных Шиффом, чтобы посадить таких людей, как Нельсон Олдрич в нашем Сенате и Вудро Вильсон в Белом доме.

"В этот момент позвольте мне напомнить вам еще об одной из важных задач, которые были поставлены перед Шиффом, когда он был направлен в Америку. Я имею в виду задачу разрушения единства американского народа путем создания групп меньшинств и разжигания расовых конфликтов. Ввозя в Америку еврейских беженцев от погромов, Шифф создал группу меньшинства, готовую к использованию в этих целях. Но на еврейский народ в целом, напуганный погромами, нельзя было рассчитывать в плане насилия, необходимого для разрушения единства американского народа. Но в самой Америке существовало уже сформировавшееся, хотя и дремлющее меньшинство - черные, которых можно было подстрекать к демонстрациям, беспорядкам, грабежам, убийствам и любым другим видам анархии - нужно было только подстрекать и пробуждать их. Вместе эти две группы меньшинств, при правильном маневрировании, могут быть использованы для создания именно того "раздора" в Америке, который нужен иллюминатам для достижения их цели.

"Таким образом, в то самое время, когда Шифф и его сообщники разрабатывали свои планы по захвату нашей денежной системы, они разрабатывали планы по поражению ничего не подозревающего американского народа взрывным и ужасающим расовым переворотом, который разорвет народ на ненавистные фракции и создаст хаос по всей стране, особенно во всех колледжах и университетских городках; все это под защитой решений Эрла Уоррена и наших так называемых лидеров в Вашингтоне.С. (Вспомните комиссию Уоррена по убийству президента Джона Ф. Кеннеди)[37] .

Конечно, совершенствование этих планов требует времени и бесконечного терпения.

"Теперь, чтобы устранить все сомнения, я уделю несколько минут, чтобы предоставить вам документальные доказательства этого антирасового заговора. Прежде всего, они должны были создать руководство и организации, чтобы привлечь миллионы оболваненных, евреев и черных, которые выйдут на демонстрации и устроят беспорядки, грабежи и анархию. Так, в 1909 году Шифф, Леманы и другие участники заговора организовали и создали Национальную ассоциацию содействия прогрессу цветного населения, известную как NAACP. Президентами, директорами и юридическими советниками NAACP всегда были "белые еврейские мужчины", назначенные Шиффом, и так происходит и сегодня.

"Затем, в 1913 году, группа Шиффа организовала "Антидиффамационную лигу Бнай Брит", широко известную как "АДЛ", чтобы служить гестапо и приспешником всего великого заговора. Сегодня зловещая "АДЛ" имеет более 2 000 филиалов во всех уголках нашей страны и полностью консультирует и контролирует каждое действие NAACP, Городской лиги и всех других так называемых организаций по защите гражданских прав чернокожих по всей стране, включая таких лидеров, как Мартин

---

[37] Кеннеди, будучи президентом США, стал христианином. В своей попытке "покаяться" он попытался сообщить народу этой страны (по крайней мере, дважды), что канцелярией президента Соединенных Штатов манипулируют иллюминаты/КФР. В то же время он прекратил "заимствование" банкнот Федерального резерва у Федерального резервного банка и начал выпускать банкноты США (без процентов) под кредит Соединенных Штатов. Именно этот выпуск американских банкнот привел к "убийству" Кеннеди.

После приведения к присяге Линдон Б. Джонсон прекратил эмиссию банкнот Соединенных Штатов и возобновил заимствование банкнот Федерального резервного банка (которые были предоставлены народу Соединенных Штатов под текущую процентную ставку в 17%). Банкноты США, выпущенные при Джоне Ф. Кеннеди, входили в серию 1963 года, которая имела "красную" печать на лицевой стороне банкноты.

Лютер Кинг, Стокли Кармайкл, Барнард Растин и других подобных им. Кроме того, "ADL" приобрела абсолютный контроль над рекламными бюджетами многих универмагов, гостиничных сетей, промышленных спонсоров телевидения и радио, рекламных агентств, чтобы контролировать практически все средства массовой коммуникации и заставлять все лояльные газеты искажать и фальсифицировать новости, чтобы еще больше подстрекать к беззаконию и насилию со стороны черных толп и, в то же время, вызывать к ним симпатию. Вот документальное свидетельство начала их преднамеренного заговора с целью довести негров до анархии.

Примерно в 1910 году человек по имени Израиль Зенгвилл написал пьесу под названием "Плавильный котел". Это была чистая пропаганда, чтобы подстрекать черных и евреев, потому что пьеса должна была показать, как американский народ дискриминирует и преследует евреев и черных. В то время, похоже, никто не понимал, что это была пропагандистская пьеса. Это было так умно написано. Пропаганда была хорошо завернута в действительно великолепное развлечение пьесы, и она стала большим хитом на Бродвее.

"В те дни легендарный Даймонд Джим Брэди устраивал банкет в знаменитом нью-йоркском ресторане Delmonico's после премьеры популярной пьесы. Он устроил такую вечеринку для актеров фильма "Плавильный котел", его сценариста, продюсера и некоторых бродвейских знаменитостей. К тому времени я уже оставил свой личный след в бродвейском театре, и меня пригласили на эту вечеринку. Я познакомился с Джорджем Бернардом Шоу и еврейским писателем по имени Израиль Коэн. Зангвилл, Шоу и Коэн были теми, кто создал Фабианское общество в Англии и тесно сотрудничал с франкфуртским евреем по имени Мордикай, который изменил свое имя на Карл Маркс; но помните, в то время марксизм и коммунизм только зарождались, и никто не обращал на них особого внимания, и никто не подозревал пропаганду в трудах этих трех действительно блестящих писателей.

"На том банкете Исраэль Коэн рассказал мне, что в то время он был занят написанием книги, которая должна была стать продолжением книги Зангвилла "Плавильный котел". Его книга должна была называться "Расовая повестка дня на 20 век". В то время я был полностью поглощен своей работой в качестве драматурга, и каким бы значимым ни было название, его реальная цель не приходила мне в голову, и я не был заинтересован в прочтении книги. Но это внезапно обрушилось на меня с силой водородной бомбы, когда я получил газетную вырезку из статьи, опубликованной в газете *Washington D.C. Evening Star* в мае 1957 года. Эта статья была дословной перепечаткой следующего отрывка из книги Израэля Коэна "Расовая программа для 20th века", и она гласила, как я цитирую:

> "Мы должны осознать, что самое мощное оружие нашей партии - это расовая напряженность. Пропагандируя в сознании темных рас, что на протяжении веков они угнетались белыми, мы можем заставить их придерживаться программы Коммунистической партии. В Америке мы будем стремиться к тонкой победе. Нагнетая обстановку среди черного меньшинства против белых, мы будем прививать белым комплекс вины за эксплуатацию черных. Мы поможем чернокожим подняться на вершину во всех сферах жизни, в профессиях, в мире спорта и развлечений. С этим престижем черные смогут вступать в браки с белыми и начать процесс, который приведет Америку к нашему делу".

Протокол от 7 июня 1957 года; представитель Томас Г. Абернети.

"Таким образом, подлинность этого отрывка из книги Коэна была полностью установлена. Но единственный вопрос, который оставался в моей голове, заключался в том, представляла ли она официальную политику или заговор Коммунистической партии или просто личное выражение самого Коэна. Поэтому я искал дальнейшие доказательства и нашел их в официальном памфлете, опубликованном в 1935 году нью-йоркской секцией Коммунистической партии.

Эта брошюра была озаглавлена: "Негры в советской Америке". Она призывала негров восстать, образовать советское государство на Юге и потребовать принятия в Советский Союз. В нем содержалось твердое обещание, что восстание будет поддержано всеми американскими "красными" и так называемыми "либералами". На странице 38 обещалось, что советское правительство будет предоставлять больше льгот чернокожим, чем белым, и опять же, этот официальный коммунистический памфлет обещал, что, цитирую, "любой акт дискриминации или предубеждения против негра станет преступлением по революционному закону". Это заявление доказывает, что отрывок из книги Израэля Коэна, опубликованный в 1913 году, был официальным постановлением коммунистической партии и напрямую соответствовал плану иллюминатов по мировой революции, опубликованному Вейсхауптом, а позже Альбертом Пайком.

"Теперь есть только один вопрос, и он заключается в том, чтобы доказать, что коммунистический режим напрямую контролируется американскими мозгами Якоба Шиффа и лондонскими Ротшильдами. Чуть позже я приведу доказательства, которые снимут все сомнения в том, что Коммунистическая партия, как мы ее знаем, была создана теми (капиталистическими, если хотите знать) мозгами, Шиффом, Варбургами и Ротшильдами, которые планировали и финансировали всю русскую революцию, убийство царя и его семьи, и что Ленин, Троцкий и Сталин получали свои приказы непосредственно от Шиффа и других капиталистов, с которыми они должны были бороться.

"Можете ли вы понять, почему печально известный Эрл Уоррен и его не менее печально известные коллеги по Верховному суду приняли это печально известное и предательское решение о десегрегации в 1954 году? Это была помощь и пособничество заговору иллюминатов, направленному на создание напряженности и конфликта между черными и белыми. Можете ли вы понять, почему тот же Эрл Уоррен издал свое постановление, запрещающее христианские молитвы и рождественские гимны в наших школах? Почему Кеннеди сделал то же самое? А вы понимаете, почему Джонсон и 66 сенаторов, несмотря на протесты 90% американского народа, проголосовали за "Консульский договор", открывающий всю нашу страну для русских шпионов и диверсантов? Все эти 66 сенаторов - Бенедикты Арнольды 20 века.

"От вас и всего американского народа зависит заставить Конгресс, наших избранных чиновников, привлечь этих американских предателей к ответственности в порядке импичмента и, если их вина будет доказана, подвергнуть их наказанию, предусмотренному для предателей, которые помогают и пособничают нашим врагам. И это включает в себя проведение тщательных расследований Конгресса в отношении "CFR" и всех их фронтов, таких как "ADL", "NAACP", "SNIC", и таких инструментов иллюминатов, как Мартин Лютер Кинг*.

Такие расследования полностью разоблачат всех лидеров Вашингтона и Иллюминатов, а также все их аффилированные и дочерние компании как предателей, осуществляющих заговор Иллюминатов. Они полностью разоблачат Организацию Объединенных Наций как связующее звено заговора и заставят Конгресс исключить Соединенные Штаты из ООН и изгнать ООН из Соединенных Штатов. На самом деле, это уничтожит ООН и весь заговор.

"Прежде чем завершить этот этап, я хочу повторить и подчеркнуть ключевой момент, который я призываю вас никогда не забывать, если вы хотите сохранить нашу страну для ваших детей и их детей. Суть в следующем. Все антиконституционные и незаконные действия, совершенные Вудро Вильсоном, Франклином Рузвельтом, Трумэном, Эйзенхауэром, Кеннеди и совершаемые сейчас Джонсоном (а теперь Джорджем Бушем и Биллом Клинтоном), в точности соответствуют вековому заговору иллюминатов, описанному Вейсхауптом и Альбертом Пайком. Каждое порочное решение, принятое предателем Эрлом Уорреном и его не менее предательскими судьями Верховного суда, находилось в прямом соответствии с тем, чего требовал план иллюминатов. Каждая измена, совершенная нашим Государственным департаментом при Раске и ранее Джоном Фостером Даллесом и Маршаллом, и каждая измена, совершенная Макнамарой и его предшественниками, напрямую соответствуют этому же плану иллюминатов по захвату мира. Точно так же, поразительная измена, совершенная различными членами нашего Конгресса, особенно 66 сенаторами, подписавшими консульский договор, была предпринята по приказу иллюминатов.

"Теперь я вернусь к вмешательству Джейкоба Шиффа в нашу денежную систему и последовавшим за этим изменническим действиям. Это также выявит контроль Шиффа-Ротшильда не только над Карлом Марксом, но и над Лениным, Троцким и Сталиным, которые создали революцию в России и основали коммунистическую партию.

"Именно в 1908 году Шифф решил, что пришло время взять под контроль нашу денежную систему. Его главными лейтенантами в этом захвате были полковник Эдвард Мандел Хаус, вся карьера которого была поварской деятельностью и мальчиком на побегушках у Шиффа, а также Бернард Барух и Герберт Леман.

Осенью того же года они встретились в тайном конклаве в охотничьем клубе Jekyll Island Hunt Club, принадлежавшем Дж.П. Моргану на острове Джекил, штат Джорджия. Среди присутствующих были Дж. П. Морган, Джон Б. Рокфеллер, полковник Хаус, сенатор Нельсон Олдрич, Шифф, Стиллман и Вандерлип из Национального городского банка Нью-Йорка, У. и Дж. Селигман, Юджин Майер, Бернард Барух, Герберт Леман, Пол Варбург - словом, все международные банкиры Америки. Все члены иерархии великого заговора иллюминатов.

Неделю спустя они создали то, что назвали Федеральной резервной системой". Сенатор Олдрич был тем истуканом, который должен был провести его через Конгресс, но они приостановили этот процесс по одной главной причине: им нужно было, чтобы их человек и их послушный истукан в Белом доме сначала подписал Закон о Федеральной резервной системе. Они знали, что даже если Сенат примет законопроект единогласно, новоизбранный президент Тафт быстро наложит на него вето. Поэтому они ждали.

"В 1912 году их человек, Вудро Вильсон, был избран президентом. Сразу же после инаугурации Вильсона сенатор Олдрич провел Закон о Федеральной резервной системе через обе палаты Конгресса, и Вильсон незамедлительно подписал его в качестве закона. Этот отвратительный акт государственной измены был совершен 23 декабря 1913 года, за два дня до Рождества, когда все члены Конгресса, за исключением нескольких представителей и трех выбранных собственноручно сенаторов, находились вдали от Вашингтона. Насколько чудовищным был этот акт предательства? Я скажу вам.

Отцы-основатели хорошо знали о силе денег. Они знали, что тот, кто обладает этой властью, держит в своих руках судьбу нашей нации. Именно поэтому они тщательно оберегали эту власть, когда установили в Конституции, что только Конгресс, избранные представители народа, должен обладать этой властью. Конституционный язык по этому вопросу краток, лаконичен и конкретен, изложен в статье I, раздел 8, параграф 5, определяющий обязанности и полномочия Конгресса, цитирую:

> "чеканить деньги, регулировать стоимость денег и иностранных монет, а также стандарт мер и весов".

Но в тот трагический и незабываемый позорный день, 23 декабря

1913 года, люди, которых мы послали в Вашингтон для защиты наших интересов, представители, сенаторы и Вудро Вильсон, отдали судьбу нашей нации в руки двух иностранцев из Восточной Европы, евреев Якоба Шиффа и Пола Варбурга. Варбург был совсем недавним иммигрантом, приехавшим сюда по приказу Ротшильда с явной целью разработать план этого нечестного закона о Федеральной резервной системе.

"Сегодня подавляющее большинство американского народа считает, что Федеральная резервная система является агентством правительства Соединенных Штатов. Это совершенно неверно. Все акции Федеральных резервных банков принадлежат банкам-членам, а руководители банков-членов являются членами иерархии великого заговора иллюминатов, известного сегодня как "CFR".

"Подробности этого предательского акта, в котором участвовали многие так называемые предатели-американцы, слишком длинны для этой статьи; но все эти подробности можно найти в книге под названием *"Секреты Федерального резерва"*[38] , написанной Юстасом Маллинсом. В этой книге Маллинз рассказывает всю ужасную историю и подкрепляет ее неопровержимыми документами. Помимо того, что это действительно захватывающая и шокирующая история этого великого предательства, каждый американец должен прочитать ее в качестве жизненно важной разведки, ибо когда весь американский народ наконец проснется и уничтожит весь заговор, а с Божьей помощью это пробуждение обязательно наступит.

"Если вы думаете, что эти иностранцы и их американские бумажные заговорщики будут довольны тем, что контролируют нашу денежную систему, то вас ждет еще одно очень печальное потрясение. Федеральная резервная система дала заговорщикам полный контроль над нашей денежной системой, но она никоим образом не коснулась доходов населения, поскольку Конституция прямо запрещает то, что сегодня известно как налог у источника в размере 20%+. Но план иллюминатов по порабощению в рамках единого мира включал конфискацию всей частной собственности

---

[38] Опубликовано Le Retour aux Sources, www.leretourauxsources.com

и контроль над индивидуальной способностью зарабатывать. Это, и Карл Маркс подчеркнул эту особенность в своем плане, должно было быть достигнуто за счет прогрессивного и градуированного подоходного налога. Как я уже говорил, такой налог не может быть законно наложен на американский народ. Это коротко и ясно запрещено нашей Конституцией. Таким образом, только поправка к конституции может наделить федеральное правительство такими конфискационными полномочиями.

"Что ж; это тоже не было непреодолимой проблемой для наших макиавеллиевских интриганов. Те же избранные лидеры обеих палат Конгресса и тот же г-н Вудро Вильсон, который подписал печально известный Закон о Федеральной резервной системе, внесли поправки в Конституцию, чтобы сделать федеральный подоходный налог, известный как 16 поправка, законом страны. И то, и другое незаконно согласно нашей Конституции. Короче говоря, это были те же самые предатели, которые подписали оба предательства - Закон о Федеральной резервной системе и 16-ю поправку - в качестве закона. Однако, похоже, никто так и не понял, что Поправка 16 была разработана для того, чтобы лишить людей дохода, и я имею в виду именно лишить их дохода через положение о подоходном налоге.

"Заговорщики" не использовали это положение в полной мере до Второй мировой войны, когда великий гуманист Франклин Рузвельт ввел налог у источника в размере 20% на все небольшие зарплаты и до 90% на более высокие доходы. Конечно, он честно пообещал, что это будет только на время войны; но что такое обещание для такого шарлатана, который в 1940 году, баллотируясь на свой третий срок, постоянно заявлял: "Я снова, снова и снова говорю, что никогда не пошлю американских парней воевать на чужой земле". Помните, он провозгласил это заявление, когда уже готовился ввергнуть нас во Вторую мировую войну, подстрекая японцев к тайному нападению на Перл-Харбор, чтобы обеспечить себе оправдание.

"И пока я не забыл, позвольте мне напомнить вам, что другой шарлатан по имени Вудро Вильсон использовал точно такой же предвыборный лозунг в 1916 году. Его лозунгом было: "Переизберите человека, который убережет ваших сыновей от войны"; точно такая же формула, точно такие же обещания. Но подождите; как говорил Эл Джонсон, "вы еще ничего не слышали". Ловушка подоходного налога, предусмотренная 16 поправкой, была предназначена для конфискации и кражи доходов простых людей, то есть вас и меня. Он не был предназначен для того, чтобы ударить по огромным доходам банды иллюминатов, Рокфеллеров, Карнеги, Леманов и всех остальных заговорщиков.

"Таким образом, вместе с этой поправкой 16 они создали так называемые "освобожденные от налогов фонды", что позволило бы заговорщикам превратить свои огромные ricHisse в эти так называемые "фонды" и избежать уплаты практически всех подоходных налогов. Предлогом было то, что доходы от этих "освобожденных от налогов фондов" будут потрачены на гуманитарную благотворительность. Поэтому сегодня мы имеем различные фонды Рокфеллера, фонды Карнеги и Даумана, Фонд Форда, Фонд Меллона и сотни подобных "фондов, освобожденных от налогов".

"А какую филантропию поддерживают эти фонды? Ну, они финансируют все группы защиты гражданских прав (и экологические движения), которые вызывают хаос и беспорядки по всей стране. Они финансируют Мартина Лютера Кинга. Фонд Форда финансирует "Центр по изучению демократических институтов" в Санта-Барбаре, широко известный как Западная Москва, которым руководят печально известные Хатченс, Уолтер Рутер, Эрвин Кахнам и другие подобные люди.

"Короче говоря, "освобожденные от налогов фонды" финансируют тех, кто выполняет работу для великого заговора иллюминатов. А что такое сотни миллиардов долларов, которые они конфискуют каждый год из доходов простого стада, вас и меня? Ну, для начала, это трюк с "иностранной помощью", в результате которого миллиарды были переданы коммунисту Тито, плюс подарки в виде сотен самолетов, многие из которых были переданы Кастро, плюс расходы на обучение коммунистических пилотов, чтобы они могли лучше сбивать наши самолеты. Миллиарды на красную Польшу. Миллиарды в Индию. Миллиарды в Сукарно. Миллиарды другим врагам Соединенных Штатов. Вот что эта предательская 16 поправка сделала с нашей нацией и американским народом, с вами, со мной и нашими детьми.

"Наше федеральное правительство, контролируемое иллюминатами из CFR, может предоставить "статус освобождения от налогов" всем фондам и организациям Красного мира, таким как "Фонд Республики". Но если вы или любая патриотическая организация слишком открыто выступаете за Америку, они могут запугать и устрашить вас, найдя в вашей декларации о доходах неправильно поставленную запятую и угрожая вам штрафами, пенями и даже тюрьмой. Историки будущего будут удивляться, как американский народ мог быть настолько наивным и глупым, чтобы допустить такие смелые и наглые акты предательства, как Закон о Федеральной резервной системе и 16 поправка . Ну, они не были наивными и не были глупыми. Ответ таков: они доверяли людям, которых они избрали для защиты нашей страны и нашего народа, и они не имели ни малейшего представления ни об одном из этих предательств до тех пор, пока каждое из них не было совершено.

"Именно средства массовой коммуникации, контролируемые иллюминатами, держали и держат наш народ наивным и глупым и не знающим о совершаемой измене. Теперь главный вопрос: "Когда народ проснется и сделает с нашими сегодняшними предателями то, что Джордж Вашингтон и наши отцы-основатели сделали бы с Бенедиктом Арнольдом? ". В действительности Бенедикт Арнольд был мелким предателем по сравнению с нашими нынешними предателями в Вашингтоне. Теперь давайте вернемся к событиям, которые последовали за нарушением нашей Конституции с принятием Закона о Федеральной резервной системе и 16-й поправки . Был ли Уилсон полностью под их контролем?

"Организаторы великого заговора приступили к следующим и, как они надеялись, последним шагам для достижения своего единого мирового правительства. Первым из этих шагов стала Первая мировая война. Почему война? Просто, единственным оправданием единого мирового правительства является то, что оно должно обеспечить мир. Единственное, что может заставить людей плакать о мире, - это война. Война приносит хаос, разрушение, истощение, как для победителя, так и для проигравшего. Это приводит к экономическому разорению обоих. Что еще важнее, она уничтожает цветок молодости обоих. Для опечаленных и убитых горем стариков (матерей и отцов), у которых осталась только память о любимых сыновьях, мир стоит любой цены, и это та эмоция, на которую заговорщики полагаются в успехе своего сатанинского заговора. [39]

"На протяжении всего 19-го века, с 1814 по 1914 год, в мире в целом царил мир. Такие войны, как "франко-прусская война", наша "гражданская война", "русско-японская война" были тем, что можно назвать "местными беспорядками", которые не повлияли на остальной мир. Все великие страны процветали, а люди были ярыми националистами и гордились своим суверенитетом. Было совершенно немыслимо, чтобы французы и немцы были готовы жить под властью "единого мирового правительства"; или "русские", "китайцы" или "японцы". Еще более немыслимо, чтобы кайзер Вильгельм, Франц Йозеф, царь Николай или любой другой монарх добровольно и безропотно передал свой трон единому мировому правительству. Но не забывайте, что реальной силой являются народы всех стран, и что "война" - это единственное, что может заставить народы желать и требовать "мира", обеспечивая тем самым единое мировое правительство. Но это должна быть страшная и ужасно разрушительная война. Это не может быть простая локальная война между двумя государствами; это должна быть "мировая война". Ни одно крупное государство не должно быть избавлено от ужасов и разрушений такой войны. Крик о "мире" должен быть всеобщим.[40]

---

[39] Ответ на этот вопрос прост: не служить в "их" вооруженных силах и стать пушечным мясом для самопровозглашенной элиты. Если вы это сделаете, или если вы позволите своим детям сделать это через невежество, которое вы допускаете, вы заслуживаете того, что получите и вы, и они. Н/Д.

[40] В "Великой войне" - Первой мировой войне - погибло больше людей, чем в любой другой войне в истории. Например, в Первой мировой войне - "так называемой войне, положившей конец всем войнам" - (и почему именно эта фраза была придумана?) за одно сражение было убито больше людей, чем в любой из вторых мировых войн. То, что раньше казалось абсолютно нелогичной военной стратегией, теперь вполне логично, если вы хотите, чтобы погибло как можно больше ваших собственных людей. Стратегия заключалась в том, чтобы приказать британским солдатам медленно идти к немецким пулеметам, не атаковать и не принимать их на себя, что привело к ужасающей резне. Если они не подчинялись, их ставили перед расстрельной командой из их же товарищей, так что в любом случае их ждала смерть. - На этом примере вам должно быть ясно, что иллюминаты не испытывают

"Фактически, это был формат, установленный Иллюминатами и Натаном Ротшильдом в начале XIX века. Сначала они втянули всю Европу в "наполеоновские войны", а затем в организованный Ротшильдами "Венский конгресс", который планировали превратить в "Лигу Наций", которая должна была стать местом их единого мирового правительства; точно так же, как нынешняя "Организация Объединенных Наций" была создана, чтобы стать местом будущего единого мирового правительства, не дай Бог. В любом случае, именно этот план решили использовать Дом Ротшильдов и Якоб Шифф для достижения своей цели в 1914 году. Конечно, они знали, что такая же схема провалилась в 1814 году, но они думали, что это произошло только потому, что русский царь торпедировал ее. Ну, нынешние заговорщики 1914 года устранили бы овода 1814 года. Они хотели убедиться, что после новой мировой войны, которую они замышляли, в России не будет царя, который мог бы встать на их пути.

"Я расскажу вам, как они сделали этот первый шаг в развязывании мировой войны. История свидетельствует, что Первая мировая война была спровоцирована пустяковым инцидентом, который Вейсхаупт и Альберт Пайк включили в свои планы. Это было убийство австрийского эрцгерцога, организованное мозгами иллюминатов. За этим последовала война. В нем участвовали Германия, Австрия, Венгрия и их союзники, "державы Оси", против Франции, Великобритании и России, называемых "союзниками". Только Соединенные Штаты не были вовлечены в процесс в течение первых двух лет.

"К 1917 году заговорщики достигли своей главной цели: вся Европа находилась в состоянии нищеты. Все народы устали от войны и хотели мира. Мир должен был наступить, как только Соединенные Штаты встанут на сторону союзников, что должно было произойти сразу после переизбрания Вильсона. После этого исход мог быть только один: полная победа союзников. Чтобы полностью подтвердить мое утверждение о том, что задолго до 1917 года заговор, возглавляемый в Америке Якобом Шиффом, спланировал все, чтобы ввергнуть Соединенные Штаты в эту войну. Я приведу доказательства.

никаких сомнений по поводу убийства миллионов людей, которых они считают "бесполезными едоками", и у них не будет никаких сомнений по поводу убийства миллиардов других людей в ближайшее время. Н/Д.

"Когда Вильсон проводил кампанию по переизбранию в 1916 году, его главным призывом было: "Переизберите человека, который убережет ваших сыновей от войны". Но во время той же кампании Республиканская партия публично обвинила Вильсона в том, что он давно стремился втянуть нас в войну. Они утверждали, что если он потерпит поражение, то примет это решение за те несколько месяцев, которые ему остались на посту, а если его переизберут, то он подождет до окончания выборов. Но в то время американский народ считал Уилсона "богочеловеком". Вильсон был переизбран и, в соответствии с планами заговорщиков, в 1917 году втянул нас в войну. В качестве предлога он использовал потопление "Лузитании", которое также было запланировано. Рузвельт, тоже человек-бог в глазах американского народа, следовал той же технике в 1941 году, когда он использовал нападение на Перл-Харбор в качестве предлога, чтобы втянуть нас во Вторую мировую войну.

"Именно так, как и предсказывали заговорщики, победа союзников устранит всех монархов побежденных стран и оставит все их народы без лидеров, растерянными, дезориентированными и полностью готовыми к единому мировому правительству, которое хотел установить великий заговор. Но было бы еще одно препятствие, то самое, которое помешало Иллюминатам и Ротшильдам на Венском конгрессе (мирном митинге) после наполеоновских войн. На этот раз Россия, как и в 1814 году, окажется на стороне победителей, а царь будет прочно сидеть на своем троне. Стоит отметить, что Россия при царском режиме - единственная страна, где иллюминатам не удалось закрепиться и куда Ротшильды не смогли проникнуть со своими банковскими интересами. Даже если бы его удалось убедить присоединиться к так называемой "Лиге Наций", было предрешено, что он никогда, ни при каких обстоятельствах не выберет единое мировое правительство.

"Таким образом, еще до начала Первой мировой войны у заговорщиков был готов план по выполнению клятвы Натана Ротшильда, данной в 1814 году, уничтожить царя и убить всех возможных царских наследников престола до окончания войны. Российские большевики должны были стать их орудием в этом конкретном заговоре. С начала века лидерами большевиков были Николай Ленин, Леон Троцкий и, позднее, Иосиф Сталин. Конечно, это не их настоящие фамилии. Перед началом войны Швейцария стала их убежищем. Штаб-квартира Троцкого находилась в Нижнем Ист-Сайде Нью-Йорка, где жили в основном русские и еврейские беженцы. И Ленин, и Троцкий носили усы и были неопрятны. В то время это был значок большевизма. Оба жили хорошо, но не имели постоянного занятия. У них не было никаких видимых средств к существованию, но у них было много денег. Все эти тайны были раскрыты в 1917 году. С самого начала войны в Нью-Йорке происходили странные и загадочные вещи. Ночь за ночью Троцкий пробирался во дворец Якова Шиффа и выходил из него, а в середине тех же ночей там собирались бандиты из Нижнего Ист-Сайда Нью-Йорка. Все они были русскими беженцами в штабе Троцкого и все они проходили какой-то таинственный процесс обучения, который был окутан тайной. Никто не разговаривал, хотя стало известно, что Шифф финансировал всю деятельность Троцкого.

"Затем, внезапно, Троцкий исчез, вместе с примерно 300 его обученными головорезами. На самом деле они находились в открытом море на корабле, зафрахтованном Шиффом, направляясь на свидание с Лениным и его бандой в Швейцарии. На корабле также находилось золото на сумму 20 миллионов долларов, предназначенное для финансирования захвата России большевиками. В преддверии приезда Троцкого Ленин приготовился устроить вечеринку в своем швейцарском убежище. На вечеринку должны были быть приглашены люди из самых высоких кругов мира. Среди них был таинственный полковник Эдвард Мандел Хаус, наставник и паралитик Вудро Вильсона, а главное - специальный и конфиденциальный посланник Шиффа. Еще одним из ожидаемых гостей был Варбург из немецкого банковского клана Варбургов, который финансировал кайзера и которого кайзер вознаградил, назначив его главой немецкой тайной полиции. Кроме того, были Ротшильды в Лондоне и Париже, Литвинов, Каганович и Сталин (который в то время возглавлял банду грабителей поездов и банков). Он был известен как "Джесси Джеймс с Урала".

"И здесь я должен напомнить, что Англия и Франция тогда уже давно находились в состоянии войны с Германией и что 3 февраля 1917 года Вильсон разорвал все дипломатические отношения с Германией. Поэтому Варбург, полковник Хаус, Ротшильды и все остальные были врагами, но, конечно, Швейцария была нейтральной территорией, где враги могли встретиться и стать друзьями, особенно если у них был общий проект. Партия Ленина была почти разгромлена непредвиденным инцидентом. Судно, которое Шифф зафрахтовал по пути в Швейцарию, было перехвачено и задержано британским военным кораблем. Но Шифф быстро приказал Вильсону приказать англичанам отпустить корабль в целости и сохранности с бандитами Троцкого и золотом. Уилсон повиновался. Он предупредил британцев, что если они откажутся освободить корабль, то США не вступят в войну в апреле, как он верно обещал годом ранее. Британцы прислушались к предупреждению. Троцкий прибыл в Швейцарию, а поезд Ленина отправился, как и планировалось; но они все еще сталкивались с непреодолимым препятствием, которое обычно было бы непреодолимым - переправить банду террористов Ленина-Троцкого через российскую границу. Тогда в дело вмешался брат Варбург, глава немецкой тайной полиции. Он погрузил всех этих бандитов в опломбированные товарные вагоны и сделал все необходимые приготовления для их тайного въезда в Россию. Остальное - история. В России произошла революция, и все члены царской семьи Романовых были убиты.

"Моя главная цель сейчас - установить, вне всякого сомнения, что так называемый коммунизм является неотъемлемой частью великого заговора иллюминатов с целью порабощения всего мира. Что так называемый коммунизм - это всего лишь их оружие и девиз для устрашения народов мира, и что завоевание России и создание коммунизма было в значительной степени организовано Шиффом и другими международными банкирами в нашем собственном Нью-Йорке. Фантастическая история? Да. Некоторые даже отказываются в это верить. Что ж, для пользы всех этих "Томасов" я докажу это, указав, что всего несколько лет назад Чарли Найкербокер, обозреватель газеты "Херст", опубликовал интервью с Джоном Шиффом, внуком Джейкоба, в котором младший Шифф подтвердил всю историю и назвал сумму, которую внес старый Джейкоб - $20 000 000.

"Если у кого-то еще остались малейшие сомнения в том, что вся угроза коммунизма была создана мозгами великого заговора в нашем собственном Нью-Йорке, я приведу следующий исторический факт. Все записи показывают, что когда Ленин и Троцкий организовали захват России, они были главами большевистской партии. Так вот, "большевизм" - это чисто русское слово. Мозги поняли, что большевизм никогда не может быть продан как идеология никому, кроме русского народа. Итак, в апреле 1918 года Яков Шифф отправил полковника Хауса в Москву с приказом Ленину, Троцкому и Сталину изменить название своего режима на Коммунистическую партию и принять "Манифест" Карла Маркса в качестве конституции Коммунистической партии. Ленин, Троцкий и Сталин подчинились, и в том же 1918 году возникла Коммунистическая партия и угроза коммунизма. Все это подтверждает *Webster's Collegiate Dictionary*, пятое издание.

"Короче говоря, коммунизм был создан капиталистами. Таким образом, до 11 ноября 1918 года весь дьявольский план заговорщиков работал безупречно. Все великие страны, включая Соединенные Штаты, были измотаны войной, опустошены и оплакивали своих погибших. Мир был великим всеобщим желанием. Поэтому, когда Вильсон предложил создать "Лигу Наций" для обеспечения мира, все великие страны, без русского царя, который мог бы противостоять этому, вскочили на ноги, даже не остановившись, чтобы прочитать мелкий шрифт этого страхового полиса. То есть все, кроме одного - Соединенных Штатов, той самой страны, на восстание которой Шифф и его соучастники рассчитывали меньше всего, и это стало их роковой ошибкой в первом заговоре. Видите ли, когда Шифф посадил Вудро Вильсона в Белый дом, заговорщики решили, что Соединенные Штаты у них в пресловутом мешке. Вильсон был прекрасно представлен публике как великий гуманист. Он был навязан американскому народу в качестве человека-бога. У заговорщиков были все основания полагать, что он легко убедит Конгресс купить законопроект об оружии.

Лига Наций", так же как Конгресс 1945 года слепо купил "Организацию Объединенных Наций". Но в 1918 году в Сенате нашелся человек, который увидел в этом плане провал, как это сделал русский царь в 1814 году. Он был человеком огромного политического авторитета, почти таким же великим, как Тедди Рузвельт, и таким же проницательным. Он пользовался большим уважением и доверием всех членов обеих палат Конгресса и американского народа. Имя этого великого и патриотичного американца было Генри Кэбот Лодж, а не сегодняшний самозванец, который называл себя Генри Кэбот Лодж-младший, пока его не разоблачили. Лодж полностью разоблачил Вильсона и не допустил Соединенные Штаты к участию в "Лиге Наций".

ПРИМЕЧАНИЕ

Вскоре после этого иллюминаты создали поправку 17 , чтобы подавить сенаторов, назначаемых законодательными собраниями штатов Союза. Если раньше иллюминаты контролировали прессу, то теперь они контролируют выборы сенаторов США. Иллюминаты/КФР практически не имели власти над отдельными законодательными органами различных сенаторов США до ратификации 17 поправки.

Хотя поправка 17 должна была изменить метод избрания сенаторов США, она так и не была ратифицирована в соответствии с последним предложением статьи V Конституции США. Два штата, Нью-Джерси и Юта, отклонили это предложение, а девять других штатов вообще не голосовали. Хотя штаты Нью-Джерси и Юта прямо отказались от своего "избирательного права" в Сенате, а остальные девять штатов, которые не голосовали, так и не дали своего "прямого" согласия, предложенная 17 поправка не получила "единогласного" голосования, необходимого для принятия. Более того, резолюция, создавшая "предложение", не была принята Сенатом единогласно, и, поскольку сенаторы в то время были "назначены" законодательными органами своих штатов, эти "нет" или "не голосовали" были поданы от имени их соответствующих штатов.

"Очень интересно узнать истинную причину провала вильсоновской Лиги Наций. Как я уже сказал, Шифф был направлен в США для выполнения четырех конкретных миссий:

1. И самое главное - получить полный контроль над денежной системой США.

2. Как указано в первоначальном плане иллюминатов Вейсхаупта, он должен был найти людей нужного типа, которые будут служить приспешниками великого заговора, и продвинуть их на высшие посты нашего федерального правительства: в Конгресс, Верховный суд США и все федеральные агентства, такие как Государственный департамент, Пентагон, Министерство финансов и т.д.

3. Разрушить единство американского народа путем создания конфликта между группами меньшинств по всей стране, особенно между белыми и черными, как это описано в книге Израэля Коэна.

4. Создать движение по уничтожению религии в США, выбрав христианство в качестве главной мишени или жертвы.

"Более того, ему настойчиво напомнили об императивной директиве плана иллюминатов, которая заключается в достижении полного контроля над всеми средствами массовой информации, чтобы промыть мозги людям, заставив их поверить и принять все схемы великого заговора. Шиффа предупредили, что только контролируя прессу, в то время единственное средство массовой коммуникации, он сможет разрушить единство американского народа.

"Шифф и его сообщники создали в 1909 году NAACP (Национальную ассоциацию содействия прогрессу цветного населения), а в 1913 году - Антидиффамационную лигу Бнай Брит; обе организации должны были создать необходимые конфликты, но в первые годы Антидиффамационная лига действовала очень неуверенно. Возможно, из-за страха перед погромными действиями со стороны пробудившегося и разъяренного американского народа, а NAACP практически бездействовала, потому что ее белые лидеры не понимали, что им придется развивать зажигательных черных лидеров, таких как Мартин Лютер Кинг, чтобы вызвать энтузиазм довольной массы черных в то время.

"Кроме того, он, Шифф, был занят разработкой и внедрением истуканов, которые должны были служить в верхних эшелонах нашего вашингтонского правительства и получить контроль над нашей денежной системой и созданием "16 поправки". Он также был очень занят организацией заговора с целью захвата России. Короче говоря, он был настолько занят всеми этими задачами, что полностью пренебрег важнейшей задачей - установлением полного контроля над нашими средствами массовой коммуникации. Это пренебрежение стало прямой причиной того, что Вильсону не удалось втянуть Соединенные Штаты в "Лигу Наций", поскольку, когда Вильсон решил обратиться к народу, чтобы преодолеть сопротивление контролируемого Лоджем Сената, несмотря на свою сложившуюся, но ложную репутацию великого гуманиста, он столкнулся с прочно сплоченным народом и лояльной прессой, единственной идеологией которых был "американизм" и американский образ жизни. В те дни, из-за неумелости и неэффективности "ADL" и "NAACP", не было организованных групп меньшинств, не было проблем чернокожих, не было так называемых антисемитских проблем, которые могли бы повлиять на мышление людей. Не было ни левых, ни правых, ни предрассудков для хитрой эксплуатации.

Поэтому призыв Вильсона к созданию "Лиги Наций" остался без внимания. Это был конец Вудро Вильсона, великого гуманиста из заговорщиков. Он быстро отказался от своего крестового похода и вернулся в Вашингтон, где вскоре умер, будучи сифилитическим дураком, и это был конец "Лиги Наций" как коридора к единому мировому правительству.

"Конечно, это поражение стало ужасным разочарованием для организаторов заговора иллюминатов; но они не сдались. Как я уже отмечал ранее, этот враг никогда не сдается; они просто решили реорганизоваться и начать все сначала. К этому времени Шифф был уже очень стар и дряхл. Он знал это. Он знал, что заговору нужно новое, молодое и более активное руководство. Поэтому по его приказу полковник Хаус и Бернард Барух организовали и создали то, что они назвали "Совет по международным отношениям" - новое название, под которым иллюминаты продолжали действовать в Соединенных Штатах. Иерархия, офицеры и директора "CFR" в основном состоят из потомков первоначальных иллюминатов; многие из них отказались от своих старых фамилий и приобрели новые американизированные имена. Например, у нас есть Диллон, занимавший пост министра финансов США, чья первоначальная фамилия была Лапоски. Другой пример - директор телевизионной сети CBS Поули, настоящая фамилия которого Палински. Члены CFR насчитывают около 1000 человек и включают в себя глав практически всех промышленных империй Америки, таких как Блаф, президент корпорации U.S. Steel, Рокфеллер, король нефтяной промышленности, Генри Форд II и так далее. И, конечно, все международные банкиры. Кроме того, руководители "безналоговых" фондов являются офицерами и/или активными членами CFR. Короче говоря, все люди, которые обеспечили деньги и влияние для избрания президентов США, конгрессменов, сенаторов, выбранных CFR, и которые принимают решения о назначении наших различных государственных секретарей, казначейства, всех важных федеральных агентств, являются членами CFR, и они очень послушные члены.

"Теперь, чтобы закрепить этот факт, я назову имена некоторых президентов США, которые были членами CFR. Франклин Рузвельт, Герберт Гувер, Дуайт Д. Эйзенхауэр, Джек Кеннеди, Никсон и Джордж Буш. Среди других кандидатов в президенты - Томас Э. Дьюи, Адлай Стивенсон и Барри Голдуотер, вице-президент филиала CFR. Среди видных членов кабинетов министров различных администраций есть Джон Фостер Даллес, Аллен Даллес, Корделл Халл, Джон Джей Маклеод, Моргентау, Кларенс Диллон, Раск, Макнамара, и, чтобы подчеркнуть "красный цвет" "CFR", мы имеем в качестве членов таких людей, как Алджер Хисс, Ральф Бунче, Пусвольский, Хейли Декстер Уайт (настоящая фамилия Вайс), Оуэн Латтимор, Филипп Джаффи и др. и т.д. Одновременно они наводнили тысячи гомосексуалистов и других податливых сомнительных личностей во всех федеральных агентствах, начиная с Белого дома и ниже. Помните ли вы замечательных друзей Джонсона - Дженкинса и Бобби Бейкера?

"Теперь новому CFR предстояло проделать большую работу. Им нужна была большая помощь. Поэтому их первой задачей было создание различных "дочерних компаний", перед которыми они ставили определенные задачи. Я не могу назвать все филиалы, но вот несколько: Ассоциация внешней политики ("FPA"), Совет по мировым делам ("WAC"), Деловой консультативный совет ("BAC"), знаменитая "ADA" ("Американцы за демократические действия", практически возглавляемая Уолтером Рутером), знаменитая "13-13" в Чикаго; Барри Голдуотер был и, вероятно, до сих пор является вице-президентом одного из филиалов CFR. Кроме того, CFR создал специальные комитеты в каждом штате Союза, которым поручил проведение различных операций на уровне штатов.

"Одновременно Ротшильды создали группы контроля, подобные CFR, в Англии, Франции, Германии и других странах, чтобы контролировать мировые условия для сотрудничества с CFR с целью вызвать новую мировую войну. Но первой и самой важной задачей CFR было установление полного контроля над средствами массовой коммуникации. Контроль над прессой был передан Рокфеллеру. Так, Генри Люс, недавно умерший, получил финансирование на создание ряда национальных журналов, включая "Life", "Time", "Fortune" и другие, которые восхваляли "СССР" в Америке. Рокфеллеры также прямо или косвенно финансировали журнал братьев Коулз "Look" и сеть газет. Они также финансировали человека по имени Сэм Ньюхаус для покупки и создания сети газет по всей стране. А покойный Юджин Майер, один из основателей CFR, купил Washington Post, Newsweek, журнал Weekly и другие издания. В то же время CFR начал развивать и воспитывать новую породу мерзких обозревателей и редакторов - таких писателей, как Уолтер Липпман, Дрю Пирсон, Алсопы, Герберт Мэтьюс, Эрвин Кэнхем, и другие, называвшие себя "либералами" и провозглашавшие, что "американизм" - это "изоляционизм", что "изоляционизм" - это "поджигательство войны", что "антикоммунизм" - это "антисемитизм" и "расизм". Все это, конечно, заняло время, но сегодня наши "еженедельники", издаваемые патриотическими организациями, полностью контролируются истуканами CFR, и им наконец-то удалось разделить нас на нацию, состоящую из ссорящихся, препирающихся и ненавидящих друг друга фракций. Если вы все еще задаетесь вопросом о необъективной информации и откровенной лжи, которую вы читаете в своей газете, то теперь у вас есть ответ. Леманам, Голдман Саксам, Кун-Лебсам и Варбургам CFR поручил захватить киноиндустрию, Голливуд, радио и телевидение, и, поверьте, им это удалось. Если вы все еще задаетесь вопросом о странной пропаганде, распространяемой Эдом Морроузом и ему подобными, то теперь у вас есть ответ. Если вы задаетесь вопросом о всех порнографических, сексуальных и смешанных браках, которые вы видите в кинотеатрах и по телевизору (и которые деморализуют нашу молодежь), то теперь у вас есть ответ.

"Теперь, чтобы освежить вашу память, давайте вернемся на мгновение назад. Неудача Вильсона торпедировала любой шанс превратить эту "Лигу Наций" в надежду заговорщиков на создание единого мирового правительства; поэтому заговор Якоба Шиффа нужно было начинать заново, и для этого они организовали CFR. Мы также знаем, насколько успешно CFR выполняет эту работу по промыванию мозгов и разрушению единства американского народа. Но, как и в случае с заговором Шиффа, для кульминации и создания новой машины для их единого мирового правительства потребовалась еще одна мировая война. Война, которая будет еще более ужасной и разрушительной, чем Первая мировая война, чтобы заставить людей во всем мире снова потребовать мира и положить конец всем войнам. Но CFR понимал, что последствия Второй мировой войны должны быть более тщательно спланированы, чтобы не было возможности избежать новой ловушки "одного мира" - еще одной "Лиги Наций", которая возникнет в результате новой войны. Эту ловушку мы теперь знаем как "Организация Объединенных Наций", и они придумали идеальную стратегию, чтобы никому не удалось сбежать. Вот как они это сделали.

В 1943 году, в разгар войны, они подготовили основу Организации Объединенных Наций и передали ее Рузвельту и нашему Государственному департаменту, чтобы Алджер Хисс, Палвоски, Далтон, Трамбулл и другие американские предатели сделали весь проект ребенком Соединенных Штатов. Затем, чтобы подготовить умы, Нью-Йорк должен был стать питомником для этого чудовища. После этого мы вряд ли смогли бы отказаться от собственного ребенка, не так ли? Во всяком случае, так думали заговорщики, и так оно и вышло. Либерал Рокфеллер пожертвовал землю под здание ООН.

"Устав ООН был написан Алджером Хиссом, Палвоски, Далтоном, Трумбуллом и другими истуканами CFR. В 1945 году в Сан-Франциско была проведена фальшивая, так называемая конференция ООН. Все так называемые представители около 50 наций собрались там и быстро подписали Хартию. Подлый предатель Алджер Хисс прилетел в Вашингтон с Хартией, с радостью представил ее нашему Сенату, и Сенат (избранный нашим народом для обеспечения нашей безопасности) подписал Хартию, даже не прочитав ее. Вопрос: "Сколько наших сенаторов уже тогда были коварными истуканами CFR? В любом случае, именно так народ принял "ООН" как "святая святых".

Мы снова и снова удивляемся, шокируемся, недоумеваем и ужасаемся их ошибкам в Берлине, Корее, Лаосе, Катанге, на Кубе, во Вьетнаме; ошибкам, которые всегда шли на пользу врагу, а не Соединенным Штатам. По закону вероятности они должны были допустить хотя бы одну или две ошибки в нашу пользу, но так и не сделали. Каков ответ? Ответ - "CFR" и роли, которые играют их филиалы и лакеи в Вашингтоне, поэтому мы знаем, что полный контроль над нашей внешней политикой является ключом к успеху всего заговора иллюминатов об установлении единого мирового порядка. Вот еще одно доказательство.

"Ранее я полностью доказал, что Шифф и его банда финансировали захват России евреями Лениным, Троцким и Сталиным и превратили ее коммунистический режим в свой главный инструмент, чтобы держать мир в беспорядке и в конечном итоге терроризировать всех нас в поисках мира в едином мировом правительстве во главе с ООН. Но заговорщики знали, что "московская банда" не сможет стать таким инструментом, пока весь мир не примет коммунистический режим как законное "де-юре правительство" России. Этого можно добиться только одним способом - признанием со стороны Соединенных Штатов. Заговорщики думали, что весь мир последует нашему примеру, и поэтому они склонили Хардинга, Кулиджа и Гувера к такому признанию. Но все трое отказались. Результатом конца 1920-х годов стало то, что сталинский режим оказался в отчаянном положении. Несмотря на все чистки и тайный полицейский контроль, русский народ становился все более стойким. Это доказанный факт, признанный Литвиновым, что в 1931 и 1932 годах Сталин и вся его банда всегда были готовы к побегу.

"Затем, в ноябре 1932 года, заговорщики совершили свой величайший переворот: они посадили в Белый дом Франклина Рузвельта, хитрого, беспринципного и абсолютно бессовестного. Этот коварный шарлатан разыграл их. Даже не заручившись согласием Конгресса, он незаконно провозгласил признание сталинского режима. И как и планировали заговорщики, весь мир последовал нашему примеру. Это автоматически подавило движение сопротивления русского народа, которое развивалось ранее. Она автоматически запустила величайшую угрозу, которую когда-либо знал цивилизованный мир. Остальное слишком хорошо известно, чтобы повторяться.

"Мы знаем, как Рузвельт и его предательский Госдепартамент продолжали развивать коммунистическую угрозу прямо здесь, в нашей стране, а значит, и во всем мире. Мы знаем, как он совершил злодеяние в Перл-Харборе в качестве предлога для поспешного вступления во Вторую мировую войну. Мы знаем все о его тайных встречах со Сталиным в Ялте и о том, как с помощью Эйзенхауэра он передал Балканы и Берлин Москве. И последнее, но не менее важное: мы знаем, что Бенедикт Арнольд XX века не только провел нас по этому новому коридору - ООН - на путь единого мирового правительства, но и разработал все меры для его внедрения в нашей стране. Короче говоря, в тот день, когда Рузвельт вошел в Белый дом, заговорщики из CFR захватили полный контроль над нашей машиной внешних отношений и прочно утвердили Организацию Объединенных Наций в качестве резиденции единого мирового правительства иллюминатов.

"Я хочу подчеркнуть еще один очень важный момент. Неудача

вильсоновской "Лиги Наций" заставила Шиффа и его банду понять, что одного контроля над Демократической партией недостаточно. Так и было! Они могли создать кризис во время республиканской администрации, как они это сделали в 1929 году с крахом и депрессией, созданной Федеральной резервной системой, что привело бы в Белый дом очередного демократического истукана; но они поняли, что четырехлетний перерыв в их контроле над политикой внешних отношений может нарушить ход их заговора. Это может даже сорвать всю их стратегию, как это почти произошло, пока Рузвельт не спас ее, признав сталинский режим.

"С тех пор, после фиаско Вильсона, они начали разрабатывать планы по захвату наших двух национальных партий. Но у них была проблема с этим. Им нужна была рабочая сила с истуканами в Республиканской партии и дополнительная рабочая сила в Демократической партии, и поскольку контроля над человеком в Белом доме было бы недостаточно, они должны были обеспечить этого человека обученными истуканами для всего его кабинета. Мужчины, возглавлявшие Госдепартамент, Министерство финансов, Пентагон, CFR, USIA и т.д. Короче говоря, каждый член различных кабинетов должен быть избранным инструментом CFR, как Раск и Макнамара, а также все заместители и помощники секретарей. Это дало бы заговорщикам абсолютный контроль над всей нашей политикой, как внутренней, так и, что более важно, внешней. Такой ход действий потребует наличия пула обученных истуканов, мгновенно готовых к административным изменениям и любым другим требованиям. Все эти истуканы обязательно должны быть людьми с национальной репутацией, пользующимися уважением народа, но они должны быть людьми без чести, без угрызений и без совести. Эти люди должны быть уязвимы для шантажа. Мне нет нужды подчеркивать, насколько успешным был CFR. Бессмертный Джо Маккарти полностью раскрыл, что в каждом федеральном агентстве существуют тысячи таких угроз безопасности. Скотт Маклеод разоблачил еще тысячи людей, и вы знаете, какую цену пришлось заплатить Ортеге, и которую он все еще платит, за то, что в комитете Сената он разоблачил предателей из Госдепартамента, которые передали Кубу Кастро, и были не только защищены, но и повышены в должности.

"Давайте теперь вернемся к сути заговора о едином мировом правительстве и маневрам, необходимым для создания еще одной

"Лиги Наций" для размещения такого правительства. Как я уже говорил, заговорщики знали, что только еще одна мировая война была жизненно важна для успеха их заговора. Это должна быть настолько ужасная мировая война, чтобы народы мира потребовали создания некой всемирной организации, которая гарантировала бы вечный мир. Но как можно было начать такую войну? Все европейские государства жили в мире. Ни у кого из них не было никаких споров с соседними странами, и их агенты в Москве, конечно, не осмелились бы начать войну. Даже Сталин понимал, что это будет означать свержение его режима, если так называемый "патриотизм" не объединит за ним русский народ.

"Но заговорщикам нужно было устроить войну. Они должны были найти или создать какой-то инцидент, чтобы начать его. Они нашли его в маленьком, невзрачном, отталкивающем человеке, который называл себя "Адольф Гитлер". Гитлер, бедный австрийский маляр, был ефрейтором в немецкой армии. Он сделал поражение Германии своей личной обидой. Он начал вести пропаганду об этом в Мюнхене, Германия. Он начал говорить о восстановлении величия Германской империи и силе немецкой солидарности. Он выступал за восстановление старой немецкой армии, чтобы с ее помощью завоевать весь мир. Любопытно, что Гитлер, маленький клоун, каким он был, мог произносить пламенные речи и обладал определенным магнетизмом. Но новые немецкие власти не хотели больше войны и вскоре бросили одиозного австрийского маляра в тюремную камеру.

"Ага! Вот человек, - решили заговорщики, - который, если его правильно направить и профинансировать, может стать ключом к новой мировой войне. Поэтому, пока он был в тюрьме, они попросили Рудольфа Гесса и Геринга написать книгу, которую они назвали "Майн Кампф" и приписали Гитлеру, так же как Литвинов написал "Миссию в Москву" и приписал ее Джозефу Дэвису, тогдашнему нашему послу в России и истукану CFR. В "Майн кампф" псевдоавтор Гитлера изложил свои претензии и рассказал, как он вернет немецкому народу былое величие. Затем заговорщики организовали широкое распространение книги среди немецкого народа, чтобы создать фанатичных сторонников. Когда он был освобожден из тюрьмы (также организованной заговорщиками), они начали готовить и финансировать его поездки в другие части Германии для произнесения своих пикантных речей. Вскоре он собрал растущее число сторонников среди других ветеранов войны, которое вскоре распространилось на широкие массы, которые стали видеть в нем спасителя для своей любимой Германии. Затем последовало руководство тем, что он называл своей "армией коричневых рубашек", и поход на Берлин. Это требовало большого финансирования, но Ротшильды, Варбурги и другие участники заговора предоставили ему все необходимые деньги. Постепенно Гитлер стал кумиром немецкого народа, который затем сверг правительство фон Гинденбурга, и Гитлер стал новым фюрером. Но это еще не повод начинать войну. Остальная Европа и весь мир наблюдали за ростом Гитлера, но не видели причин вмешиваться в то, что явно было внутренним делом Германии. Конечно, никто из других стран не рассматривал это как повод для начала новой войны против Германии, а немецкий народ еще не был достаточно возбужден, чтобы совершить действия против соседней страны, даже Франции, которые могли бы привести к войне. Заговорщики понимали, что им нужно создать такое безумие, такое безумие, которое заставило бы немецкий народ бросить осторожность на ветер и в то же время ужаснуть весь мир. И, кстати, "Майн Кампф" на самом деле была продолжением книги Карла Маркса "Мир без евреев".

"Заговорщики вдруг вспомнили, как банда Шиффа-Ротшильда организовала погромы в России, которые уничтожили тысячи евреев и вызвали ненависть к России во всем мире, и решили использовать эту же недопустимую уловку, чтобы возбудить в новом немецком народе под руководством Гитлера убийственную ненависть к евреям. Правда, немецкий народ никогда не испытывал особой привязанности к евреям, но и не питал к ним лютой ненависти. Такая ненависть должна была быть произведена, поэтому Гитлеру пришлось ее создать. Эта идея была более чем привлекательной для Гитлера. Он видел в этом макабрический способ стать "человеком-богом" (*Христом) для* немецкого народа.

"Таким образом, вдохновляемый и тренируемый своими финансовыми советниками, Варбургами, Ротшильдами и всеми главарями иллюминатов, он обвинил евреев в ненавистном "Версальском договоре" и финансовом разорении, последовавшем за войной. Остальное - история. Мы знаем все о гитлеровских концентрационных лагерях и сожжении сотен тысяч евреев. Не 6 000 000 и даже не 600 000, как утверждали заговорщики, но этого было достаточно. И позвольте мне повторить, как мало банкиры-интернационалисты, Ротшильды, Шиффы, Леманы, Варбурги, Барухи, заботились о своих расовых братьях, ставших жертвами их гнусных планов. В их глазах гитлеровское убийство нескольких сотен тысяч невинных евреев их нисколько не беспокоило. Они рассматривали это как необходимую жертву для продвижения их иллюминатского одномирового плана, так же как и убийство многих миллионов людей в последующих войнах было такой же необходимой жертвой. И вот еще одна жуткая подробность об этих концентрационных лагерях. Многие из гитлеровских солдат-экзекуторов в этих лагерях были отправлены в Россию для обучения искусству пыток и жестокости, чтобы усилить ужас зверств.

"Все это породило новую всемирную ненависть к немецкому народу, но все же это не было причиной для войны. Именно тогда Гитлера склонили к требованию "Судетской земли"; и вы помните, как Чемберлен и чехословацкие и французские дипломаты того времени уступили этому требованию. Это требование привело к дальнейшим требованиям гитлеровцев о предоставлении территорий в Польше и на территориях французских королей, которые были отклонены. Затем последовал его договор со Сталиным. Гитлер кричал о своей ненависти к коммунизму (о, как он пылал против коммунизма); но на самом деле нацизм был ничем иным, как социализмом (национал-социализм - нацизм), а коммунизм, по сути, является социализмом. Но Гитлер не принял все это во внимание. Он заключил договор со Сталиным о нападении и разделе Польши между ними. В то время как Сталин совершил марш на часть Польши (в чем его никогда не обвиняли [мозги иллюминатов позаботились об этом]), Гитлер начал "блицкриг" на Польшу со своей стороны. Заговорщики наконец-то получили свою новую мировую войну, и какой ужасной она была.

"И в 1945 году заговорщики наконец-то создали "Организацию Объединенных Наций", свой новый дом для своего единого мирового правительства. И, что удивительно, весь американский народ приветствовал этот поганый ансамбль как "святая святых". Даже после того, как были раскрыты все реальные факты о том, как появилась Организация Объединенных Наций, американский народ продолжал поклоняться этой злобной организации. Даже после того, как Алджер Хисс был разоблачен как советский шпион и предатель, американский народ продолжал верить в

ООН. Даже после того, как я публично раскрыл тайное соглашение между Хиссом и Молотовым о том, что русский всегда будет главой военного секретариата и, следовательно, истинным хозяином ООН. Но большинство американцев продолжали верить, что ООН не может сделать ничего плохого. Даже после Д. Ли, первый генеральный секретарь "ООН", подтвердил секретное соглашение Хисса-Молотова в своей книге: "Во имя мира", Васиалию был предоставлен отпуск в "ООН", чтобы он мог принять командование над северокорейцами и красными китайцами, которые боролись с так называемой полицейской акцией "ООН" по приказу нашего собственного генерала Макартура, который по приказу "ООН" был уволен пассионарным президентом Трумэном, чтобы не дать ему выиграть эту войну. Наш народ продолжал верить в ООН, несмотря на 150 000 сыновей, убитых и искалеченных в той войне; народ продолжал рассматривать ООН как надежное средство достижения мира, даже после того, как в 1951 году выяснилось, что ООН (используя наших собственных американских солдат под командованием генерала МакАртура) не следовала своим собственным правилам.

Командование ООН под флагом ООН в сговоре с нашим предательским государством (и Пентагоном) вторглось во многие маленькие городки в Калифорнии и Техасе, чтобы усовершенствовать свой план полного захвата нашей страны. Большинство наших граждан отмахнулись от этого и продолжали верить, что ООН - это "святая святых". (а не Ковчег Завета).

"Знаете ли вы, что Устав ООН был написан предателем Алджером Хиссом, Молотовым и Вышинским? Что Хисс и Молотов договорились в том секретном соглашении, что военным главой ООН всегда будет русский, назначенный Москвой? Знаете ли вы, что на своих секретных встречах в Ялте Рузвельт и Сталин по указанию иллюминатов, действующих под именем CFR, решили, что ООН должна быть размещена на американской земле? Знаете ли вы, что большая часть Устава ООН была слово в слово скопирована из "Манифеста" Маркса и так называемой российской конституции? Знаете ли вы, что только два сенатора, голосовавшие против Устава ООН, читали его? Знаете ли вы, что с момента создания ООН коммунистическое рабство увеличилось с 250 000 до 1 000 000 000? Знаете ли вы, что с тех пор, как ООН была основана для обеспечения мира, было по меньшей мере 20 крупных войн, спровоцированных ООН, так же как она спровоцировала войну против Маленькой Родезии и Кувейта? Знаете ли вы, что под эгидой ООН американские налогоплательщики были вынуждены восполнить дефицит казны ООН на миллионы долларов из-за отказа России выплатить свою долю? Знаете ли вы, что ООН никогда не принимала резолюцию, осуждающую Россию или ее так называемых сателлитов, но всегда осуждает наших союзников? Знаете ли вы, что Дж. Эдгар Гувер заявил: "Подавляющее большинство коммунистических делегаций в ООН являются агентами шпионажа" и что 66 сенаторов проголосовали за "консульский договор", открывающий всю нашу страну для русских шпионов и диверсантов? Знаете ли вы, что ООН помогает России завоевывать мир, не позволяя свободному миру предпринимать какие-либо действия, кроме обсуждения каждой новой агрессии на Генеральной Ассамблее ООН? Знаете ли вы, что во время Корейской войны в ООН входило 60 государств, однако 95% сил ООН составляли наши американские сыновья, и практически 100% расходов оплачивали американские налогоплательщики?

"И, конечно, вы знаете, что политика ООН во время корейской и вьетнамской войн была направлена на то, чтобы не дать нам выиграть эти войны? Знаете ли вы, что все боевые планы генерала МакАртура должны были сначала поступать в ООН, чтобы быть переданными Василию, командующему северокорейцами и красными китайцами, и что любая будущая война, которую наши сыновья будут вести под флагом ООН, должна вестись нашими сыновьями под контролем Совета Безопасности ООН? Знаете ли вы, что ООН так ничего и не сделала по поводу 80 000 русско-монгольских солдат, оккупировавших Венгрию?

"Где была ООН, когда венгерские борцы за свободу были убиты русскими? Знаете ли вы, что ООН и ее миротворческие силы передали Конго коммунистам? Знаете ли вы, что так называемые миротворческие силы ООН использовались для подавления, изнасилования и убийства белых антикоммунистов в Катанге? Знаете ли вы, что ООН ничего не делала, пока Красный Китай вторгался в Лаос и Вьетнам? Знаете ли вы, что ООН ничего не делала, пока Нерон вторгался в Гоа и другие португальские территории? Знаете ли вы, что ООН несет прямую ответственность за оказание помощи Кастро? Что он абсолютно ничего не сделал в отношении тысяч молодых кубинцев, отправленных в Россию для коммунистической индоктринации?

"Знаете ли вы, что Адлай Стивенсон сказал: "Свободный мир должен ожидать, что он будет проигрывать все больше и больше решений в ООН". Знаете ли вы, что ООН открыто провозглашает своей главной целью "мировое правительство", что означает "мировые законы", "мировой суд", "мировые школы" и "мировую церковь", в которой христианство будет запрещено?

"Знаете ли вы, что в ООН был принят закон о разоружении всех американских граждан и передаче всех наших вооруженных сил в ведение ООН? Этот закон был тайно подписан "святым" Джеком Кеннеди в 1961 году. Понимаете ли вы, как это согласуется с пунктом 3 статьи 47 Устава ООН, который гласит, цитирую: "Военно-штабной комитет ООН отвечает через Совет Безопасности за стратегическое руководство всеми вооруженными силами, находящимися в распоряжении Совета Безопасности", и когда и если все наши вооруженные силы будут переданы ООН, ваши сыновья будут вынуждены служить и умирать под командованием ООН по всему миру. Это произойдет, если вы не будете бороться за выход США из ООН.

"Вы знаете, что конгрессмен Джеймс Б. Утт представил законопроект о создании Соединенных Штатов ООН и резолюцию, чтобы не дать нашему президенту заставить нас поддержать эмбарго ООН в отношении Родезии? Что ж, он это сделал, и многие люди по всей стране пишут своим представителям в поддержку законопроекта и резолюции Утта. Пятьдесят членов Конгресса во главе со Швейкером и Мурхедом из Пенсильвании внесли законопроект о немедленной передаче всех наших вооруженных сил ООН? Можете ли вы представить себе такое наглое предательство? Является ли ваш конгрессмен одним из этих 50 предателей? Узнайте и немедленно предпримите меры против него и помогите конгрессмену Утту.

"Знаете ли вы сейчас, что Национальный совет церквей принял в Сан-Франциско резолюцию, в которой заявляется, что Соединенные Штаты вскоре должны будут подчинить свою волю воле ООН и что все американские граждане должны быть готовы принять это? Является ли ваша церковь членом Национального совета церквей? Кстати, вспомните, что Бог никогда не упоминается в Уставе ООН, и их заседания никогда не открываются молитвой.

"Создатели ООН заранее оговорили, что ни в Уставе ООН, ни в ее штаб-квартире не должно быть упоминания о Боге или Иисусе Христе. Согласен ли с этим ваш пастор? Узнайте! Также, знаете ли вы, что подавляющее большинство так называемых стран ООН являются антихристианскими, и что ООН - это полностью безбожная организация, созданная по приказу ее создателей, иллюминатов из CFR. Достаточно ли вы слышали правды об Организации Объединенных Наций Иллюминатов? Хотите ли вы оставить своих сыновей и нашу драгоценную страну на нечестивую милость Объединенных Наций Иллюминатов? Если нет, напишите, телеграфируйте или позвоните своим представителям и сенаторам и скажите им, что они должны поддержать законопроект конгрессмена Утта о выходе Соединенных Штатов из Организации Объединенных Наций и выходе Организации Объединенных Наций из Соединенных Штатов. Сделайте это сегодня, сейчас, пока не забыли! Это единственное спасение для ваших сыновей и для нашей страны.

"Теперь я должен передать еще одно жизненно важное сообщение. Как я уже говорил, одним из четырех конкретных заданий, которые Ротшильд дал Джейкобу Шиффу, было создание движения по уничтожению религии в Соединенных Штатах, причем главной мишенью должно было стать христианство. По очень очевидной причине: "Антидиффамационная лига" не осмелится попытаться сделать это, потому что такая попытка может привести к самой ужасной кровавой бойне в истории мира; не только для "АДЛ" и заговорщиков, но и для миллионов невинных евреев. Шифф дал Рокфеллеру работу по другой конкретной причине. Разрушение христианства может быть осуществлено только теми, кому поручено его сохранить. Пасторами, служителями церкви.

"Для начала Джон Д. Рокфеллер выбрал молодого, так называемого христианского служителя по имени доктор Гарри Ф. Уорд. Преподобный Уорд, если хотите. В то время он преподавал религию в Теологической семинарии Союза. Рокфеллер нашел в этом преподобном очень желательного "Иуду" и в 1907 году профинансировал его создание "Методистского фонда социального служения", а задачей Уорда было обучение молодых людей, чтобы они стали, якобы, служителями Христа, и назначение их пасторами церквей. Обучая их стать священниками, преподобный Уорд также учил их, как тонко и умно проповедовать своим прихожанам, что вся история Христа -

это миф, как ставить под сомнение божественность Христа, как ставить под сомнение Деву Марию, словом, как ставить под сомнение христианство в целом. Это была не прямая атака, а хитрая инсинуация, которая должна была быть применена, в частности, к молодежи в воскресных школах. Помните высказывание Ленина: "Дайте мне одно поколение молодежи, и я преобразую весь мир". Затем, в 1908 году, "Методистский фонд социального служения", который, кстати, был первой коммунистической подставной организацией в Америке, сменил свое название на "Федеральный совет церквей". К 1950 году "Федеральный совет церквей" стал очень подозрительным, поэтому в 1950 году он изменил свое название на "Национальный совет церквей". Нужно ли еще рассказывать о том, как это тело намеренно разрушает веру в христианство? Я так не думаю; но вот что я вам скажу. Если вы являетесь членом общины, пастор и церковь которой являются членами этой организации Иуды; вы и ваши пожертвования помогают заговору иллюминатов уничтожить христианство и веру в Бога и Иисуса Христа, тем самым вы сознательно передаете своих детей для индоктринации неверия в Бога и Церковь, что может легко превратить их в "атеистов". Немедленно проверьте, является ли ваша церковь членом Национального совета церквей, и, ради Бога и ваших детей, если да, немедленно выходите из нее. Однако позвольте предупредить вас, что тот же процесс разрушения религии проник и в другие деноминации. Если вы видели демонстрацию "Негры на Сельме" и другие подобные демонстрации, вы видели, как толпы чернокожих возглавляют и подбадривают священники (и даже католические священники и монахини), которые маршируют вместе с ними. Есть много церквей и отдельных пасторов, которые честны и искренни. Найдите его для себя и своих детей.

"Кстати, тот же преподобный Гарри Ф. Уорд был одним из основателей Американского союза гражданских свобод, печально известной прокоммунистической организации. Он был ее директором с 1920 по 1940 год. Он также был одним из основателей "Американской лиги против войны и фашизма", которая при Браудере превратилась в "Коммунистическую партию США". Короче говоря, все прошлое Уорда попахивает коммунизмом, и его идентифицируют как члена Коммунистической партии. Он умер злостным предателем своей церкви и страны и является тем человеком, которого старый

Джон Д. Рокфеллер выбрал и финансировал для уничтожения христианской религии Америки в соответствии с приказами, отданными Шиффу Ротшильдами.

"В заключение я хочу сказать следующее. Вы, вероятно, знаете историю доктора Франкенштейна, который создал монстра, чтобы уничтожить выбранные им жертвы, но в конце концов обернулся против своего собственного создателя, Франкенштейна, и уничтожил его. Так вот, иллюминаты/КФР создали монстра под названием "Организация Объединенных Наций" (которую поддерживают их меньшинства, бунтующие черные, предательские СМИ и предатели в Вашингтоне), созданного для уничтожения американского народа. Мы знаем все об этом многоголовом гидромонстре и знаем имена тех, кто создал это чудовище. Мы все знаем их имена, и я предсказываю, что в один прекрасный день американский народ полностью проснется и заставит это же чудовище уничтожить своего создателя. Это правда! Большинству наших людей все еще промывают мозги, обманывают и злоупотребляют нашей предательской прессой, телевидением и радио, а также нашими предателями в Вашингтоне, округ Колумбия; но, несомненно, сейчас уже достаточно известно об ООН, чтобы искоренить эту организацию, как смертоносную и ядовитую гремучую змею, среди нас.

"Мой единственный вопрос: "Что потребуется, чтобы пробудить и пробудить наш народ к полному доказательству? Может быть, эта запись (эта стенограмма) сделает это. Сто тысяч или миллион копий этой записи (стенограммы) могут сделать это. Я молю Бога, чтобы так и было. И я молюсь, чтобы эта запись (стенограмма) вдохновила всех вас распространить эту историю среди всех преданных американцев в вашей общине. Вы можете сделать это, играя (читая ее) в учебных группах, собранных в ваших домах, на собраниях Американского легиона, собраниях VFW, собраниях DAR, всех других гражданских группах и женских клубах, особенно женских клубах, где на карту поставлена жизнь их сыновей. С помощью этой записи (транскрипта) я предоставил вам оружие, которое уничтожит монстра. Ради Бога, нашей страны и ваших детей, используйте его! Разошлите по экземпляру в каждый дом в Америке.

По мере того, как все больше и больше людей начинают голодать по всему миру из-за действий, напрямую связанных с

Вашингтоном, возможно, больше американцев начнут понимать, почему Суд обратится против них. возможно, больше американцев начнут понимать, почему Суд обратится против них. Соединенные Штаты (не Америка) - это Новый мировой порядок, и большая часть остального мира это понимает.

Антидиффамационная лига Бнай Брит (АДЛ)

Известное как часть совместной операции британской разведки и ФБР, антисемитское агентство слежки и гестапо "Большого брата" Бнай Брит было основано в Америке МИ-6 в 1913 году. АДЛ некоторое время возглавлял Сол Стейнберг, американский представитель и деловой партнер лондонской семьи Якоба де Ротшильда, и была создана для изоляции и давления на политически некорректные группы и их лидеров, а также для того, чтобы вывести их из бизнеса, прежде чем они станут слишком большими и влиятельными.

Бнай Брит - это слово на иврите, которое в переводе с английского означает "братство завета". B'nai переводится как "брат", а B'rith означает "завет".

Его родственная организация, Независимый орден Бнай Брит, является ассимиляционной еврейской ложей, которая была основана в 1843 году в одном из ресторанов Нью-Йорка масонами и иллюминатами - еврейскими иммигрантами, которые хотели стать американцами. Среди его членов - Дэвид Бялкин из юридической фирмы "Комитет 300, Уилки, Фарр и Галлахер" (Бялкин много лет возглавлял АДЛ). Эдди Кантор, Эрик Трист из Тавистока, Леон Троцкий и Джон Грэм, он же Ирвин Суолл. Суолл был сотрудником британской СИС, элитной секретной службы.

Доктор Джон Коулман в своей книге "Комитет 300" советует: *"Пусть никто не недооценивает силу АДЛ и его дальнобойность"*.

АДЛ - самая влиятельная группа ненависти в Америке

Антидиффамационная лига - старейшая и самая влиятельная

группа ненависти в США, имеющая 28 представительств по всей стране и 3 представительства за рубежом. Она приносит около 60 миллионов долларов в год на борьбу со свободой слова и правом этнических меньшинств защищаться от фанатизма (включая чернокожих мусульман, арабов и европейских американцев). [Примечание Сабе - добавьте списки ненависти, которые они подготовили для ФБР Луиса Фриха, который был в сговоре с КГБ в своем ведомстве и в России].

Антидиффамационная лига была основана в 1913 году расистским тайным обществом, известным как "Бнай Брит" (что означает "кровь избранных").

Эта организация, существующая и сегодня, исключает людей по признаку их этнического происхождения и религии. Он предназначен исключительно для влиятельных евреев, которые верят в свое расовое превосходство над другими народами.

АДЛ возглавила цензуру против всех тех, кто хотел выразить себя в культурном и расовом плане. Директор ADL Ричард Гутштадт написал во все периодические издания, которые смог найти, чтобы подвергнуть цензуре книгу "Завоевание континента". Мистер Гутстадт нагло написал: "Мы хотим помешать продаже этой книги". АДЛ также помогла терроризировать издательство St Martin's Press, заставив его расторгнуть контракт с Дэвидом Ирвингом в прошлом году.

АДЛ пытается скрыть свою деятельность по борьбе со свободой слова, выдавая время от времени награду "Факел свободы". Самый известный получатель - торговец плотью и женоненавистник Хью Хефнер. Непристойный порнограф Ларри Флинт - еще один сторонник, пожертвовавший сотни тысяч долларов АДЛ.

Криминальные и шпионские операции АДЛ

В 1993 году в офисах АДЛ в Сан-Франциско и Лос-Анджелесе были проведены обыски, в ходе которых были обнаружены доказательства уголовных преступлений во многих областях. В ходе обысков были обнаружены доказательства причастности АДЛ к краже конфиденциальных полицейских файлов из департамента полиции Калифорнии.

АДЛ платила Рою Буллоку зарплату в течение десятилетий,

чтобы он шпионил за людьми и крал досье у полиции. Он украл файлы из полиции СФПД через коррумпированного полицейского Тома Джерарда. Его незаконным контактом в Сан-Диего был белый шериф-расист Тим Кэрролл.

АДЛ была тесно связана с организованной преступностью, включая босса мафии Лас-Вегаса Мейера Лански. [Лански заплатил за пули, попавшие в JFK и RFK, он и Карлос Марселлос; связь Ларри Флинта с ADL "очень интересна, но видно, что он задолжал деньги мафии".

Теодор Зильберт одновременно работал на АДЛ и на Национальный банк "Стерлинг" (мафиозная операция, контролируемая синдикатом Лански).

На самом деле, внучка босса мафии Лански - Мира Лански Боланд - сама является связным АДЛ с правоохранительными органами. (Какая изящная договоренность! Она использовала деньги АДЛ, чтобы подарить Тиму Кэрроллу и Тому Джерарду роскошный отпуск в Израиле, оплаченный на все расходы).

Другой гангстер из Лас-Вегаса, Мо Далитц, был удостоен награды АДЛ в 1985 году. Еще одним сомнительным вкладчиком в деятельность АДЛ по борьбе с экстремизмом является Фонд семьи Милкен, известный своими "нежелательными облигациями". АДЛ использует свою хорошо отлаженную пропагандистскую машину для защиты своих "друзей" в мафии и порноиндустрии, крича "антисемитизм! ! ! ! при малейшем движении закона против этих порочных интересов".

ADL этническое запугивание

АДЛ - мастер запугивания и шантажа, в отличие от всех могущественных мафий, с которыми она связана. АДЛ имеет влиятельные связи в СМИ и политике, которые могут разрушить человека или компанию, если они не следуют повестке дня АДЛ.

Мы уже упоминали случаи, когда плохие полицейские попадали под чары ADL, например, Том Джерард и Тим Кэрролл. И все же сейчас хороших полицейских и даже новичков "готовят" к тому полицейскому государству, которое АДЛ хотела бы видеть в нашей стране, борющемуся со свободой слова и культурным разнообразием.

По всей стране АДЛ угрожает полицейским управлениям всевозможными репрессиями, если они не организуют финансируемые государством конференции и семинары для сотрудников правоохранительных органов, на которых выступают представители АДЛ. АДЛ собирает большие суммы денег на эти сессии, что приводит к увеличению ее и без того полной казны. Людей АДЛ уже видели на местах преступлений, отдающими приказы полиции о том, как следует проводить расследования.

Пожалуй, еще никогда в истории другая преступная организация, подобная АДЛ, не была способна проникнуть в правоохранительные органы и влиять на них в такой степени, и ее щупальца продолжают расти. Новые шерифы Сан-Диего теперь лично "обучаются" реагированию на "преступления" у юго-западного директора АДЛ Морриса Касуто.

Самое тревожное в этой ужасной истории то, что АДЛ - это очень влиятельная и тайная организация расового/религиозного превосходства, имеющая значительные связи с миром преступности и порнографии. Для того чтобы внедрить в сознание детей свои идеи, АДЛ создал программу "Мир различий", призванную привить детям ненависть к себе и убедить их пойти против собственного народа и наследия.

Детей учат, что гомосексуализм и межрасовые отношения - это добродетели, великие прозрения, которые нужно пережить. В 1995 году в отчете перед своими немногочисленными, но богатыми сторонниками АДЛ хвасталась, что она охватила более десяти миллионов студентов и что еще большее число студентов готово к индоктринации. АДЛ надеется сделать детей чувствительными к миру преступности и порока, который они и их преступные сообщники готовят для Америки.

Галерея жуликов преступника АДЛ Эйба Фоксмана [Фоксман - тот самый, кто получил взятку от Марка Рича, и да, они сохранили эти деньги в размере более 250 000 долларов].

Глава АДЛ и мастер шпионажа

Рой Буллок, платный информатор АДЛ, который десятилетиями копался в помойках для АДЛ, пока через Тома Джерарда ему не поручили деликатную работу посредника в получении украденных полицейских файлов из Департамента полиции Сан-Франциско. За свои услуги он получал 550 долларов в неделю. Он также был соратником шерифа-расиста Тима Кэрролла. О его существовании стало известно после того, как ФБР провело рейд в офисах АДЛ в 1993 году, в результате которого было обнародовано 750 страниц информации о шпионских операциях АДЛ.

Том Джерард, офицер полиции Сан-Франциско, который украл секретные и конфиденциальные файлы из своего ведомства и передал их Рою Буллоку, чтобы тот помог АДЛ шпионить за американцами. Среди похищенных файлов были досье на чернокожих мусульман, арабов и правые организации, которые каким-либо образом критиковали АДЛ. С помощью АДЛ он получил роскошный отпуск в Израиле, оплаченный на все расходы.

Тим Кэрролл, бывший детектив-расист из департамента шерифа Сан-Диего. В 1993 году он заявил, что хотел бы, чтобы "всех нелегалов расстреляли", а "всех негров отправили обратно в Африку на лодке из банановой кожуры".

Сотрудник Роя Буллока и Тома Джерарда. Он загадочным образом ушел на пенсию из департамента шерифа после рейдов в офисы АДЛ в возрасте 54 лет. Он также получил роскошный отпуск в Израиле, оплаченный по всем расходам, любезно предоставленный АДЛ. Несмотря на свой откровенно расистский характер, он отвечал за безопасность национального съезда АДЛ в сентябре 1997 года, применяя силовую тактику против участников и посетителей. Это интересно, учитывая, что именно его неуклюжие признания следователю привели к обыскам в АДЛ.

Мира Лански Боланд

Связь с правоохранительными органами" для АДЛ. Она организовала роскошные поездки в Израиль для некоторых ключевых сотрудников полиции, которые могли предложить АДЛ что-то взамен. Среди них были похититель файлов Том Джерард и расист Тим Кэрролл. Она находится в уникальном положении, поскольку является внучкой Мейера Лански, одного из самых влиятельных мафиози в истории США.

Хью Хефнер

Известный порнограф, удостоенный АДЛ своей нелепой награды "Факел свободы". От него исходит защита всей порнографии в этой стране, которая есть и всегда была связана с такими порочными элементами, как мафия и ADL.

Ларри Флинт

Этот порнограф является крупным спонсором АДЛ в размере 100 000 долларов. Его несколько раз сажали в тюрьму за "непристойную порнографию" и общее отвратительное осквернение женщин в его журнале *Hustler* [также являющимся прикрытием мафии - семьи Гамбино, и Лански приказал казнить этого подонка - прим. пер.]

Теодор Зильберт

Сообщник Мейера Лански, сотрудник АДЛ и мафиозного фронта "Стерлинг Банк". Одновременно генеральный директор банка "Стерлинг" и национальный уполномоченный АДЛ.

Мо Далитц

Мафиозный деятель Лас-Вегаса и близкий соратник Мейера Лански, который был удостоен награды АДЛ в 1985 году.

Фонд семьи Милкен

Миллиардный фонд, который много дал ADL, чьи деньги были заработаны на скандалах с нежелательными облигациями.

Моррис Касуто

Директор ADL по юго-западу, который лично обучает новых сотрудников правоохранительных органов подчиняться ему и его преступной организации. Моррис Касуто также является близким другом расиста Тима Кэрролла.

ЦРУ

Центральное разведывательное управление было создано в конце Второй мировой войны для борьбы с новой тайной холодной войной. Она берет свое начало в OSS (Office of Strategic Services), уже сформированной организации военной разведки, которая стала известна благодаря контролю над сверхсекретным Манхэттенским проектом, в рамках которого была разработана первая ядерная бомба.

Основатели ЦРУ Уильям "Дикий Билл" Донован и Аллен Даллес были видными католиками и членами тайного общества "Мальтийских рыцарей".

Недавно рассекреченные документы показывают, что после войны рыцари Мальты сыграли важную роль в побеге многих видных нацистов, включая ученых из лагерей смерти и многих членов оккультистского окружения Генриха Гиммлера из гестапо, нацистской разведывательной службы. Многие из них, включая генерала Рейнхарда Гелена, Мальтийского рыцаря, перешли на работу в новообразованное ЦРУ, которое, по настоянию Донована, теперь было гражданской организацией. Таким образом, генерал Дуайт Эйзенхауэр, ярый антинацист, и вооруженные силы США были исключены из первоначального уравнения, что позволило ЦРУ представлять интересы американских промышленников и транснациональных корпораций в большей степени, чем интересы американского народа.

Тесные связи Мальтийских рыцарей с нацистским движением имеют идеологическую основу в их общей системе верований росикрусианства. Согласно этой системе, эволюция человека сдерживается определенными низшими подрасами, которые должны быть уничтожены, чтобы процесс продолжался. Через ЦРУ эта феодальная система верований проникла в сердце демократической Америки. Под прикрытием аппарата холодной войны ЦРУ стало мировым лидером в области биологической и химической войны, методов контроля сознания, психологических операций, пропаганды и тайной войны.

ЦРУ в значительной степени подчиняется британским спецслужбам, транснациональным корпорациям и даже королевской семье.

Через МИ-6 и многочисленные контролируемые олигархией "мозговые центры", объясняет Коулман, американские фабрики пропаганды - основные новостные сети и агентства - производят нецензурные измышления, которые мало кто признает пропагандой.

ХРОНОЛОГИЯ ЗЛОДЕЯНИЙ ЦРУ

Приведенная ниже хронология описывает лишь некоторые из сотен зверств и преступлений, совершенных ЦРУ. [41]

Операции ЦРУ следуют одной и той же повторяющейся схеме. Во-первых, коммерческие интересы США за рубежом находятся под угрозой со стороны популярного или демократически избранного лидера. Народ поддерживает своего лидера, потому что он или она намерены провести земельную реформу, укрепить профсоюзы, перераспределить богатство, национализировать отрасли, находящиеся в иностранной собственности, и регулировать бизнес для защиты работников, потребителей и окружающей среды. Таким образом, от имени американских корпораций и часто с их помощью ЦРУ мобилизует оппозицию. Сначала она выявляет правые группы в стране (обычно военных) и предлагает им сделку: "Мы поставим вас у власти, если вы будете поддерживать благоприятный для нас деловой климат". Затем агентство нанимает, обучает и работает с ними, чтобы свергнуть правящее правительство (обычно демократическое). Она использует все возможные уловки: пропаганду, вброс бюллетеней, купленные выборы, вымогательство, шантаж, сексуальные интриги, ложные истории о противниках в местных СМИ, проникновение и подрыв деятельности противоборствующих политических партий, похищения,

---

[41] См. *ЦРУ - преступная организация: как агентство коррумпирует Америку и мир,* Le Retour aux Sources, www.leretourauxsources.com, NDÉ.

избиения, пытки, запугивание, экономический саботаж, эскадроны смерти и даже убийства. Кульминацией этих усилий становится военный переворот, в результате которого устанавливается диктатор правого толка. ЦРУ обучает аппарат безопасности диктатора расправляться с традиционными врагами большого бизнеса, используя допросы, пытки и убийства. Говорят, что жертвами становятся "коммунисты", но почти всегда это крестьяне, либералы, умеренные, профсоюзные лидеры, политические оппоненты и защитники свободы слова и демократии. За этим следуют широко распространенные нарушения прав человека.

Этот сценарий повторялся так часто, что ЦРУ преподает его в специальной школе, так называемой "Школе Америк". (Критики окрестили ее "школой для диктаторов" и "школой для убийц". ЦРУ обучает латиноамериканских военных офицеров проведению переворотов, включая использование допросов, пыток и убийств.

По оценкам Ассоциации за ответственное инакомыслие, к 1987 году в результате тайных операций ЦРУ погибло 6 миллионов человек. Бывший сотрудник Госдепартамента Уильям Блюм справедливо называет это "американским холокостом".

ЦРУ оправдывает эти действия как часть своей войны против коммунизма. Но большинство переворотов не связаны с коммунистической угрозой. Невезучие страны становятся мишенью по самым разным причинам: не только угрозы бизнес-интересам США за рубежом, но и либеральные или даже умеренные социальные реформы, политическая нестабильность, нежелание лидера выполнять диктат Вашингтона, декларации о нейтралитете времен холодной войны. Действительно, ничто так не злило директоров ЦРУ, как желание какой-либо страны остаться в стороне от холодной войны.

Ирония всех этих вмешательств заключается в том, что они часто не достигают целей США. Часто вновь установленный диктатор чувствует себя комфортно с аппаратом безопасности, который ЦРУ создало для него. Он становится экспертом в управлении полицейским государством. А поскольку диктатор знает, что его нельзя свергнуть, он становится независимым и бросает вызов воле Вашингтона. Затем ЦРУ понимает, что не может его свергнуть, потому что полиция и армия находятся под контролем диктатора и боятся сотрудничать с американскими шпионами, опасаясь пыток и казни. Единственные два варианта для США на данном этапе - это бессилие или война. Примерами такого "эффекта бумеранга" являются шах Ирана, генерал Норьега и Саддам Хусейн. Эффект бумеранга также объясняет, почему ЦРУ было очень эффективно в свержении демократий, но потерпело неудачу в свержении диктатур. Следующая хронология должна подтвердить, что ЦРУ в том виде, в котором мы его знаем, должно быть упразднено и заменено настоящей организацией по сбору и анализу информации. ЦРУ невозможно реформировать - оно институционально и культурно коррумпировано.

1929

Культура, которую мы потеряли - Государственный секретарь Генри Стимсон отказывается одобрить операцию по взлому кода, говоря: "Джентльмены не читают почту друг друга".

1941

Создание МОК - В преддверии Второй мировой войны президент Рузвельт создает Бюро координатора информации (COI). Генерал Уильям "Дикий Билл" Донован возглавил новую разведывательную службу.

1942

Создание ОСС - Рузвельт реорганизует МОК в более подходящее для тайных действий Управление стратегических служб (УСС). Донован вербует так много богатых и влиятельных людей страны, что люди начинают шутить, что "OSS" означает "О, такой социальный! " или "О, какие снобы! ".

1943

Италия - Донован вербует католическую церковь в Риме, чтобы она стала центром англо-американских шпионских операций в фашистской Италии. Это был один из самых прочных разведывательных альянсов Америки во время холодной войны.

1945

OSS упраздняется - другие информационные агентства США прекращают свои тайные действия и возвращаются к безобидному сбору и анализу информации.

Операция "Скрепка" - пока другие американские агентства выслеживают нацистских военных преступников, чтобы арестовать их, американская разведка ввозит их в Америку безнаказанными, чтобы использовать против Советов. Главным среди них был Рейнхард Гелен, главный шпион Гитлера, создавший разведывательную сеть в Советском Союзе. С полного благословения Соединенных Штатов он создал "Организацию Гелена", группу беженцев-нацистских шпионов, которые восстановили свои сети в России. Среди них были офицеры разведки СС Альфред Сикс и Эмиль Аугсбург (которые уничтожали евреев во время Холокоста), Клаус Барби [Лионский мясник], Отто фон Большвинг (организатор Холокоста, работавший с Эйхманом. Организация Гелена обеспечивала США единственной разведывательной информацией о Советском Союзе в течение следующих десяти лет, служа мостом между упразднением ОСС и созданием ЦРУ. Однако большая часть "разведданных", предоставленных бывшими нацистами, была ложной. Гелен раздувал советский военный потенциал в то время, когда Россия все еще восстанавливала свое разрушенное общество, чтобы повысить собственную значимость в глазах американцев (которые в противном случае могли бы его наказать). В 1948 году Гелен почти убедил американцев, что война неизбежна и что Запад должен нанести упреждающий удар. В 1950-х годах он создал фиктивный "ракетный разрыв". Что еще хуже, русские тщательно внедряли в организацию Гелена двойных агентов, подрывая американскую безопасность, которую Гелен должен был защищать.

1947

Греция - Президент Трумэн просит оказать военную помощь Греции для поддержки правых сил, борющихся с коммунистическими повстанцами. До конца холодной войны Вашингтон и ЦРУ будут поддерживать печально известных греческих лидеров с плачевными данными о правах человека.

Создание ЦРУ - Президент Трумэн подписывает Акт о национальной безопасности 1947 года, в соответствии с которым создается Центральное разведывательное управление и Совет национальной безопасности. ЦРУ подотчетно президенту через СНБ - нет никакого демократического надзора или надзора со стороны Конгресса. Устав ЦРУ позволяет ему "выполнять такие другие функции и обязанности... которые время от времени может поручить Совет национальной безопасности". Эта лазейка открывает двери для тайных действий и грязных трюков.

1948

Создание крыла тайных действий - ЦРУ воссоздает крыло тайных действий, невинно названное Офисом координации политики, во главе которого стоит юрист с Уолл-стрит Фрэнк Виснер. Согласно секретному уставу, в его обязанности входит "пропаганда; экономическая война; превентивные прямые действия, включая саботаж, антисаботаж, разрушение и эвакуацию; подрывная деятельность против враждебных государств, включая помощь подпольным группам сопротивления; поддержка коренных антикоммунистических элементов в находящихся под угрозой странах свободного мира".

Италия - ЦРУ подкупает демократические выборы в Италии, где итальянские коммунисты угрожают победить на выборах. ЦРУ покупает голоса, распространяет пропаганду, угрожает и избивает лидеров оппозиции, внедряется в их организации и подрывает их деятельность. Это срабатывает - коммунисты терпят поражение.

1949

Радио Свободная Европа - ЦРУ создало свой первый крупный пропагандистский орган - Радио Свободная Европа. В течение следующих нескольких десятилетий ее передачи были настолько откровенно ложными, что некоторое время публикация стенограмм в Соединенных Штатах считалась незаконной.

Конец 1940-х годов

Операция "MOCKINGBIRD" - ЦРУ начинает вербовку американских новостных организаций и журналистов в качестве шпионов и распространителей пропаганды. Инициативу возглавляют Фрэнк Виснер, Аллан Даллес, Ричард Хелмс и Филип Грэм. Грэм был издателем газеты "Вашингтон пост", которая стала крупным игроком в ЦРУ. В конечном итоге в медиа-активы ЦРУ вошли ABC, NBC, CBS, Time, Newsweek, Associated Press, United Press International, Reuters, Hearst Newspapers, Scripps-Howard, Copley News и др.

Сервис и многое другое. По собственному признанию ЦРУ, по меньшей мере 25 организаций и 400 журналистов станут достоянием ЦРУ.

1953

Иран - ЦРУ свергает демократически избранного Мохаммеда Моссадега в результате военного переворота после того, как он угрожает национализировать британскую нефть. ЦРУ заменяет его диктатором, шахом Ирана, тайная полиция которого, САВАК, так же жестока, как гестапо.

Операция MK-ULTRA[42] - Вдохновленное северокорейской программой промывания мозгов, ЦРУ начинает эксперименты по контролю сознания. Наиболее известная часть этого проекта включает в себя введение ЛСД и других наркотиков американским испытуемым без их ведома или против их воли, что привело к самоубийству нескольких из них. Однако операция вышла далеко за рамки этого. Частично финансируемые фондами Рокфеллера и Форда, исследования включают пропаганду, промывание мозгов, связи с общественностью, рекламу, гипноз и другие формы внушения.

1954

Гватемала - ЦРУ свергло демократически избранное правительство Якоба Арбенза в результате военного переворота. Арбенз угрожал национализировать принадлежащую Рокфеллеру компанию "Юнайтед фрут", в которой директор ЦРУ Аллен Даллес также владеет акциями. На смену Арбензу пришла череда правых диктаторов, чья кровожадная политика привела к гибели более 100 000 гватемальцев в течение следующих 40 лет.

1954-1958

Северный Вьетнам - агент ЦРУ Эдвард Лансдейл проводит четыре года, пытаясь свергнуть коммунистическое правительство Северного Вьетнама, используя все обычные грязные трюки. ЦРУ также пытается узаконить тиранический марионеточный режим в Южном Вьетнаме, возглавляемый Нго Динь Дьемом. Эти усилия не смогли завоевать сердца и умы южновьетнамцев, поскольку правительство Дьема выступает против истинной демократии, земельной реформы и мер по сокращению бедности. Продолжающиеся неудачи ЦРУ привели к эскалации

---

[42] См. *MK Ultra - Ритуальное насилие и контроль над разумом*, Александр Лебретон, Omnia Veritas Ltd, www.omnia-veritas.com.

вмешательства США, кульминацией которого стала война во Вьетнаме.

1956

Венгрия - Радио "Свободная Европа" подстрекает Венгрию к восстанию, транслируя секретную речь Хрущева, в которой он обличает Сталина. Он также предполагает, что американская помощь поможет венграм в борьбе. Этого не произошло, и венгры начали обреченное на провал вооруженное восстание, которое только пригласило крупное советское вторжение. В результате конфликта погибло 7 000 советских и 30 000 венгерских солдат.

1957-1973

Лаос - ЦРУ осуществляет примерно один переворот в год, пытаясь свести на нет демократические выборы в Лаосе. Проблема заключается в Патет Лао, леворадикальной группировке, пользующейся достаточной поддержкой населения, чтобы войти в состав любого коалиционного правительства. В конце 1950-х годов ЦРУ даже создало "Подпольную армию" из азиатских наемников для нападения на Патет Лао. После того как армия ЦРУ потерпела многочисленные поражения, США начали бомбардировки, сбросив на Лаос больше бомб, чем все страны Европейского Союза получили во время Второй мировой войны. Четверть всех лаосцев в конечном итоге станут беженцами, многие из них будут жить в пещерах.

1959

Гаити - Армия США помогает "Папе Доку" Дювалье стать диктатором Гаити. Он создает свою собственную частную полицию, "Тонтоны Макуты", которые терроризируют население с помощью мачете. За время правления семьи Дювалье они убили более 100 000 человек. Соединенные Штаты не протестуют против их удручающих показателей в области прав человека.

1961

Залив Свиней - ЦРУ посылает 1500 кубинских изгнанников для вторжения на Кубу Кастро. Но операция "Мангуст" проваливается из-за недостаточного планирования, безопасности и поддержки. Планировщики предполагали, что вторжение вызовет народное восстание против Кастро, чего никогда не происходит. Обещанный авиаудар США также никогда не произойдет. Это был первый публичный провал ЦРУ, который заставил президента Кеннеди уволить директора ЦРУ Аллена Даллеса.

Доминиканская Республика - ЦРУ убило Рафаэля Трухильо, диктатора-убийцу, которого Вашингтон поддерживал с 1930 года. Деловые интересы Трухильо стали настолько важными (около 60% экономики), что начали конкурировать с деловыми интересами США.

Эквадор - Армия, поддерживаемая ЦРУ, вынуждает демократически избранного президента Хосе Веласко уйти в отставку. Его заменяет вице-президент Карлос Аросемана; ЦРУ назначает на освободившееся место вице-президента своего человека.

Конго (Заир) - ЦРУ убило демократически избранного Патриса Лумумбу. Однако общественная поддержка политики Лумумбы такова, что ЦРУ не может однозначно установить власть его противников. Затем последовали четыре года политических волнений.

1963

Доминиканская Республика - ЦРУ свергает демократически избранное правительство Хуана Боша в результате военного переворота. ЦРУ устанавливает репрессивную правую хунту.

Эквадор - поддерживаемый ЦРУ военный переворот свергает президента Аросеману, чья независимая (несоциалистическая) политика стала неприемлемой для Вашингтона. К власти приходит военная хунта, отменяет выборы 1964 года и начинает нарушать права человека.

1964

Бразилия - Военный переворот при поддержке ЦРУ свергает демократически избранное правительство Жоао Гуларта. Хунта, пришедшая ему на смену, становится одной из самых кровавых в истории на протяжении последующих двух десятилетий. Генерал Каштелу Бранку создал первые в Латинской Америке "эскадроны смерти" - группы тайных полицейских, которые выслеживали "коммунистов", чтобы пытать, допрашивать и убивать их. Часто эти "коммунисты" были не более чем политическими противниками Бранко. Позже выяснилось, что ЦРУ готовило эскадроны смерти.

1965

Индонезия - ЦРУ свергает демократически избранного президента Сукарно в результате военного переворота. ЦРУ пыталось устранить Сукарно с 1957 года, используя все способы - от покушений на убийство до сексуальных интриг - за то, что он объявил о нейтралитете в холодной войне. Его преемник, генерал Сухарто, уничтожил от 500 000 до 1 миллиона гражданских лиц, обвиненных в "коммунизме". ЦРУ предоставило имена бесчисленных подозреваемых.

Доминиканская Республика - вспыхивает народное восстание, обещающее восстановить Хуана Боша в качестве избранного лидера страны. Революция подавлена, когда прибывают морские пехотинцы США, чтобы силой поддерживать военное правление.

ЦРУ управляет всем за кулисами. *Греция* - при поддержке ЦРУ король смещает Георгия Папандреуса с поста премьер-министра. Папандреус не смог решительно поддержать интересы США в Греции. Конго (Заир) - в результате военного переворота при поддержке ЦРУ диктатором становится Мобуту Сесе Секо. Ненавистный и репрессивный, Мобуту эксплуатирует свою отчаянно бедную страну, зарабатывая миллиарды.

1966

Дело Ramparts - Радикальный журнал Ramparts начинает беспрецедентную серию статей против ЦРУ. Среди их сенсаций: ЦРУ заплатило Мичиганскому университету 25 миллионов долларов, чтобы нанять "профессоров" для обучения южновьетнамских студентов методам тайной полиции. Массачусетский технологический институт и другие университеты получили аналогичные выплаты. Ramparts также раскрывает, что Национальная студенческая ассоциация является прикрытием ЦРУ. Иногда студентов вербуют с помощью шантажа и взяток, включая отсрочки от призыва в армию.

1967

Греция - Военный переворот при поддержке ЦРУ сверг правительство за два дня до выборов. Фаворитом был Джордж Папандреус, кандидат от либералов. В течение следующих шести лет "правление полковников", поддерживаемое ЦРУ, привело к широкому применению пыток и убийств против политических противников. Когда греческий посол возражает президенту Джонсону по поводу планов США в отношении Кипра, Джонсон отвечает:

> "К черту ваш парламент и вашу конституцию".

Операция "Феникс" - ЦРУ помогает агентам Южного Вьетнама выявлять и затем убивать предполагаемых лидеров Вьетконга, действующих в деревнях Южного Вьетнама. Согласно отчету Конгресса от 1971 года, в ходе этой операции было уничтожено около 20 000 "вьетконговцев".

1968

Операция "ХАОС" - ЦРУ незаконно шпионит за гражданами США с 1959 года, но в ходе операции "ХАОС" президент Джонсон резко увеличивает темпы. Агенты ЦРУ выдавали себя за студентов-радикалов, чтобы шпионить и разрушать университетские организации, протестующие против войны во Вьетнаме. Они ищут российских зачинщиков, которых так и не находят. В итоге CHAOS шпионит за 7 000 человек и 1 000 организаций.

Боливия - Военная операция, организованная ЦРУ, захватывает легендарного партизана Че Гевару. ЦРУ хочет сохранить ему жизнь для допроса, но боливийское правительство казнит его, чтобы избежать всемирных призывов о помиловании.

1969

Уругвай - печально известный пыточный агент ЦРУ Дэн Митрионе прибывает в политически неспокойный Уругвай. Если раньше правые силы применяли пытки только в крайнем случае, то Митрионе убеждает их использовать их как обычную и широко распространенную практику. "Точная боль, в точном месте, в точном количестве, для достижения желаемого эффекта" - вот его девиз. Методы пыток, которым он обучает эскадроны смерти, превосходят нацистские. В конце концов, его так боялись, что революционеры похитили и убили его год спустя.

1970

Камбоджа - ЦРУ свергает принца Сахунека, который был очень популярен среди камбоджийцев за то, что уберег их от войны во Вьетнаме. Его сменяет Лон Нол, марионетка ЦРУ, который немедленно вводит камбоджийские войска в бой. Это непопулярное решение укрепило ранее незначительные оппозиционные партии, такие как "красные кхмеры", которые пришли к власти в 1975 году и уничтожили миллионы своих сограждан.

1971

Боливия - После полудесяти лет политических беспорядков, инспирированных ЦРУ, военный переворот при поддержке ЦРУ свергает левого президента Хуана Торреса. В течение следующих двух лет диктатор Уго Банцер арестовывает без суда и следствия более 2 000 политических оппонентов, затем подвергает их пыткам, изнасилованию и казнит.

Гаити - "Папа Док" Дювалье умирает, оставляя своего 19-летнего сына, "Малыша Дока" Дювалье, диктатором Гаити. Его сын продолжает свое кровавое правление с полным ведома ЦРУ.

1972

Закон Кейса-Заблоцкого - Конгресс принимает закон, требующий рассмотрения конгрессом исполнительных соглашений. Теоретически, это должно сделать операции ЦРУ более подотчетными. На самом деле, это очень неэффективно.

Камбоджа - Конгресс голосует за прекращение финансирования секретной войны ЦРУ в Камбодже.

Взлом Уотергейта - Президент Никсон посылает команду взломщиков, чтобы установить жучок в офисе демократов в Уотергейте. Члены команды имеют долгую историю сотрудничества с ЦРУ, включая Джеймса Маккорда, Э. Говарда Ханта и пятерых кубинских взломщиков. Они работают на Комитет по переизбранию президента (CREEP), который занимается грязной работой, например, срывом демократических кампаний и отмыванием незаконных взносов Никсона на избирательные кампании. Деятельность CREEP финансируется и организуется еще одним прикрытием ЦРУ - компанией Mullen.

1973

Чили - ЦРУ свергает и убивает Сальвадора Альенде, первого демократически избранного социалистического лидера Латинской Америки. Проблемы начинаются, когда Альенде национализирует американские компании в Чили. ITT предлагает ЦРУ 1 миллион долларов за переворот (по сообщениям, отказался). ЦРУ заменяет Альенде генералом Аугусто Пиночетом, который пытает и убивает тысячи своих соотечественников в ходе репрессий против профсоюзных лидеров и левых политических сил.

ЦРУ начинает внутренние расследования - Уильям Колби, заместитель директора по оперативной работе, приказывает всем сотрудникам ЦРУ сообщать о любой незаконной деятельности, о которой им становится известно. Затем эта информация доводится до сведения Конгресса.

Уотергейтский скандал - ведущая американская газета *Washington Post*, сотрудничающая с ЦРУ, сообщает о преступлениях Никсона задолго до того, как другие газеты подхватывают эту историю. Эти два репортера, Вудворд и Бернстайн, практически не упоминают об обширных отпечатках пальцев ЦРУ на скандале. Позже выясняется, что Вудворд отвечал за военно-морскую разведку в Белом доме и знаком со многими деятелями разведки, включая генерала Александра Хейга. Его главный источник, "Глубокая глотка", вероятно, один из них.

Директор ЦРУ Хелмс уволен - Президент Никсон увольняет директора ЦРУ Ричарда Хелмса за неспособность помочь скрыть Уотергейтский скандал. Хелмс и Никсон всегда ненавидели друг друга. Новым директором ЦРУ стал Уильям Колби, который относительно более открыт для реформирования ЦРУ.

1974

Операция "ХАОС" разоблачена - Лауреат Пулитцеровской премии журналист Сеймур Херш публикует статью об операции "ХАОС", внутренней слежке и проникновении в антивоенные и правозащитные группы в США. Статья вызвала национальное возмущение.

Англтон уволен - Конгресс проводит слушания по поводу незаконных действий Джеймса Иисуса Англтона, начальника контрразведки ЦРУ, в области внутреннего шпионажа. Его усилия включали кампании по вскрытию почты и тайное наблюдение за участниками антивоенных протестов. Слушания привели к его увольнению из ЦРУ.

Палата представителей оправдывает ЦРУ в Уотергейте - Палата представителей оправдывает ЦРУ в причастности к

Уотергейтскому взлому Никсона.

Закон Хьюза-Райана - Конгресс принимает поправку, обязывающую президента своевременно отчитываться перед соответствующими комитетами Конгресса об операциях ЦРУ, не связанных с разведкой.

1975

Австралия - ЦРУ помогает свергнуть демократически избранное левое правительство премьер-министра Эдварда Уитлама. Для этого ЦРУ выдвигает ультиматум генерал-губернатору Джону Керру. Керр, давний сотрудник ЦРУ, использует свое конституционное право на роспуск правительства Уитлама. Генерал-губернатор - это по сути церемониальная должность, назначаемая королевой; премьер-министр избирается демократическим путем. Использование этого архаичного и неиспользуемого закона ошеломляет нацию.

Ангола - желая продемонстрировать военную решимость США после поражения во Вьетнаме, Генри Киссинджер начинает войну в Анголе при поддержке ЦРУ. Вопреки утверждениям Киссинджера, Ангола - страна, не имеющая большого стратегического значения и не подвергающаяся серьезной угрозе со стороны коммунизма. ЦРУ поддерживает жестокого лидера УНИТАС Джонаса Савимби. Это поляризует ангольскую политику и толкает ее противников в объятия Кубы и Советского Союза для выживания. В 1976 году Конгресс прекращает финансирование, но ЦРУ удается вести войну в темноте до 1984 года, когда финансирование снова легализуется. Эта совершенно ненужная война унесла жизни более 300 000 ангольцев.

"ЦРУ и культ разведки" - Виктор Маркетти и Джон Маркс публикуют это разоблачение преступлений и злоупотреблений ЦРУ. Маркетти провел 14 лет в ЦРУ, став в итоге исполнительным помощником заместителя директора по разведке. Маркс пять лет проработал сотрудником разведки в Государственном департаменте.

"Внутри компании" - Филип Агее публикует дневник о своей жизни в ЦРУ. Агее работал в секретных операциях в Латинской Америке в 1960-х годах и подробно рассказывает о преступлениях, в которых он участвовал.

Конгресс расследует правонарушения ЦРУ - Общественное

возмущение заставляет Конгресс провести слушания о преступлениях ЦРУ. Сенатор Фрэнк Черч возглавляет расследование в Сенате ("Комитет Черча"), а представитель Отис Пайк возглавляет расследование в Палате представителей. (Несмотря на то, что процент переизбрания действующих кандидатов составил 98%, и Черч, и Пайк потерпели поражение на последующих выборах). Расследования привели к ряду реформ, направленных на повышение подотчетности ЦРУ перед Конгрессом, включая создание постоянного сенатского комитета по разведке. Однако эти реформы оказались неэффективными, как показал скандал Иран/Контра. Оказывается, ЦРУ может легко контролировать, иметь дело с Конгрессом или обходить его.

Комиссия Рокфеллера - В попытке смягчить ущерб, нанесенный Церковным комитетом, президент Форд создает "Комиссию Рокфеллера", чтобы обелить историю ЦРУ и предложить неэффективные реформы. Однофамилец комиссии, вице-президент Нельсон Рокфеллер, сам является крупной фигурой в ЦРУ. Пять из восьми членов комиссии также являются членами Совета по международным отношениям, организации, в которой доминирует ЦРУ.

1979

Иран - ЦРУ не смогло предвидеть падение шаха Ирана, одной из своих давних марионеток, и подъем мусульманских фундаменталистов, возмущенных тем, что ЦРУ поддерживало кровожадную тайную полицию шаха, САВАК. В отместку мусульмане берут в заложники 52 американца в посольстве США в Тегеране.

Афганистан - Советские войска входят в Афганистан. ЦРУ немедленно начинает поставлять оружие любой группировке, желающей бороться с Советами. Это неизбирательное вооружение означает, что когда Советы уйдут из Афганистана, начнется гражданская война. Кроме того, фанатичные мусульманские экстремисты сегодня обладают современным оружием. Один из них - шейх Абдель Рахман, который будет причастен к взрыву во Всемирном торговом центре в Нью-Йорке.

Сальвадор - Идеалистическая группа молодых военных, возмущенная массовыми убийствами бедняков, свергает правое правительство. Однако США заставляют неопытных офицеров включить многих представителей старой гвардии на ключевые посты в новом правительстве. Вскоре все возвращается на "круги своя" - военное правительство подавляет и убивает бедных гражданских протестующих. Многие молодые военные и гражданские реформаторы, обнаружив свое бессилие, с отвращением уходят в отставку.

Никарагуа - Анастасиос Самоса II, диктатор, поддерживаемый ЦРУ, падает. К власти приходят марксистские сандинисты, которые поначалу пользуются популярностью благодаря своей приверженности земельной реформе и борьбе с бедностью. У Самосы была убийственная и ненавистная личная армия под названием Национальная гвардия. Остатки гвардии стали Контрас, которые вели поддерживаемую ЦРУ партизанскую войну против сандинистского правительства на протяжении 1980-х годов.

1980

Сальвадор - Архиепископ Сан-Сальвадора Оскар Ромеро умоляет президента Картера "от христианина к христианину" прекратить помогать военному правительству, истребляющему его народ. Картер отказывается. Вскоре после этого лидер правых Роберто Д'Обюиссон выстрелил Ромеро в сердце во время мессы. Страна быстро погрузилась в гражданскую войну, поскольку фермеры с холмов боролись против военного правительства. ЦРУ и вооруженные силы США обеспечивают правительству подавляющее военное и разведывательное превосходство. Обученные ЦРУ эскадроны смерти бродили по сельской местности, совершая такие зверства, как Эль-Мазоте в 1982 году, где они уничтожили от 700 до 1000 мужчин, женщин и детей. В 1992 году было убито около 63 000 сальвадорцев.

1981

Начало программы "Иран/Контра" - ЦРУ начинает продавать оружие Ирану по высоким ценам, используя прибыль для вооружения "Контрас", борющихся с сандинистским правительством в Никарагуа. Президент Рейган обещает, что на сандинистов будет оказываться "давление" до тех пор, пока они не "скажут "дядя"". *Руководство* ЦРУ *по борьбе за свободу*, распространенное среди Контрас, включает инструкции по экономическому саботажу, пропаганде, вымогательству, подкупу, шантажу, допросам, пыткам, убийствам и политическим убийствам.

1983

Гондурас - ЦРУ передает гондурасским военным офицерам учебное пособие по эксплуатации человеческих ресурсов, которое учит, как пытать людей. Затем печально известный "Батальон 316" Гондураса использует эти методы, на глазах у ЦРУ, против тысяч левых диссидентов. По меньшей мере 184 из них убиты.

1984

Поправка Боланда - Принята последняя из серии поправок Боланда. Эти поправки сократили помощь ЦРУ Контрас; последняя поправка полностью ее отменяет. Однако директор ЦРУ Уильям Кейси уже готов "передать эстафету" полковнику Оливеру Норту, который незаконно продолжает снабжать Контрас через неофициальную, секретную, самофинансируемую сеть ЦРУ. Сюда входит "гуманитарная помощь", пожертвованная Адольфом Куром и Уильямом Саймоном, и военная помощь, финансируемая за счет продажи оружия Ираном.

1986

Юджин Хазенфус - Никарагуа сбивает транспортный самолет С-123, перевозивший военные грузы для Контрас. Единственный выживший, Юджин Хазенфус, оказывается сотрудником ЦРУ, как и два погибших пилота. Самолет принадлежал Southern Air Transport, прикрытию ЦРУ. Этот инцидент высмеивает заявления президента Рейгана о том, что ЦРУ незаконно не вооружало Контрас.

Скандал Иран/Контра - Хотя детали были известны уже давно, скандал Иран/Контра, наконец, привлек внимание СМИ в 1986 году. Проводятся слушания в Конгрессе, и несколько ключевых фигур (например, Оливер Норт) лгут под присягой, чтобы защитить разведывательное сообщество. Директор ЦРУ Уильям Кейси умирает от рака мозга до того, как Конгресс успевает его допросить. Все реформы, принятые Конгрессом после скандала, носят чисто косметический характер.

Гаити - Растущее народное восстание на Гаити означает, что "Малыш Док" Дювалье останется "пожизненным президентом" только в том случае, если он будет коротким. США, ненавидящие нестабильность в стране-марионетке, отправляют деспотичного Дювалье на юг Франции для комфортной пенсии. Затем ЦРУ подтасовывает результаты предстоящих выборов в пользу другого военного силача правого толка. Однако насилие заставляет страну находиться в политическом беспорядке еще четыре года. ЦРУ пытается укрепить вооруженные силы, создав Национальную разведывательную службу (SIN), которая подавляет народное восстание с помощью пыток и убийств.

1989

Панама - США вторгаются в Панаму, чтобы свергнуть диктатора собственного изготовления, генерала Мануэля Норьегу. Норьега находился на содержании ЦРУ с 1966 года, а с 1972 года перевозил наркотики с ведома ЦРУ. К концу 1980-х годов растущая независимость и неуступчивость Норьеги разозлили Вашингтон... и он уходил.

1990

Гаити - Соревнуясь с 10 сравнительно богатыми кандидатами, левый священник Жан-Бертран Аристид набирает 68% голосов. Однако всего через восемь месяцев пребывания у власти военные, поддерживаемые ЦРУ, свергли его. Другие военные диктаторы жестоко расправляются со страной, а тысячи гаитянских беженцев спасаются от беспорядков на едва проходимых лодках. Когда общественное мнение требует возвращения Аристида, ЦРУ начинает кампанию по дезинформации, изображая мужественного священника психически неуравновешенным.

1991

Распад Советского Союза - ЦРУ не смогло предсказать самое важное событие холодной войны. Это говорит о том, что она была настолько занята подрывом правительств, что не выполняла свою основную работу: сбор и анализ информации. Распад Советского Союза также лишил ЦРУ смысла существования - борьбы с коммунизмом. Это заставляет некоторых обвинять ЦРУ в том, что оно намеренно не смогло предсказать падение Советского Союза. Любопытно, что после гибели коммунизма бюджет разведывательного сообщества существенно не сократился.

1992

Экономический шпионаж - В годы после окончания холодной войны ЦРУ все чаще используется для экономического шпионажа. Это предполагает кражу технологических секретов у конкурирующих иностранных компаний и передачу их американским компаниям. Поскольку ЦРУ явно предпочитает грязные трюки простому сбору информации, вероятность серьезного преступного поведения действительно очень высока.

1993

Гаити - Хаос на Гаити разрастается до такой степени, что у президента Клинтона не остается другого выбора, кроме как сместить военного диктатора Гаити Рауля Седраса под угрозой вторжения США. Американские оккупанты не арестовывают военных лидеров Гаити за преступления против человечности, а обеспечивают их безопасность и богатую пенсию. Аристид вернулся к власти только после того, как был вынужден принять программу, благоприятную для правящего класса страны.

ЭПИЛОГ

В своей речи, обращенной к ЦРУ по случаю празднования его 50-летия , президент Клинтон сказал:

> "По необходимости американский народ никогда не узнает полной истории вашего мужества".

Заявление Клинтон - это обычная защита ЦРУ: американский народ должен перестать критиковать ЦРУ, потому что он не знает, чем оно на самом деле занимается. В этом, конечно, и заключается суть вопроса. Агентство, которое выше критики, также выше морального поведения и реформ. Секретность и отсутствие подотчетности позволяют коррупции расти бесконтрольно.

Более того, заявление Клинтон просто не соответствует действительности. История агентства становится до боли понятной, особенно после рассекречивания исторических документов ЦРУ. Мы можем не знать деталей конкретных операций, но мы достаточно хорошо знаем общее поведение ЦРУ. Эти факты начали появляться почти двадцать лет назад, причем со все возрастающей скоростью. Сегодня мы имеем удивительно точную и последовательную картину, повторенную во многих странах и проверенную в бесчисленном множестве различных направлений.

Ответ ЦРУ на эти растущие знания и критику следует типичной исторической схеме (действительно, есть замечательные параллели с борьбой средневековой церкви против научной революции).) Первые журналисты и писатели, разоблачавшие преступное поведение ЦРУ, подвергались преследованиям и цензуре, если они были американскими писателями, и пыткам и убийствам, если они были иностранцами. (Пример интенсивного преследования см. в книге Филипа Эйджи "*В бегах*"). Однако за последние два десятилетия поток доказательств стал ошеломляющим, и ЦРУ обнаружило, что у него не хватает пальцев, чтобы заткнуть все дыры в дамбе. Это особенно актуально в эпоху Интернета, когда информация свободно распространяется среди миллионов людей. Поскольку цензура невозможна, агентству приходится оправдываться. Защита Клинтон, что "американцы никогда не узнают", является ярким примером.

Другим распространенным оправданием является то, что "мир полон неблагоприятных персонажей, и мы должны иметь с ними дело, если хотим защитить американские интересы". В этом утверждении есть два момента. Во-первых, он игнорирует тот факт, что ЦРУ регулярно отказывается от союзов со сторонниками демократии, свободы слова и прав человека, предпочитая компанию военных диктаторов и тиранов. ЦРУ имело в своем распоряжении моральные возможности, но не воспользовалось ими.

Во-вторых, этот аргумент вызывает несколько вопросов. Первый: "Какие американские интересы? "ЦРУ обхаживает правых диктаторов, потому что они позволяют богатым американцам эксплуатировать дешевую рабочую силу и ресурсы страны. Но американцы из бедного и среднего классов платят высокую цену каждый раз, когда они участвуют в войнах, которые являются результатом действий ЦРУ, от Вьетнама до Панамы и войны в Персидском заливе. Второй задаваемый вопрос: "Почему американские интересы должны осуществляться за счет прав человека других народов? "

ЦРУ должно быть упразднено, его руководители отстранены от должности, а его члены преданы суду за преступления против человечности. Наше разведывательное сообщество должно быть восстановлено с нуля, чтобы собирать и анализировать информацию. Что касается тайных действий, то здесь есть два моральных варианта. Первый - полностью исключить тайные действия. Но это вызывает мурашки по коже у тех, кто беспокоится об Адольфах Гитлерах мира. Второй вариант заключается в том, чтобы поставить тайные действия под широкий и реальный демократический контроль. Например, двухпартийный комитет Конгресса из 40 членов мог бы рассматривать все аспекты операций ЦРУ и накладывать на них вето большинством или сверхбольшинством голосов. Какой из этих двух вариантов лучше, можно спорить, но ясно одно: как и диктатура, как и монархия, бесконтрольные тайные операции должны умереть, как динозавры, которыми они являются.

Общество "Череп и кости"

Все началось в Йеле. В 1832 году генерал Уильям Хантингтон Рассел и Альфонсо Тафт создали супертайное общество для детей элиты англо-американского банковского истеблишмента Уолл-стрит. Сводный брат Уильяма Хантингтона Рассела, Сэмюэль Рассел, управлял компанией "Рассел и Ко", крупнейшей в то время контрабандой ОПИУМА в мире. Альфонсо Тафт - дед нашего бывшего президента Говарда Тафта, создателя предшественника Организации Объединенных Наций.

Некоторые из самых известных и влиятельных людей в мире сегодня являются "костоправами", включая Джорджа Буша, Николаса Брэди и Уильяма Ф. Бакли. Среди других костоломов - Генри Люс (Time-Life), Гарольд Стэнли (основатель Morgan Stanley), Генри П. Дэвисон (старший партнер Morgan Guaranty Trust), Артемус Гейтс (председатель New York Trust Company, Union Pacific, *TIME*, Boeing Company), сенатор Джон Чаффе, Рассел В. Давенпорт (редактор журнала *Fortune*) и многие другие. Все дали торжественную клятву хранить тайну.

Общество "Череп и кости" - это ступенька к Бильдербергам, Совету по международным отношениям и Трехсторонней комиссии.

Секретный истеблишмент Америки", Антони К. Саттон, 1986, стр. 5-6, гласит:

> "Те, кто находится внутри, знают его как Орден. Другие знают его уже более 150 лет как главу 322 немецкого тайного общества. Более формально, для юридических целей, Орден был зарегистрирован как The Russell Trust в 1856 году. Ранее она также была известна как "Братство смерти". Те, кто насмехается над ним или хочет насмехаться, называют его "Череп и кости", или просто "Кости".

Американское отделение этого немецкого ордена было основано в 1833 году в Йельском университете генералом Уильямом

Хантингтоном Расселом и Альфонсо Тафтом, который в 1876 году стал военным министром в администрации Гранта. Альфонсо Тафт был отцом Уильяма Говарда Тафта, единственного человека, который был одновременно президентом и председателем Верховного суда США.

Орден - это не просто еще одно братство с греческой буквой, с паролями и ручками, обычными для большинства кампусов. Глава 322 - это тайное общество, члены которого поклялись хранить молчание. Он существует только в кампусе Йельского университета (насколько нам известно). У него есть правила. Она имеет церемониальные обряды. Она не ценит назойливых и навязчивых граждан, которых инсайдеры называют "чужаками" или "вандалами". Ее члены всегда отрицают свое членство (или предполагается, что отрицают), и, проверив сотни автобиографических списков членов организации, мы нашли лишь полдюжины тех, кто ссылался на принадлежность к "Черепу и костям". Остальные молчали. Интересно узнать, заявляли ли многие члены различных администраций или на правительственных должностях о своей принадлежности к "Черепу и костям" в биографических данных, предоставленных для "проверки биографии" ФБР.

Прежде всего, орден является мощным, невероятно мощным. Если читатель будет упорствовать и изучать представленные доказательства - а они ошеломляющие - нет сомнений, что его мировоззрение вдруг станет более ясным, почти пугающей ясностью.

Это общество старшеклассников, которое существует только в Йеле. Члены клуба выбираются на первом курсе и проводят в кампусе только один год, последний, в составе "Черепа и костей". Другими словами, организация ориентирована на внешний мир выпускников. Орден проводит ежегодные встречи - только патриархи - на Оленьем острове в реке Святого Лаврентия.

Общества старшеклассников уникальны для Йельского университета. В Йельском университете есть еще два общества старшекурсников, но в других местах их нет. Scroll & Key и Wolf's Head - предположительно конкурсные общества, основанные в середине XIX века. Мы считаем, что они являются частью одной и той же сети. Розенбаум в своей статье в Esquire совершенно правильно заметил, что любой представитель восточного либерального истеблишмента, не являющийся членом

"Черепа и костей", почти наверняка является членом "Свитка и ключа" или "Волчьей головы".

Процедура отбора новых членов Ордена не менялась с 1832 года. Каждый год отбираются 15, и только 15, не меньше. В рамках церемонии посвящения они должны лечь голыми в гроб и рассказать свою сексуальную историю. Этот метод позволяет другим членам группы контролировать человека, угрожая раскрыть его сокровенные тайны, если он не будет "следовать". За последние 150 лет в Орден было посвящено около 2500 выпускников Йельского университета. В любой момент времени живыми и активными являются около 500-600 человек. Около четверти из них играют активную роль в продвижении целей Ордена. Остальные теряют интерес или передумывают. Они молчаливо уходят.

Наиболее вероятный потенциальный член - из семьи Кости, энергичный, находчивый, политический и, вероятно, аморальный командный игрок. Почести и денежные вознаграждения гарантированы властью ордена. Но цена этих почестей и наград - жертва общей цели, цели Ордена. Некоторые, возможно, многие, не готовы заплатить эту цену.

Старые американские семьи и их потомки, вовлеченные в "Череп и кости", носят такие имена, как: Уитни, Перкинс, Стимсон, Тафт, Уодсворт, Гилман, Пейн, Дэвидсон, Пиллсбери, Слоан, Вейерхойзер, Гарриман, Рокфеллер, Лорд, Браун, Банди, Буш и Фелпс.

Уже опубликовано

OMNIA VERITAS
OMNIA VERITAS LTD ПРЕДСТАВЛЯЕТ:
ДИКТАТУРА СОЦИАЛИСТИЧЕСКОГО МИРОВОГО ПОРЯДКА
Все эти годы, пока наше внимание было сосредоточено на зле коммунизма в Москве, социалисты в Вашингтоне были заняты тем, что воровали у Америки...
ДЖОН КОЛМАН
"Врага в Вашингтоне нужно бояться больше, чем врага в Москве"

OMNIA VERITAS
OMNIA VERITAS LTD ПРЕДСТАВЛЯЕТ:
ДЖОН КОУЛМАН
ДИПЛОМАТИЯ ПУТЕМ ЛЖИ
ДЖОН КОЛМАН
ДИПЛОМАТИЯ ПУТЕМ ЛЖИ
РАССКАЗ О ПРЕДАТЕЛЬСКОМ ПОВЕДЕНИИ ПРАВИТЕЛЬСТВ ВЕЛИКОБРИТАНИИ И США
История создания Организации Объединенных Наций - это классический случай дипломатии обмана

OMNIA VERITAS
OMNIA VERITAS LTD ПРЕДСТАВЛЯЕТ:
ДЖОН КОУЛМАН
МАСОНСТВО ОТ А ДО Я
МАСОНСТВО
от А до Я
ДЖОН КОЛМАН
В 21 веке масонство стало не столько тайным обществом, сколько "обществом тайн".
В этой книге объясняется, что такое масонство

OMNIA VERITAS
OMNIA VERITAS LTD ПРЕДСТАВЛЯЕТ:
НЕФТЯНЫЕ ВОЙНЫ
ДЖОН КОЛМАН
Исторический рассказ о нефтяной промышленности проводит нас через изгибы и повороты "дипломатии".
ДЖОН КОЛМАН
НЕФТЯНЫЕ ВОЙНЫ
Борьба за монополизацию ресурса, желанного для всех стран

OMNIA VERITAS
OMNIA VERITAS LTD ПРЕДСТАВЛЯЕТ:
ДИНАСТИЯ РОТШИЛЬДОВ
ДЖОН КОУЛМАН
ДИНАСТИЯ РОТШИЛЬДОВ
Джон Колман
Исторические события часто вызываются "скрытой рукой"...

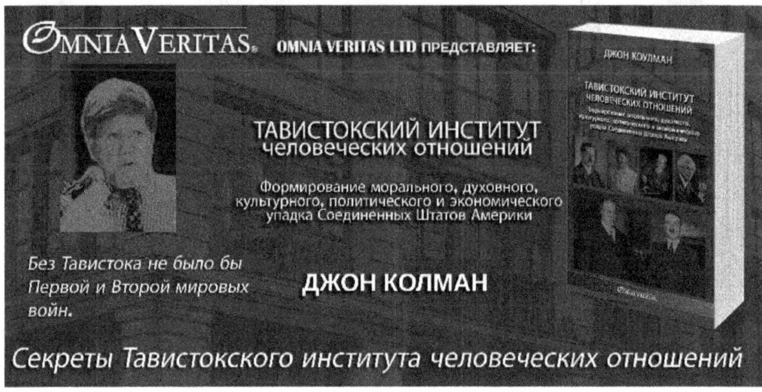
OMNIA VERITAS
OMNIA VERITAS LTD ПРЕДСТАВЛЯЕТ:
ТАВИСТОКСКИЙ ИНСТИТУТ человеческих отношений
Формирование морального, духовного, культурного, политического и экономического упадка Соединенных Штатов Америки
Без Тавистока не было бы Первой и Второй мировых войн.
ДЖОН КОЛМАН
ДЖОН КОУЛМАН
ТАВИСТОКСКИЙ ИНСТИТУТ ЧЕЛОВЕЧЕСКИХ ОТНОШЕНИЙ
Секреты Тавистокского института человеческих отношений

OMNIA VERITAS
Omnia Veritas Ltd представляет:
Уолл-Стрит И Большевицкая $Революция
"Я не собираюсь заставлять кого-либо полагать, что я обнаружил новинку - политики лгут..."
Antony Sutton
Энтони Саттон
Уолл-Стрит И Большевицкая Революция
Антоний Саттон придерживается конкретной, поддающейся проверке и подтвержденной документации

OMNIA VERITAS
OMNIA VERITAS LTD ПРЕДСТАВЛЯЕТ
СИМФОНИЯ В КРАСНОМ МАЖОРЕ
Ротшильды были не казначеями, а лидерами этого первого тайного коммунизма. Ведь хорошо известно, что Маркс и высшие руководители Первого Интернационала находились под руководством барона Лионеля де Ротшильда...
Важный исторический труд

OMNIA VERITAS
Omnia Veritas Ltd настоящее время:
Моя Борьба Майн Кампф
Именно в это время были открыты два опасности для существования немецкого народа глаза мои: марксизм и иудаизм.
Адольф Гитлер
Моя Борьба Майн Кампф
Документ исторического интереса

www.ingramcontent.com/pod-product-compliance
Lightning Source LLC
Chambersburg PA
CBHW071630270326
41928CB00010B/1864

* 9 7 8 1 8 0 5 4 0 0 0 6 6 *